為何我們無法成為理想中的大人？

香港青年面貌報告書

彭正雄
陳碧凌
著

「我能為這城市做什麼？」

蘇恩佩，寫於 1972 年，香港。

推薦語

現代社會步伐急促，變化迅速，不同世代面對不同的成長環境，衍生不同的價值觀、生活習慣、人生規劃及目標。

成年人未能理解年輕人的處境及對未來的憂慮，年輕人認為成年人不明白也不想多作解釋。世代之間的共通點愈來愈少，理解及認同也自然減少。

《為何我們無法成為理想中的大人？》透過青年數據及真實個案，讓我們進一步了解香港青年的面貌，既有系統地描繪，也充滿着真摯的溫度。

誠意推薦這本書籍，讓我們成為年輕人理想中的大人，為青年塑造接納的環境，同行的空間。

蔡海偉
香港社會服務聯會行政總裁

看罷整本《為何我們無法成為理想中的大人？》，腦海裏沒有浮現理論和研究，反而想起動漫《葬送的芙莉蓮》。在芙莉蓮的伏魔團隊裏，她因身為精靈而最年長，法力最大，卻受到比她年輕的人類隊友照顧。當然，她也在照顧隊友。直到隊友離世，她決定重行舊路，為過去故事賦予新意義。對我來説，這就是「互為彼此」。「大人」和「青年」們，重行過去的路也好，要走全新的路也好，最重要是在尋覓意義裏彼此守望。行舊路時可產生新理解，走新路時能參考舊經驗，夥伴縱會改變，情卻歷久常存。

閱讀這本報告書，正感覺自己經歷一段共同賦予意義之旅。

陶兆銘
香港中文大學社會工作學系系主任及副教授

過去參與大大小小的青少年政策討論，有機會的話我總會提出：其實我們這班所謂「青少年工作者」，無論是教師、社工、家長、政策制定者也好，有多大程度了解青少年的狀況？我們的認知，有多少是被我們成長社會環境所模造，又有多少是身處崗位的有限度接觸層面的詮釋和感受？沒有來自廣闊、深刻、中肯的研究作基礎，我們所討論的，以至制定出來的方案，雖不至紙上談兵，也很容易落入主觀的陷阱。

因此，《為何我們無法成為理想中的大人？》寫作團隊將香港近十年以青少年為對象的研究梳理、呈現出來的普像，我會視為探索青年工作和青年政策的珍寶。感謝突破同工，願意走一條「少有人行的路」（A road less travelled）。

由數據普像出發，探討的課題極具挑戰性：「互為彼此的人觀」。認真的，我有被這個概念震撼到了！由「1＋1＞2」演化至「0.5＋0.5＞1」，就令我思考了好幾天，在學校這個羣體我們又可如何實踐。而這思考的過程，於我而言又是另一份珍寶。

最後，用「CARE」嘗試歸納我對互為彼此的人觀和實踐的理解：

C：Community　　A：Agency

R：Re-link　　E：Empowerment

不累贅解說了，邀請每一位讀者看畢這本書，與身邊的同行者分享你的想法，以此作為一個參與和探索的起點吧。

何玉芬博士
香港輔導教師協會主席
迦密中學校長

我常被問到：「年輕人到底在困惑什麼？」
我總是回答：「我也不能準確說明。」
因為我已是大人了。

在治療室內，我經常聽到他們說：
「點解爹哋媽咪生我出嚟又要憎我？」
「點解要攞我同人比較？」
「我覺得自己好廢。」
「我唔鍾意返學，但我無得揀。」
「其實…… 我都唔知我有咩唔開心。」

《為何我們無法成為理想中的大人？》當中受訪的青少年，以及各項調查結果背後的年輕人，都帶着上述個案的影子。他們渴望被明瞭，但大多不曾開口，只想別人靠近。由於擔心衝突或被拒絕，大人有時迴避與青少年交談。

若雙方都等待對方主動，溝通將無法展開。

如果你是大人，不如問年輕人：「你最近好嗎？」
如果你是年輕人，不妨對大人說：「我可以同你傾偈嗎？」

梁靜韻
Not a Gallery 聯合創辦人之一
英國註冊藝術治療師

序

讓青年人成為理想中的大人

50 年，橫跨了無數的生命驛站；每一代都有那一代的處境，並不容易説得清楚。寫好此時此地的故事，我相信這是上帝給「突破」的心意，有着最珍貴的價值。

在這歷史時刻，我們為過往豐富的足跡感恩，同時面對着社會的急劇變化，感喟青少年的面貌和處境不再一樣，當中有掙扎、有開創，也有理想。不過年輕人怎樣看自己，或大人怎樣看他們，有時會模糊不清。於是，同工從研究開始，慢慢形成一個多元形式的「在這裏　為彼此 #HereWeAre」項目，《為何我們無法成為理想中的大人？—— 香港青年面貌報告書》是突破羣體同心合意送給這一代的禮物。至於誰是主角，當然就是青年人！

換一個視點，塑造未來的人不單單是青年人，還有影響他們成長的大人，尤其是父母。心理分析學家榮格（Carl Jung）曾經説過，要是當父母的，沒有好好活出自己的人生，只把心力聚焦於孩子身上，僅把自己的經驗如法炮製，就會對孩子造成莫大的心理影響。所以説，做人難，做人父母更難 ，大人先要成為自己想成為的大人……

就如歌手 Dar Williams 的歌曲 *The One Who Knows* 所言：

> Before the mountains call to you, before you leave this home,
> I want to teach your heart to trust, as I will teach my own.

（在山脈呼喚你之前，在你離家之前，我希望教會你的心去相信，就像我教會自己。）

我們希望下一代有夢想，只是大人不能一廂情願地形塑孩子夢想的方式；社會要對他們有信任，而這份信任必須建基在相互傾聽和學習的土壤上。願我們一起學習與他者建立關係，在狹縫中締造空間，讓青年人成為理想中的大人。

「憑信堅立，回應異象」，同工謙卑地藉着微小的看見和經驗，希望能打開對話的平台，打破世代的隔閡，喚起各界的關切與行動，為未來共創更精彩的故事。

末了，我捧着那疊厚厚的稿件，心中觸動久久不能平復。它承載的不單是數據、個人經歷和集體智慧，而是作者阿彼和碧凌 120% 的愛與真誠。感謝項目負責人林偉漢、項目團隊（梁柏堅、譚淑美、葉智聰、黃琬婷、馮文傑、胡新傑），還有 #HereWeAre 各工作小隊及支持夥伴的全情投入，帶領大家進入年輕人的世界，直面他們的掙扎與抱負，再次確認「突破」植根香港，與青少年同行的喚召！

因為關心，當你讀完了這書，相信你會感到生命有所不同。改變，從自己開始，而世界也會跟着改變。在這裏，為彼此，是為禱。

萬樂人
突破機構總幹事

作者序

亞公角山上的啓發

要寫一本關於今日青年面貌的專書，説實在，我是從來沒有想過的。

在「突破」這一已屆半世紀的「老牌」青年機構服侍，最初多受感於創辦人蘇恩佩女士對於信仰的踐行、對社會的負擔。「這時代的先知在哪裏？」、「我能為這城市做什麼？」、「與其咒詛黑暗，不如燃燒自己。」這些「祖師婆婆」筆下的「名句」，一直徘徊在腦海中，是我投身突破運動的最大動力。在她筆下，描寫了備受社會薰陶、影響、模塑的迷惘一代，有些沉淪在聲色犬馬的生活，有些對人生意義一無所思，有些更在罪案頻繁的社區，連日常都面對恐懼彷徨。這些畫面對她造成極大的衝擊，成為日後投身雜誌工作，以至更全面的青年教育的異象。

我得承認，過去有十年八載，並未有這樣的看見。

我不是不知道青年人身處香港所面對的挑戰，卻無法感受到一份「同在」。我在機構內是負責書誌製作，涉獵了很多社會文化專題，不少是青年人也有興趣的範疇，可是我仍然心中沒底，説自己是在做「青年工作」的，因為作為媒體工作者，我並未連結（Relate）他們。

直到 2019 年，我接過《Breakazine 突破書誌》總編輯的崗位，卻立即迎來了一段十分迷惘的尋索期。社會環境變化巨大，應該為社會寫些什麼？還可以為這地方作出貢獻？應該怎樣過每一天的生活？甚至撫心自問，應該離開這個我們所熱愛的地方嗎？

當時，來到編輯室跟我們共事的實習生，與我們有同樣的迷惘與失落。我發現即使世代不同，但彼此之間對世界、對社會、對眾人之事有所共情，這成為了我們變得更加緊密的緣起。在編務會議中，他們坦率表達自己的感受與成長的迷惘，同時與我們分享屬於他們一代人的技能、潮流、思考方式。這樣下來，我們不再是單純的「師徒關係」，而是「互相學習」。

「互相學習」並非我們與青年實習生關係的終點，後來我們更嘗試花一個暑假，與數位實習生在突破青年村同住，以此試驗一種小型羣體的共學共創，究竟會帶來什麼結果。以「成品質素」而言，創作書誌專題的內容其實看不出有什麼突破，但每一個共事的成員，都感受到共同生活而來的甘甜。我們的處境莫名地連結起來，從此不僅是「教學」與「指導」，更多的是「同行」，我們希望能夠做的內容，是我們共同關心的。於是，我們進一步邀請他們有更多的參與，包括提案、做法。

當時負責青年議題研究的碧凌，説了一句十分啟發我的話：「你們不是給他們（實習生）難題（Problem）解決，而是將他們拉進去你們的難題中一起做。」是的，如何出版一本面對社會的書誌，是我們擔憂的難題，而我們沒有額外給實習生「練習」，而是硬生生地將他們拉進我們的工作中，邀請他們協助解決我們的難題。後來我才知道，這就是重視青年人的參與及持分（Stake）—— 他們的聲音會被重視、被聆聽、被考慮、被採納，也被仔細解釋為何有些方案未能被採納。他們的存在，成為了書誌內容的必然部分。

也就是在這個時候，我第一次聽碧凌提及「互為彼此的人觀」（Relational being）。最初我以為那是簡單地指「我們彼此之間都有關係」、「我們要關心他人」之類的心法，後來仔細了解，原來這是一套「人觀」。在《Breakazine 突破書誌》製作深度專題的經驗告訴我，愈是基進（Radical）地了解一件事情的原委和本質，愈能夠以此為基礎，延伸分析更多事情。

2023年，「突破」正式開展50周年的項目活動，當時籌委構思希望能夠透過增加了解新一代青年人的面貌，思考下一個階段青年事工的發展方向。於是，我們從碧凌過往搜集的大量與香港青年相關的數據開始，計劃製作一本專書；而梳理、解釋等工作，則交由我負責。

由做記者寫報道到為特定主題撰寫專書，是我從未有過的體驗。但是，透過「互為彼此的人觀」作為視角，我們得以將不同數據所反映的青年處境，以一條無形的線串連起來，做一個統整的理解。於是我們花了超過一年的時間，算是階段性地完成了這個描繪當代青年人面貌的嘗試，形成了觀看青年狀況的一片小小的濾鏡。

我當然不覺得這是一個怎麼樣的成就，惟感恩這個過程確立了自己的一個新目標，就是持續發展並在不同議題上深化「互為彼此的人觀」，希望可以成為了解新一代青年所需的養分。希望在踐行上，能繼續有空間與青年人互為彼此，共同創造，成為彼此成長的助力。

這本書得以完成，「突破」研究部的數據分析是當中的關鍵。這些年來，碧凌和她的隊工，以及實習研究員一直進行不同青年研究調查，以此了解青年人的生活處境。此外，《Breakazine 突破書誌》的編輯團隊（林蕙芝、陳俊桀、鄧安琪）也作為文字協力，記錄了一批青年人的真實處境故事。還有勞苦功高的書籍編輯史曉晴，協助推廣本書的楊睿智和林漫田，當然還有整個突破羣體從上到下的八方支援。生活在亞公角的山間，我們這個同工的小羣體，是我寫這本書時候最重要的參照對象（也是見證），我誠摯地感恩自己有機會受到不同同工的照顧與同行，相信這也是每一位上山的青年實習生，下山時所深慶獲得的最大禮物。

最後，我必須要感謝青年實習生於我的影響。沒有他們的出現與啓發，絕對不會有這本書的出現（或者參與的人不會是我）。或者他們不解到底自己貢獻了什麼，但正如「互為彼此的人觀」最重視的，他們的存在（Being）已經是信息，也是祝福的本身。

彭正雄
2024 年秋，沙田亞公角山

作者序

我們知道自己不知道

我的工作經常跟別人分享研究結果，大家一般有兩種反應：一是表達「研究讓我知道狀況」，另一種回應則是：「我所見的不是這樣，研究反映不到真實情況」。兩種想法都是恰當的。

我記得預備博士論文口試前，努力思考自己的研究如何驗證一個模型；教授提醒我，除了解釋研究驗證了什麼，謹記要指出研究不能驗證什麼，並且值得繼續研究。「知所不知」，我受用至今。

幾年前我們進行了一個研究，了解青少年的自尊與父母相處的關係，假設親子關係對自尊感有正面影響，但結果告訴我們：自尊感低的青年，其實與父母的關係良好。研究驗證失敗，迫使我們思考究竟有什麼重要的因素，是我們不知道、忽略的。因為認知當年的「不知」，今年我們發布了「家長期望與青少年條件式自尊研究」。

突破機構在香港走過 50 年，累積不少服務青少年的經驗，應該可以向青少年工作者分享心得；但是，時代劇變、青少年面貌一直改變。2022 年夏季某日，50 周年「在這裏　為彼此 #HereWeAre」項目負責人 Wilson 找我，表示今天最需要的是理解青少年，希望研究部整理數據資料，在周年計劃中向業界和公眾分享青年面貌，一同思考如何繼續做青年工作。這個項目的開展，正是經驗教我們承認：過去我們認知的青年模樣，隨着時間流逝，已變得模糊。

整個研究隊工，在這個搜尋、整理研究數據的旅程中開始。描繪今天青少年面貌，必然是整理最新的統計及研究數據，因此這本書所見的研究資料是近 10 年內發布的，但我們搜尋各範疇的數據其實遠至 20 年前。雖然這些數據未有展示人前，卻具有重要價值，讓我們了解香港近 20 年，經歷不同重要事件，哪些青年議題大受關注、哪些在某時間點開始探究等；即使沒有在書中解說，卻是我們整理、思考數據時，不可缺少的一環。

感謝拍檔阿彼，一同豐富「互為彼此的人觀」、讓數據說話；感謝編輯 Dawn，猶如指揮家帶領完成書本製作；感謝設計隊工 Pengguin，透過圖表的呈現讓數據變得有朝氣；感謝研究隊工的林俊杰、伍建川、黃詠琳、盧旨奇，還有就讀大學的義工及實習生，這本書呈現的每個數據，都有你們的努力。

我們知道自己有所不知道。就讓我們一起繼續聆聽。

陳碧凌
2024 年 11 月

導論

戴上一副新的濾鏡，

重新解讀青年

討論青年人成長的作品一直不少，有些是從社工、輔導員的角度出發，分享在輔導室中遇上的青年人所面對的困難；有的是醫生或者心理學家，從身心層面剖析青年人在成長時期出現的變化，作為身邊的「大人」（如家長、老師）應如何了解、陪伴他們渡過成長難關。這些不同角度的專業意見，對於早已忘記了自己也曾年少輕狂的大人來說，是很有價值的提醒。

至於媒體，也有不少描繪青年人有血有淚的成長作品（例如紀錄片），有些甚至引起倫理爭議，關注點落在青年人作為被記錄者與記錄者之間的磨擦與衝突，引起社會思考青年人在社會上的持分，以至在「大人」面前權力不對稱等問題。在青年人的自白之中，除了成長困惑，也處處流露出一種處於弱勢的無力感。

時代在變，就連世代之間的距離和關係，也在不斷變動。這一代在自主性、權力等意識都比過往有所增強，對於大人強加在他們身上的事，會主動表達不滿；更何況另一邊廂，相比起過往的世代，不少大人對青年人亦有更深的成見。事實上，我們所身處的社會文化和潮流急速轉變，於不同時代成長的人，所擁抱的認知與價值觀的差異也愈見明顯。過往十數年的社會爭議，世代之間無數的爭論發生在大眾媒體、時事論壇、社交平台以至是親友的茶餘飯後之間，那種各持己見的張力，都是不少香港人的親身經歷。

•

努力了解新一代青年人

而突破機構在這個時刻，跨過第 50 年；對於一位剛滿 18 歲、已屆成年的青年人來說，「突破」已是他父母的年紀。誠然，半世紀以來，「突破」服侍了多個世代的青年人，直到今天；由 1973 年來到 2024 年，即使心志未變，這個累積了很多「經驗」的青年機構也在自省，是否仍然明白今天香港青年人的處境和需要？

這個疑問，會否曾在家長、社工、老師、醫生、輔導員，以至任何一位關心青年人的大人心中浮起？我們願意坦承，對於青年人的狀態，有許多不理解、不明白、不掌握之處。所以，在「突破」50 周年有一個重要議程，就是希望跟社會大眾一起，努力了解這一代的青年人，因此啟動了「在這裏　為彼此　#HereWeAre」的一系列活動，包括展覽、青年交流、研討會，以及這一本透過數據講述這一代青年面貌的專書。

這些活動各有特色。透過展覽的沉浸式體驗，我們邀請社會大眾進入現場，透過藝術創作、體驗裝置、數據呈現以及與青年人現場交流等，了解他們獨特的生活態度、想法、努力為這個地方作出的嘗試。研討會則邀請不同學者、業界、青年工作者、青年夥伴等持分者，一同探索青年工作的下一步。我們也邀請了十多位正在「精神健康」及「社區實踐」兩方面作新嘗試的青年人，與公眾分享自己的實驗計劃。在這本青年面貌專書，我們嘗試論述對於這一代香港青年人處境及成長需要的理念。

2024 年 6 月初，「在這裏　為彼此　#HereWeAre」的展覽、青年交流以及研討會在中環大館舉行。令我們驚訝的是，參觀展覽的朋友除了留心細看由 50 位青年人製作的油泥塑像作品以外，亦很留意旁邊幾塊關於香港青少年概況和趨勢的數據展板。在多次的展覽導賞中，很多參與者都駐足細看，並踴躍發問，希望了解這些數據的意義和關連性。他們都表示，如果有一本專書可以彙集這些數據加以討論，會是一件有意思的事。

突破機構事工研究及發展部多年來進行了不同的青年研究，同時搜集了香港政府的統計數據，以及不同機構所進行的青年研究調查，我們希望能夠將它們作梳理及分析，呈現這一代香港青年人的基本狀況、生活形態，以及對其個人及社會發展的想法，讓公眾較宏觀地認知這一代的處境與挑戰。

這本書收錄了近十年由本地不同機構所進行，研究對象是 10 至 29 歲香港青年、量性研究樣本超過 500 人的研究調查，以及香港政府統計數字。這批數據涵蓋了人口特徵、家庭關係、身心健康、校園生活、生活習慣、職涯發展、經濟狀況、人生規劃、社羣參與以及世代關係等等多個範疇。究竟在各項青年研究的發現裏，能夠看出一幅怎樣的青年面貌圖畫？青年人在成長時期的自我發展，與家庭及友儕關係、職場環境、社會氣氛之間，存在怎麼樣的一種關係？我們希望能夠在本書整理出一點頭緒。

•

無法成為「大人」的危機

為什麼這本書會命名為《為何我們無法成為理想中的大人？》，則有關於我們在數據以外的另一層整理——我們希望問更根本的問題。

「突破」的媒體事工《Breakazine 突破書誌》在過去十多年來，一直就着社會處境，以專題形式叩問社會表象背後更深層的文化意義。過往出版過的書刊，曾報道過不少青年人的處境，例如《唞氣》（2017）探討青年自殺問題，更找來青年人對談分享自身故事；《那一天我們會老》（2016）討論人口老化對於青年人的影響；《假如這樣住就好了！?》（2019）討論青年人的居住環境；在《未來工作想像指南》（2017）和《未來職人研究所》（2021）則討論青年人職涯發展的可能性。從處境中實地採訪，我們都想將一些問題問清楚：

為何社會豐饒，青年人的精神健康卻更堪憂？
為何人均壽命更長，卻沒有人關注青年勞動人口的負擔可能更大？
為何青年人希望自立，卻難以負擔自我照顧的開支？
為何青年人學歷愈見提升，進入職場卻似更加迷惘？
人人都説一代比一代幸福，為何這一代青年人不這麼認為？

當數據與數據點連，浮現的不止是青年面貌，亦是一連串與上述呼應的問題。這些問題概括的範疇廣闊，問題與問題之間，更彷彿連成一個謎團——有哪些原因阻礙着青年人發展自我，成為理想中的大人？

這個問題，也是源自於一齣香港電影。在電影《年少日記》（2023，卓亦謙導演），小學生鄭有傑因為學業成績欠佳，受盡中產父母的催谷，學業出色的弟弟則對他非常冷漠，連同學都對他冷嘲熱諷。在夜深鄭有傑打開最愛看的漫畫，最能夠鼓勵他的對白就是：

「加油，總有一日你會長大，變成你想成為的大人。不要放棄！」

「看一會兒，我的心情就會好過來。」鄭有傑這樣説，但他最終因為無法達到身邊大人的期望，還失去了僅有不問成績鼓勵他的鋼琴老師，沒有人再有空間陪伴他，他走上了輕生之路，無法走向他想成為的大人，叫人看着難過。

今天青年人的結，似乎百般糾纏，張力不比電影橋段的小。每年5月（考試前）和9月（開學期），都是青年人輕生的高峰時期，我們又能夠做點什麼，希望永遠不要有多一個青年人選擇不再成為大人？

•

對「大人」的誤會

「變成想成為的大人」，聽上去只像是心靈雞湯般的勵志金句，卻叫人反覆深思。什麼是「成為大人」？中間幾乎每一個字，都需要重新叩問。「想要成為」指的是「誰想要」？是無以名狀、精英主義掛帥的「社會主流」？是最愛學生品學運動兼優的師長、是望子成龍的家長、是害怕孩子在社會失敗墊底的父母、是努力想要被身邊的大人看見的孩子，還是在社會化中感到格格不入，卻渴望找到自己獨特性的青年人？

「成為」的過程又是怎樣的？是每星期補習練琴測驗上興趣班的特訓式，是「Study hard, play hard」，表面積極向上，實際是「我全都要」的包攬式？抑或深信「識人好過識字」，透過名校生活建立人脈的「打關係式」，還是劍走偏鋒，以活動教學與 Broadened exposure 補足舊填鴨時代不足，締造未來的新人類？嗯，對了，說到「人類」，「大人」又是一個怎麼的模樣？就像父母？像老師？像領導人？像社會賢達，或教科書上的偉人？如果沒有一個能夠吸引青年人想成為他們的努力對象，缺乏「大人」的想像，加油、努力又是為了什麼？

很多時候，我們跟青年人談論到「大人」，總是很快地配上了刻板的楷模，例如我們會用簡單的職業技能、成績，甚至興趣，將人分門別類。「讀書叻」的當然就是醫生律師精算師，喜歡對人的就是社工老師記者。有了目標就自然出現門檻，以及各式各樣的要求。成為「大人」，彷彿就是鼓足幹勁去累積、去競爭，滿足這些門檻，贏過他人的過程。但是，成為「大人」，真的就是這樣一回事嗎？

我們會不會一直都搞錯了討論的焦點，青年人眼中的「大人」，不應該是紙板公仔（Role model），而是一個又一個能夠跟他連結的人。很多成為「大人」的養分，不是知識、不是資源，甚至不是大人自恃的「經驗」，而是從日常的眾多關係中滋養、潛移默化、栽種和見證。一切也許無關於成為「 楷模 」，而在於有沒有嘗試建立起足夠支撐住他們的「關係」。而「關係」並非要將青年人塑造成其他人想望的樣子，而是能夠成為發展出他們獨特性的土壤。

對周遭事物有更完整的認知，與人、環境和事物有持續的互動，在生活踐行中鞏固自我意識，才是一趟更接近理想中大人的旅程。

美國心理學家肯尼斯・格根（Kenneth J. Gergen）在2009年出版《關係的存有——超越自我・超越社群》（*Relational Being: Beyond Self and Community*）一書。他指出人的本質不是「相互阻隔的存在」（Bounded being），各人為自己的成長與命運負責，而是跟人與環境的無數關係匯流中，相互滲透和影響的「互為彼此的存在」（Relational being），但整個社會的構成、語言、心理、意識，都受困於個人主義的框架。經過百多年來的發展，單單高舉個人價值、能動性和競爭力的意識形態，深入我們的骨髓，卻漸漸令我們感到前所未有的張力和孤獨。今天青年人的境況，又是如何展示這個盲點？為何關係與連結的削弱，令到青年人更難以成為理想中的大人？

按格根的理解，今天我們面對眾多「青年問題」，甚至是應對這些「問題」的研究、措施、服務，當置放於整個大環境之下，以及我們生活的肌理之中，很多時仍受制於上述「相互阻隔的人觀」，以致我們無論如何努力，想要撼動當下眾多難題的根源，卻似無從入手。

因此，這一次我們走進數據匯集的大海之中，期望嘗試以「互為彼此的人觀」作為一塊新的濾鏡，詮釋以上提出的一點點疑問。我們不是只想告訴讀者青年人會受大人營造的大環境所影響，更是強調在互為彼此的人觀之下，大人亦理應被青年人影響。我們如何改變看青年人的眼光、姿態，與他們並肩而行，就是他們能否成為大人的一個關鍵。

了解這一代青年人的處境，最終指向的，應是整個「羣體」的改變。

「大人」的巨大無力感

當換上「互為彼此的人觀」這塊濾鏡，我們便發現自己常常說的「青年問題」，很多時候不是青年人出現問題，而是他們生活在一個有問題的社會。由小朋友邁向成人階段，中間遇上了不同挑戰，身邊的人與社會設置，卻未能給他們足夠的支持回應，甚至抑壓他們的努力，阻礙他們成為理想中的大人。如果我們一味強調叢林法則，只要求新一代努力適應由上幾代人創造的環境，以求適者生存，卻沒去反思這些環境為他們造成了怎麼樣的困難，這未免諉過於人。因此，「青年問題」這個說法或者不太合適，因為問題的根源，並非全在青年人之上。作為有分營造這個環境的大人，也有着不可忽視的角色與責任。

一旦認定「大人」也是青年人建立自我的參與者，我們就會體驗一種巨大的無力感。事實上，無法成為理想中的大人，又豈止是青年人的歎息？很多大人或者也耿耿於懷，這些年來，我有成為自己期望的那一種大人嗎？為何我們無法成為既能督促孩子進步，又能成為子女心中最大精神支持的家長？為何我無法成為有教無類、春風化雨的老師？為何我們無法成為一個跟青年人生命相關相連的工作者？我們受困於哪些環境、意識之中？……

作為父母，我們有時也感到無奈，明明孩子出世的時候，看見襁褓中的一團麵粉，只是簡單期望他健康快樂走好自己的路，一路下來，他卻承擔太多有形無形、有聲無聲的期望。父母心底相信的「健康快樂」並不簡單，而是有很多先決的環境和生活條件。曾多次跟身邊的朋友分享心路歷程，感慨大多數父母未必「望子成龍」，卻只望孩子不要在這個堅尼系數達非洲貧窮國級數的風險社會中跌到墊底。每日向上爬的生活形成了錯覺，叫我們將地平面看成斜坡，一旦不出力維持今天的位置，就會向後翻倒，掉進谷底。一直自詡「食鹽多過你食米」的我們，深恐孩子於高度競爭的環境下成為失敗者，於是費盡心神培養。壓力深重的孩子一旦脱離我們的計劃，我們就無奈、焦躁，將問題都歸咎他們的懶惰。

而一眾助人者，像是老師、社工，在高速高壓的社會之中，要滿足制度、機構、服務使用者等等要求，無奈將自己定位成機制中的螺絲，不敢或無法用心體認青年人的需要，形成巨大的無力感。

其實，我們都不喜歡這樣的自己，但社會的問題，叫我們身不由己，甚至身陷其中而不自覺。

我們希望，這本書除了摸索 10 至 29 歲青年人的生活處境、想法、行為模式的趨勢外，更希望讀者感受到一份轉換視角、彼此明白的呼喚，進一步互動、學習、同行、打開未來，共同創造生機的土壤。同時，這次數據整理以及對於「互為彼此的人觀」的探索，亦不會止於一本書，反而是一個開始。這個過程對於「突破」開展未來的青年事工，有着重要的參考價值。能建基於確切的研究結果，我們可望能在未來發展的事工中，更加適切地回應香港青年人的時代需要，盼能對香港青年人的整全成長，付出綿力，稍作貢獻。

在這本書的第一部分，我們勾勒現時青年人的面貌，第一章「大人形成中」討論青年人的自我意識，第二章「世界好難」討論他們的志業、就業思考與人生重要階段選擇，以及第三章「羣體中的代際張力」探討對未來的希望感和世代關係。我們也在附錄「青年面貌基本包」，更仔細地點列人口特徵、身心健康、前路探索、生活態度、網絡生活等相關數據。

在這些數據的背後，我們想進一步闡述，青年人身邊的大人，為何才是我們最想連結的一羣。不是因為大人有影響力、有資源、有智慧（這些也有其重要性），而是當我們需要重構「關係」的時候，最需要卻也最難改變的，往往是大人。我們如何共同學習，從而跟青年人一起，成為更好的大人？我們會在這本書的後半部，嘗試透過「互為彼此的人觀」提出一些想法。

•

一同成為更好的大人

很想強調，「更好的大人」這說法並不是出自於我，而是我從編輯室一起共事的青年人之中聽到的。這些年，「突破」積極推動以實習計劃為基礎的青年參與（Youth engagement）。早年我以為這只是提供一種職涯體驗，後來發現跟青年人的相處，無論是潮流、眼光、技能等等，都為同工帶來了很多新的發現，更重要的是一種共同創造（Co-create）的過程，為了同一個目標（出版、活動、設計 …… 不一而足）互為持分（Stake-holding）的經歷，即使只有數個月，甚或最長半年的合作，我們仍建立起深厚的連結，成為建立彼此的寶貴養分。

無論對實習生或是同工，最大的發現在於，原來「搵食技能」甚至「興趣」都不是最大的意義。以下節錄了書誌實習生李曉彤一篇讓我們十分感動的手記：

> 編輯包容、甚至坐下來和我 Jam 橋，花很多別人看起來無所事事的時間來咬文嚼字，本就是一件奢侈又浪漫的事；另一種我從未設想過卻又在潛移默化之間安撫我的困擾，大概是我在這裏看見可能 —— 那種可能性並非很實際的工作機遇或生涯發展，而是一種「我可以成為這樣的大人」的期待。
>
> 老實説，在這裏的人都是各有短處與缺點，畢竟所有人都是第一次做大人。做書以外，他們會吵架、互相嫌棄、看不順眼然後互寸（沒有不和，大家都很有愛）。但瑕疵之所以顯而易見全因他們的坦誠以對，一如兩排新生的牙齒需要磨合使咬合不必損傷，他們互相看見卻又包容，新的煙腸（實習生）進來而一直謙卑於學，我告訴他們，我想成為這樣的謙卑的大人。他們震驚，不知自己的好。
>
> 「一畢業就等於失業」，我作苦笑狀安慰自己幾番，轉過頭來繼續努力找空缺。但做人的事畢竟難過搵工，我想，在這裏留多一期，寫了多幾份稿件，還找到了一種理想狀態的可能，和一羣一同學習怎麼做大人的夥伴，收穫滿滿，這比什麼都來得重要又珍貴。下山以後，或許我還是在社會裏沒什麼 Stake，年輕人很有可能繼續成為邊緣或被放

> 棄，我會寫不喜歡的東西，做着不喜歡的工作，但至少我知道自己想要成為怎樣的人。

我們都想成為這樣的大人。希望每一個青年人都有成為這樣的大人的機會。一切的原動力，可能不是金錢，可能不是政策，可能不是各式各樣的「方法」，而是在風險與變幻之中，仍然願意抱持冒險擁抱彼此的勇氣，在這個地方一同探索生命，在行步見步中完整彼此的意識與身段。

這就是我們從上帝而來、希望實踐在人間的異象。

第一章

「大人」形成中

第一節

誰讓「自我」暗中設了限？

父母是影響青年人成長最大的人。問今天青年人成長挑戰何在，父母總有免不了的關係。

圖 1.1
親子關係與條件式自尊

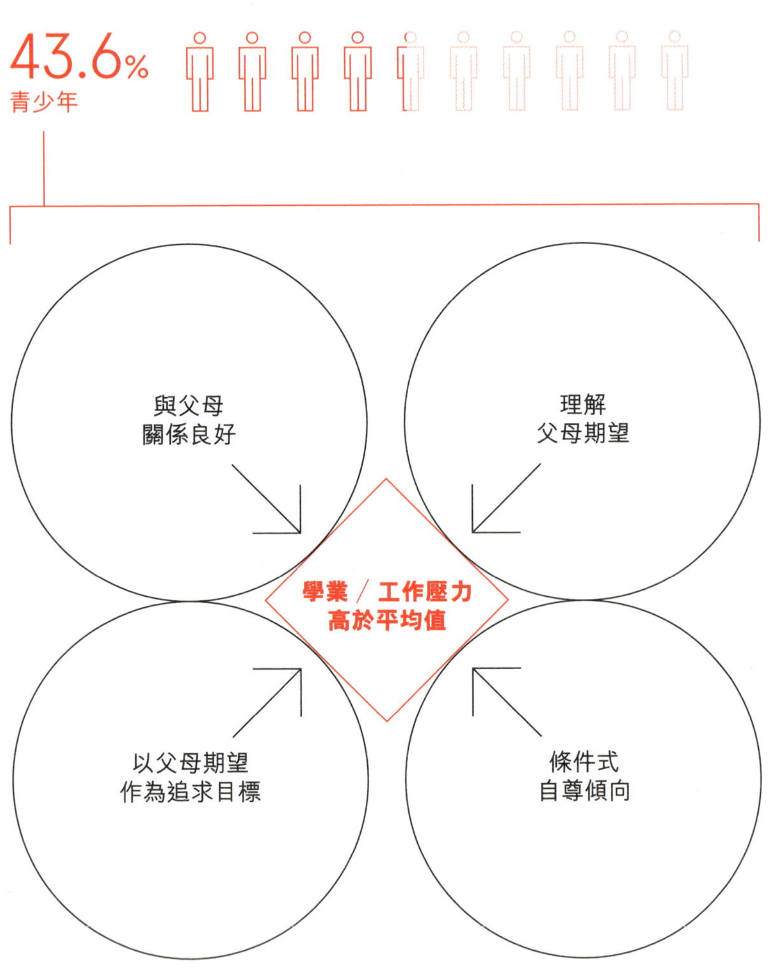

資料來源：突破機構（2024）。
家長期望與青少年條件式自尊研究。

2024 年一項研究發現，平均 76.4% 受訪青少年認為父母在自己失敗時表示接納及鼓勵，亦有 60.6% 青少年自評與父母關係良好（10 分為滿分，評 7 分或以上）；不少父母也認為自己「應做的都做了」、「已經冇迫佢」、「佢衰咗我都好接納佢、畀空間佢」。然而，研究同樣反映半數青少年在學業或工作上仍感到壓力甚大（10 分為滿分，評 7 分或以上）。[1]

43.6% 受訪青少年認同跟父母關係良好，卻理解父母對成績的期望，並會以此作為自己追求的目標，因而出現「條件式自尊」。例如，「當我讀書成績唔好／賺錢唔多，從父母的反應，我知我令佢哋擔心、失望」、「我驚自己做唔到父母嘅期望，會令佢哋擔心、失望」，以及「就算我能力唔夠，都要迫自己讀書攞高分／搵到錢，先至覺得自己有價值」等等。[2]

從兒童到大人的成長旅程，青年人一方面經歷一連串顯著的生理變化，同時亦透過跟周遭的人與環境頻密地互動，塑造出思想、意識、習慣，最後建構出自我（Self）意識，漸漸能用自己的經驗、多重身分、性格特質來回答「我是誰」，這就是成長。

正如指紋和樣貌，每個人都不一樣，我們從成長經歷到形成的自我，都是獨一無二（Unique）的。這種説法，相信不會有人反對，甚至認為是老掉牙的常識。

但常識不常，對於成長中的青年人來説，他們面對的世界並非如此。

•

「起跑線」的現實與超現實

不如就拿最常討論的育兒理論 ——「贏在起跑線」作為討論的起始點。前陣子電視台拍攝劇集，反思「起跑線」的意義（而且是第二季），不是沒有迴響，可是即使講到口水再乾，「起跑線」不僅仍然存在，還給愈推愈前。社會從來不乏對這種為子女超前部署的批判，高呼「還孩子快樂童年」，但這場「辯證」往往只是紙上談兵，認同「起跑線」的人早已用生命去實踐。甚至即或你未必認同，但只要仍留在這個地方，都默默地「被」參與其中。

原因在於，「競爭」就是這地方的組成基因，幾乎成為社會上每個場景的客觀現實。資源有限、金錢有限、學位有限 ……

物既以罕為貴，若要生活好，就要爭得到。寬容一點說，就算爭不到，也不要包尾，避免在社會被墊底被淘汰。這就是大眾心目中的物競天擇適者生存論，一切就是如此理所當然。數據也發現青年人很清楚自己身處這場「遊戲」之中：83.1% 受訪青年人認為社會競爭激烈，能力稍差的便會被淘汰。[3]

可是，說到努力生存，我們卻在面對另一個更不正常的危機。

2024 年，香港賽馬會防止自殺研究中心發表報告，指出香港 15 歲以下青少年自殺率由 2022 年的 0.9 上升至 2023 年的 2.9，即是每十萬名 15 歲以下青少年，自殺人數由不足 1 人增加至約 3 人（詳情參照附錄：「青年面貌基本包：身心健康」），[4] 升幅顯著。中心總監葉兆輝更嘗試分析自殺者的遺書，感慨青年有很強烈的無望感。他呼籲社會反思：「點解一個 11、12、13 歲嘅年輕人咁快對未來冇咗呢個信心、冇咗呢個盼望？」[5]

每年暑假完結、開學時節，家長和青年工作者都格外緊張。從經驗得知，當重新返回學校的日子來到，學童自殺的事件，就會較密集地發生。

我們不能確切知道學習的壓力，有多大程度能解釋青年人自殺的個案。不過，如果用回「起跑線」這類比來思考，青年人現在不是輸掉，而是愈來愈多人跑到中途，就棄賽不跑了。如果起跑線的出現是為了成為「成功的大人」，他們就是在成長的路上選擇離開，不要再成為大人了。這不是能夠藉物競天擇去解釋，因為生物都是努力求生，在自然環境之下，不會主動求死。

又或者我們可以這樣看：這個人類創造的「競爭」環境，並不符合我們生存的條件。它不是「現實」，而是「超現實」。

•

「成長」的錯誤前設

「超現實」也就是不符現實，其中一個元素在於我們對「成長」的認知。

一般人對「成長」的第一印象，大概是想起一株植物被不斷灌溉和施肥，從種子到發芽，向上生長，燦爛地開花結果。這跟賽跑運動員不斷發力向前衝，直奔向金牌的形象也十分相符。植物需要水、陽光、泥土、肥料等等養分成長，運動員也需要有有規劃的訓練、飲食，甚至動用運動科學知識，才能變得優秀。

但是，一個人「成長」，不是單單為了開花結果，也不是為了贏得金牌。

事實上，上述的前設看似合理，卻不是現實的全部，因為一個人的成長環境，還包括各種衝突、混亂、險象等等「反面」的挑戰，這些事物發生的時間、機率、程度都不盡相同。面對這些事情，人難免要調節速度、放慢腳步，甚至稍停下來，讓知性和情感的系統有空間去處理。當面對、克服這些危機後，學習、轉變才得以出現，[6] 也就是成長的過程。

就如一枚硬幣，本就有正反兩面，是否「正面」就是好，「反面」就是不好？當然不是，因為沒有「反面」，根本就成不了一枚硬幣。人本主義心理學家卡爾．羅傑斯（Carl Rogers）強調，培育一個整全的人（Fully functioning person），青少年需要同時接納正面與負面的經驗（無論我們如何理解何謂正負）作為必需的成分，才能夠按照自己的步伐成長。[7]

有時候，大人的問題，是對於「成長」的前設出錯。如果我們躁動，無法接受青年人有「差」的一面，其實等於無法接受他是一個整全的人。

•

「競爭」背後的均質性

至於為何會出現這樣的理解偏差，其中一個重要原因是我們太過強調競爭。競爭有勝利的目標，亦有比較，於是就要有能夠量化和比較的「均質」（Homogeneous）標準，例如是公開試成績、運動獎項、曾參與的活動和交流團、樂器演奏級別等，這些都是最容易讓我們累積和相互比較（從而決定誰可以獲得機會）的參照指標。大多青少年表示很多時要與別人比較，才知道自己有多好或多差。[8] 這種均質性也定義了一個青年人的讚美評價，何謂「才華橫溢」、「品學兼優」等。

在個人能力累積和競爭的過程中，「效率」是一個重要的考量。當我們愈是抱持、認同「賽跑」的類比，就很難接受「慢」、「低效」、「等待」這些「反面」成長元素的存在（即使它們是必需的）。

如果我們真的要考慮成長的問題，競爭只能是成長的一部分，而成長不應該窄化至為競爭服務。畢竟我們生活在複雜的世界中，不是一級方程式賽車場，車隊在賽車維修進站後挑戰兩秒內完成換軚，只為以毫秒之差賽贏其他隊伍。但這輛賽車只為賽道而設，在日常街道根本寸步難移，更不要説人是遠比車輛複雜了。

這些道理，我們多半也是頭腦上明白的，但是面對眼前確確切切的競爭，有時實在無法不產生焦慮。

•

條件式的「自尊」

青年人的改變，除了成長的歷練，也很需要其他人的介入，尤其是陪伴他們成長的父母。這個時代的經濟條件，相比起昔日的香港有不少的提升。父母的教育水平、資源條件都不斷提高 —— 自 2011 年開始，超過一半 20 至 29 歲青年具有專上學位。[9] 若以 2023 年首次生育年齡中位數的 32.9 歲作為參考，當年這組別的青年人，不少今天已經成為家長。[10] 因着核心家庭和少子化社會的關係，他們的子女數目偏少（詳情參照：「青年面貌基本包：人口特徵」），於是能為子女投放的資源就更多、更集中。時代愈是進步，資源愈是優渥，父母對子女的介入就愈細微。

「用最短的時間做最多的事」這種工業生產的想法已經過時，這個時代我們既要快速、有效，又要拿捏可持續的學習、娛樂、社交、眼界等平衡點，才能塑造出最佳的大人（但又是誰在定義最佳的人？）。當理想的成長目標變得愈多，就愈需要更多的微控制（Manipulation）。

只不過，比起前代的「嚴厲型父母」，今天受過良好教育，資源較多的家長，對於如何教養子女，更有自己的理念和想法。他們不再顯得高高在上，不再動輒打罵，更傾向尋求較緊密、親近的家庭關係，並以正面方式教養子女。[11] 大多數家長形容，他們是重視與子女溝通、願意予以自由的「開明型」。[12] 他們擔當教養的責任，亦重視教養技巧的習得，「少批評多鼓勵」這些進步的秘訣，到今天不啻是他們的常識。必須強調有很多研究關心家庭或親子關係，同樣證明了良好關係能夠改善青少年的抑鬱徵狀、精神健康、甚至幸福感。[13 14 15]

然而，即或青年人認同「家庭關係良好」，不代表他們不知道家長的微控制（參本節開首的「值得思考的數據」）。有點諷刺地，正正是由於「家庭關係良好」，朝夕相對，他們才更加知道父母心中在想什麼。

這一代父母或許比以往開通，亦願意肯定子女，但是子女感受到的是，這個「肯定」其實是有條件的。前代的父母雖然多屬嚴厲，但期望可能也不高，就是「正正經經搵兩餐」足矣。今時今日父母投放更多資源和時間，主動地介入子女的生活及學習作息，例如處理煮飯、洗衫等生活事務，讓他們能夠專心讀書工作。[16] 這一切只為了讓子女累積更強大的能力，對子女未來前途、職業取態等，期望可能更加殷切；而對於子女無法達至期望的焦慮與失落，往往溢於言表。子女看在眼裏，就知道自己是需要達到父母的期望，藉此「換取」對方給予其成長的肯定，但很多時候無論自己怎樣努力，彷彿也未能達到父母的期望，一切的付出也像沒有價值。調查報告稱這為「條件式自尊」（參圖 1.2）。[17]

圖 1.2
青少年對父母期望的想法

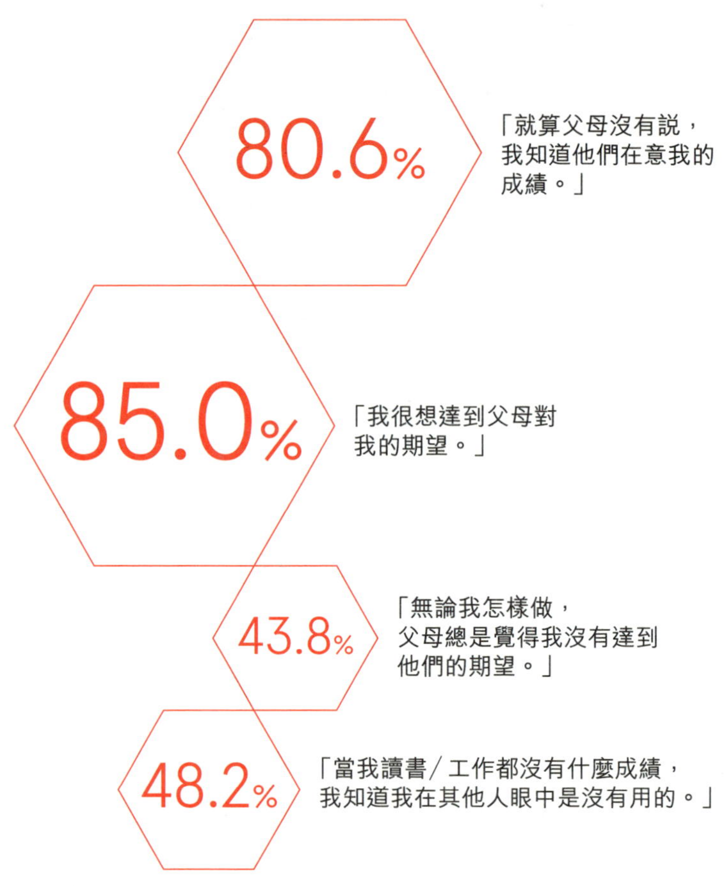

資料來源：突破機構（2024）。
家長期望與青少年條件式自尊研究。

別以為父母這些「條件」只關於成績，事實上也包括對子女的一些觀感與期望，例如個人成就、生活習慣、開放溝通、情緒穩定性等。很多時候，父母的想法，跟青年人所想的頗為不同，甚至剛好相反（見下表）。子女未必完全否定父母這些想法，甚至希望自己能做到這些標準，可是當期望跟自己的狀態與需要相違時，掙扎其中就倍感張力。

父母的想法	青少年的想法
會稱讚其他人的子女成績比較好、賺錢比較多。[18]	不喜歡父母將自己跟其他人比較。[19]
不想子女經常「打機」。[20]	「打機」為了減壓，[21]但會因家人限制上網時間而起衝突。[22]
對子女的情緒感到很大壓力。[23]	憂慮前途，又要應付父母對自己前途的情緒反應，加重壓力。[24]
表達開放信任，但覺得子女負面解讀自己的關心。[25]	只會與父母談校園生活，不談其他事情，認為父母甚少明白自己。[26]
為子女處理生活事務，讓他們專心讀書工作。[27]	希望有更多機會就家庭問題或決定，表達自己的想法。[28]

在「條件式自尊」之下，青年人意識到，「自我」是要用結果獲取的。這些條件是外在的。當自己的能力沒法達成父母的期望，以回報他們的「努力」，甚至造成他們的失望時，子女就會感到抱歉。在歉疚的同時，他們無法認同自己為成長所付出的努力，甚至覺得自己一無是處。「條件式自尊」不止來自父母，也會來自其他對青少年的生命有投入、有期待的人。青年人的輸，未必是在人生賽跑的成績，卻可能會輸在擔心自己未能跑出周遭的人想要的成績，即使那其實是他們自己的賽道。

•

對現實的「超接納」

很多父母覺得無奈的是，他們不想子女在成長中過分自責，卻也未必意識「搞乜而家啲後生咁脆弱」，跟環境的侷促、大人的意識和情緒很有關係。當大人在社會之中感到從競爭而來的壓力，就會將這份焦慮轉移到生命的不同部分，包括養育子女之上。我們為了子女更加適應高度競爭的社會，加強了自己的介入與操控，甚至代替了子女落場賽跑。明明這個時代，我們對各種「教育法」趨之若鶩、熱衷各種能為未來鋪路的「策略」，再安裝各式「裝備」，卻沒有為意，對於青年人來説，最想得到的是來自父母的無條件接納。我們要學習的不只是技巧，而是重新理解成長的意義，看見那個在「均質標準」以外，獨一無二的他們。

超越現實對於人的無限要求，明白人原來的成長軌跡，放鬆一點自己的拳頭，在日復日的困難中，開展多一份面對家人的從容與笑容。這是「超現實」嗎？也不一定，不如說我們是嘗試實踐「超度接受」（Overaccept）吧。這是神學家韋爾斯（Samuel Wells）在《現編倫理 —— 從戲劇角度再思基督教倫理觀》（*Improvisation: The Drama of Christian Ethics*）提出的概念。韋爾斯開創性地用戲劇的方式解讀基督教倫理學，覺得信徒面對多變與無常的世界，既非全然拒絕參與「劇本」，但也不是被動接受、完全遵循世界的規則，反而是善用上帝賦予的恩賜資源，為「劇本」即興演出，創造出新元素和意義。[29]

換在與子女的相處中，說「超度接受」，亦不同於單單的「忍受」與「從眾」（Conform）。我們不是去接受種種不合理，也非無視現實。正如耶穌經受世界種種苦難，仍然囑咐信徒在地上活出天國的美善。我們也明白難關難過，而子女並不完美，面對競爭總是左支右絀，但即使在混沌之中，仍能看見、肯定他們的生命有值得發掘的美好之處。

我們不是只期待對方改變，而是容讓大家在被接納中，更適然地尋找自己的路向，而大人本身也因為這分釋懷而有所轉化（Transformation）。

我們都在努力成為更好的大人 —— 我們能在同一視點上，一同再起步嗎？

1 受訪者為10至29歲青少年。研究結果顯示平均76.4%受訪青少年認為父母接納及鼓勵自己，包括「就算我令父母失望，佢地都咁愛我」(82.9%)、「就算我讀唔到書，父母會鼓勵我行另一條路，相信我可以一樣出色」(72.2%)及「當我失敗的時候，父母會安慰我，説盡了力就得」(74.2%)。突破機構(2024)。家長期望與青少年條件式自尊研究。香港：突破青少年研究資料庫。取自 https://ir.breakthrough.org.hk/

2 研究採用「二階段集羣分析法」(Two Step Cluster)，加入「與父母關係」、「理解父母期望」、「以父母期望為追求目標」、「條件式自尊」，結果發現按變項分為3個羣組時，最能明確清楚地區隔出各青少年組別面對情緒困擾的特徵。羣組1(N=321)佔整體受訪者逾4成(43.6%)，在各變項均高於平均值。同註1。

3 受訪者為10至29歲青少年。突破機構(2019)。「逆休息」文化與青少年倦怠研究。香港：突破青少年研究資料庫。

4 15至24歲青少年的自殺率則由2022年11.7稍微升至2023年11.9。香港賽馬會防止自殺研究中心(2024年9月8日)。香港各年齡組別自殺率。香港：香港賽馬會防止自殺研究中心。取自 https://csrp.hku.hk/statistics/

5 獨立媒體(2024年9月11日)。學童自殺率高企 女生一年間升7倍 學者指社會應反思為何青年感無盼望。取自 https://www.inmediahk.net/node/政經/學童自殺率高企-女生一年間升7倍-學者指社會應反思為何青年感無盼望

6 Erikson, E. H. (1971). *Identity, youth and crisis*. London: Faber & Faber.

7 Rogers, C. R. (1961). *On becoming a person: A therapist's view of Psychotherapy*. New York: Houghton Mifflin.

8 受訪者為10至29歲青少年。72.5%受訪青少年表示，很多時要與別人比較，才知道自己有多好或差。突破機構(2024)。青少年生活狀況研究。香港：突破青少年研究資料庫。

9 20至29歲具專上學位教育的青年由2001年32.7%，急升至2021年的67.6%，並由2011年開始已有一半人(50.4%)具專上學位學歷。2001年數據取自政府統計處(2001)。表E2001B：2001年人口普查主要統計表(教育)(表B05)。香港：政府統計處。2006年數據取自政府統計處(2007)。表E2006B：2006年中期人口統計主要統計表(教育)(表B108c)。香港：政府統計處。2011-2024年數據取自政府統計處(2024年11月)。2021人口普查互動數據發布服務(按年、教育程度「最高就讀程度」及年齡劃分的人口)(不包括外籍家庭傭工)。香港：政府統計處。

10 2023年數據。政府統計處(2024年10月)。人口與住戶統計數字(表115-01011)。香港：政府統計處。

11 研究了解家長的教養方式，以4分為最高，分數愈高代表家長愈傾向以正面方式教養子女，例如關心子女需要。從2013至2017年間，這個分數由3.39上升至3.46。Chan, K.L., Yu, L., Lo, K.M.C., Chen, M., Lo, R., & Ip, P. (2021). *Consolidation of findings of family surveys conducted Since 2011*. Hong Kong: Department of Applied Social Sciences, The Hong Kong Polytechnic University.

12 受訪者為中學生及其父母。Kwok Lai, Y. C. (2022). *Correlates of family strengths in Hong Kong: Implication for family wellbeing policy*. (Final Report Project No.: 2019. A1.087.19C). Hong Kong: City University of Hong Kong.

13 浸信會愛羣社會服務處（2022）。中學生抑鬱焦慮狀況調查2022。香港：浸信會愛羣社會服務處。

14 浸信會愛羣社會服務處（2018）。香港小學生抑鬱狀況調查2018。香港：浸信會愛羣社會服務處。

15 浸信會愛羣社會服務處（2024）。2024年中學生幸福感調查。香港：浸信會愛羣社會服務處。

16 受訪者為10至29歲青少年。47.4%表示父母會為自己處理煮飯、洗衫等生活事務，讓他們能夠專心讀書工作；38.6%表示生活上例如作息時間、學習、選科等已被父母設定好。同註8。

17 同註1。

18 64.4%受訪者表示父母會在自己面前，稱讚其他人的子女讀書成績好、賺到錢。同註1。

19 67.2%受訪青少年表示因父母將自己跟人比較而感到不開心。同註8。

20 受訪者為中小學生家長。63.9%家長因子女花多時間「打機」而感到有壓力。香港基督教服務處（2021）。「打機」減壓尋樂趣，家長苦惱怎應對調查。香港：香港基督教服務處。

21 受訪者為中小學生。75.7%青少年為了減壓而「打機」。同註20。

22 受訪者為小四至中三學生。三分一青少年因家人限制上網時間而出現衝突。香港救助兒童會（2022）。香港兒童在線調查。香港：香港救助兒童會。

23 受訪者為中小幼家長。29.1%家長表示在眾多選項中，面對子女的情緒，讓他們感到最大壓力。香港家庭教育學院（2019）。家長的工作時間與親子關係意見調查。香港：香港家庭教育學院。

24 59.6%青少年面對前途感焦慮，又要應付父母對他們前途的情緒反應，因而加重自己壓力。同註8。

25 受訪者為中學生，及至少有一名子女就讀中學的家長。家長認為自己開放信任，但部分認為子女負面解讀他們的關心。同註12。

26 受訪青少年表示只會與父母談校園生活，不會多談個人事情例如朋友、拍拖等，認為父母甚少明白他們。同註12。

27 47.4%受訪青少年表示父母會辦妥生活事務，讓他們專心讀書工作。同註8。

28 受訪者為12至17歲中學生。近半青少年希望有更多機會就家庭問題或決定，表達自己的想法。香港救助兒童會（2021）。香港青少年的意見及觀點。香港：香港救助兒童會。

29 韋爾斯（Samuel Wells）（2018）。《現編倫理 —— 從戲劇角度再思基督教倫理觀》（鄧紹光、紀榮智譯）。香港：基道。

第二節

為何連休息都要內疚？

古人説「勤有功，戲無益」，來到今天已經演化成「勤無益，戲有罪」。

圖 1.3
青少年休息觀

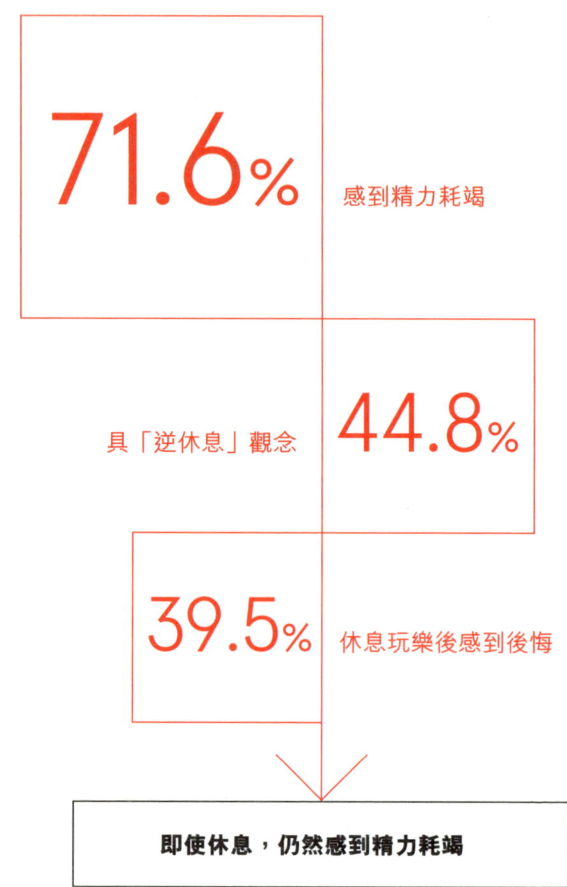

資料來源：突破機構（2019）。
「逆休息」文化與青少年倦怠研究。

調查顯示平均7成青少年感到精力耗竭，逾4成具有「逆休息」觀念，例如認為「未做晒嘢唔敢休息」，即使「好攰」，卻擔心休息而無法追上學業／工作進度，休息是需要達到特定條件的次要行為；接近4成後悔花了時間休息，為玩樂而內疚。所以，青年人的休息觀念是負面及貶抑的，即使能夠休息，他們亦未能享受減壓的效果，甚至形成愈休息愈內疚的「逆休息」狀態。[1]

上文提及過，青年人意識在成長中形成的「自我」，是一種「條件式自尊」，要獲大人充分肯定他們的價值，就須達到對方在養育過程中，有意無意地展現的期望，也就是說，要成為他們期待的某一種「理想的大人」。而這些被肯定的「條件」，大部分也是透過（贏出）競爭達至的。

要贏出競爭，個人的能力是關鍵。[2] 就像一個遊戲角色，要不斷「升呢」（Level），入手不同的裝備，發展不同的技能，累積經驗值，才能贏得一場又一場戰鬥，通過一道又一道關卡。未來的成敗，取決各種個人能力的疊加與整合，身邊的人可能是協助者、競爭者，又或是看台上的觀眾，說到底是配角，用遊戲界的說法，就是 NPC（Non-player character）。

常言道「種瓜得瓜，種豆得豆」，我們都得向未來的自己負責。測驗、考試、活動、升學、工作，就是關卡；通關條件做不到怪不了誰。愈是長大，「條件」就不止於外在要求，也來自自己，如果完成不了自己訂下的目標，那麼離理想中的大人，又要再遠一步了。

不停為自己而戰，雖然動聽，負重卻很巨大。

•

休息被污名化

有青年精神健康的調查發現，受訪青年人壓力主要來源有兩方面，分別是學業或工作，以及缺乏時間。[3] 雖然政府的課程內容多年來算不上有大幅增加，但從香港的補習風氣，就看到競爭巨大。[4] 按教育局統計數字，全港逾 37.6% 小學生，以及 60.7% 中學生補習，[5] 還未計算林林總總的課外活動及興趣班等。

即使畢業之後不再有功課和考試，但迎向的「社畜」生涯也一點不閒。統計處於 2023 年發布香港人平均每週工時中位數為 43.2 小時。[6] 香港亦是「全球最過度勞累城市」第二名，位處全球前列，超越東京及首爾等著名的「過勞都市」。[7] 讀書和工作都極為消耗，「缺乏時間」就成為一種生活狀態，雖然人人每天都有 24 小時，但就是被很多事務塞滿，忙碌得無法停下。

面對這種高效率和高產能的要求，就連「休息」的本能也出現了變質。

本來，「休息」作為一種生物界的共有行為，並不存在任何價值評斷。就好像餓了就要吃東西、口渴就要飲水一樣。任何生物都不會抑壓這些本能，即使是植物也會休息，因為這是維持身體機能正常運作的必需條件。

即使很多人都熱衷於節食，但這不是純粹抑壓，而是很多人早已經吸收和積聚太多，導致身體過重，反過來影響健康；再者，即便是節制飲食，在絕大多數情況下，我們也不會對於飲食，有強烈的貶抑感。

一項針對青年人如何看待「休息」的調查，發現青年人平均日睡 6.6 小時，時數比美國國家睡眠基金會的建議低至少 2 小時（參圖 1.4）。[8] 約四分一兒童和青少年的睡眠質素未如理想，很可能會受到失眠困擾。[9] 於是，不少青年人出現精力耗竭（Exhaustion）狀況，例如「應付學業／工作時，感到愈來愈力不從心」。[10] 然而，他們對於日常的休息及玩樂，有着主觀上的否定，例如未做完工作或者課業，不敢休息，不少更在休息後感到內疚、後悔。[11]

青年人的休息時數和質素都偏低。同時，他們休息時也可能帶有愧疚感，調查稱這種狀態為「逆休息」，就算身體真的有休息，卻享受不到休息所帶來舒解倦怠、減壓效果，反過來增加對自己的心理壓力。[12]

雖然受訪者普遍稱，會在週末及假期「補眠」（受訪者週末的平均睡眠時間有 9 小時），但平均仍然會保留 3 至 4 小時讀書和工作，[15] 也就仍然難以真正放下重擔。這樣下來，不難明白為何有接近 9 成的受訪者表示為應付學業或工作，已經身心俱疲，6 成多認為即使自己已經盡力，也愈來愈難達到學習或工作要求。[16] 無論在任何情況之下，他們都難以達到身心鬆弛、以彌補自己過度操勞的「真休息」狀態。

圖 1.4
香港青少年睡眠時數

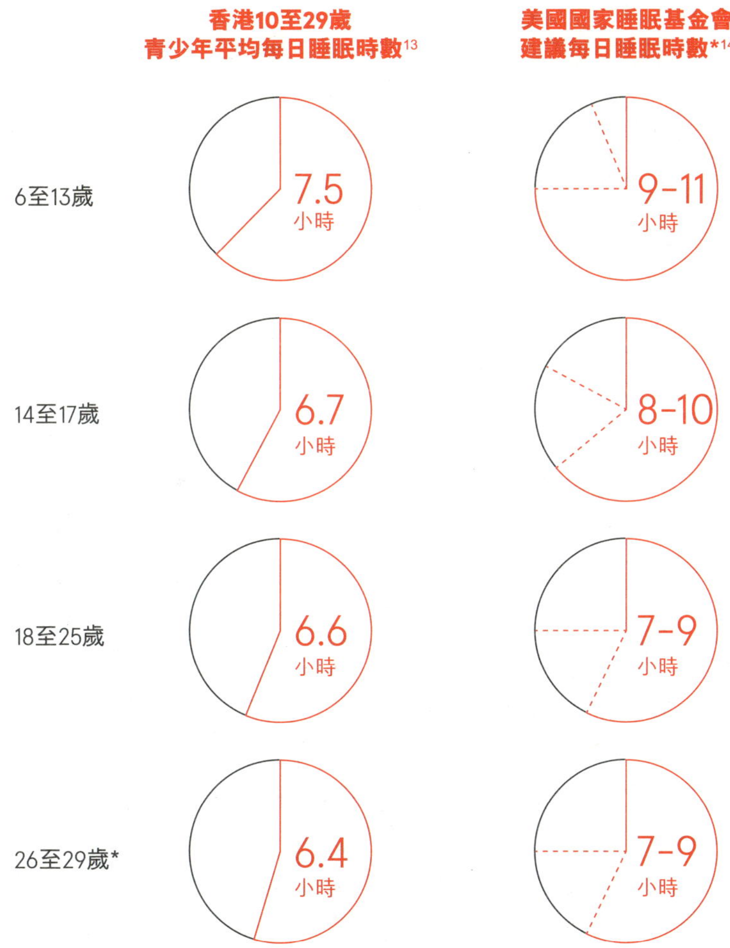

* 26至29歲是香港研究的年齡劃分，
而美國國家基金會建議的年齡劃分則是26至94歲。

資料來源： i) 突破機構（2019）。「逆休息」文化與青少年倦怠研究。
ii) Hirshkowitz, M., et al. (2015) National sleep foundation's sleep time duration recommendations: methodology and results summary.

•

休息不是為了走更遠的路

缺乏休息，本來是一個削弱生存力的問題。研究發現，一個人的睡眠質量與抑鬱、焦慮和壓力呈「負相關」，即較低的睡眠質量，會引致較高水平的抑鬱、焦慮以及精神壓力。[17] 至於為何我們似乎要「跟生存作對」，就要返回「條件式自尊」的題目上。

當「自我」是要透過參與競爭、達成外在條件來滿足的時候，「休息」就代表「停滯不前」、「缺乏生產力」，而很少人會正確認知大腦在休息的時候也需要時間去處理日頭留下來的事務。這些競爭中的負面印象，令我們覺得休息就等於不夠盡力，繼而產生歉疚感。而競爭又是基於「均質標準」，結果就是我們花了很大的力氣，甚至貶抑賴以維生的休息，為的是要換取對自我一種條件式的肯定。

這種條件式的肯定更可以綿細地藏於細節，例如坊間流行説「休息是為了走更遠的路」，將「休息」描繪得正面而積極，卻將之異化、功能化。休息不再是單純的休息，而是成為了未來走更遠的路作準備。如果我們當刻並不想走更遠，又或如果當刻我們失敗、跌倒，只想單純地找一個喘息的空間，而不是為了「成為成功之母」，如果一切的負面不是為了正面而存在，我們還應該休息嗎？

其實休息就是為了休息，為了繼續存在。存在總不需要另外尋找條件去支持吧？

減壓變成增壓

休息被污名化，但人總不能永遠生活在加壓艙內。生活總得有些時間，是用來減壓的。玩樂（Leisure）包含了「個人」和「一起玩樂」—— 透過「Me time」，我們得以放慢，重拾自己的節奏，繼續回顧和調整自身，重新出發；走進羣體，我們能暫且放下自身，享受關係，兩者都有減壓的作用。而在關係之中「一起玩樂」，對於個人的身心健康，有更積極的作用。[18]

在青年人各種減壓的方式中，以打機或上社交媒體消遣為主。[19] 政府統計處的數據顯示，青年人每星期使用互聯網時間達 40.1 小時，即平均每天有接近 6 小時。[20] 以一位青年人每天上學 7 小時、睡覺 7 小時（普遍地不足夠）計算，剩下的 10 小時中有 6 小時是「上線」的，是真正的網絡原住民（Digital native）。他們使用互聯網的三大用途，包括找資料、社交網絡活動及網上娛樂。[21] 有調查指出，3 成的受訪青年人幾乎每天都會玩網絡遊戲，「普遍自覺對於心理、學習和社交有益處」。[22]

有趣的是，家長往往並不這樣認為。他們會覺得打機和用手機都是妨礙家庭溝通和影響學業的「沉迷」行為，不應鼓勵。有調查指出在家長眼中，「沉迷電子產品」是主要「破壞親子關係的子女行為」之一，[23] 不少家長也會嚴厲管制子女使用電子產品的時間。至於對子女來說，他們最不想聽到的說話，正正包括了「快啲溫書／做功課」以及「唔准打機／玩電話」。[24]

當然，不是說有適量的限制是錯的。但話說回頭，很多家長對於網絡原住民的子女使用電子產品的形態也未必充分掌握，覺得他們只是「爛玩」、「無心機讀書」。其實現今遊戲的敍事設定精細複雜，也包含了不少團隊合作和溝通元素，雖然跟傳統的集體活動有所分別，但「對於心理、學習和社交有益處」之說，亦是不無道理。

兩代人對於娛樂的形式評價迥異，就會在家庭中形成張力，甚至衝突。子女用電話是最常見的減壓方式，卻又屬於家長眼中最不接受的行為。大人的反感（還有干預），反過來增加了子女的壓力，甚至影響了家庭關係，令他們「減壓」變成「增壓」。面對父母的嘮叨，有些青年人會選擇講大話或者敷衍應對，令父母更加不滿；但有青年人坦言，正正就是因為不想引起衝突，破壞關係，才選擇藉詞推搪。

中五生 Daniel：睡覺不是最重要的事

就讀中五的 Daniel，每天 6 時半就起牀上學，有時下課後補習，晚上 10 時多才能回家吃飯，生活忙得不可開交。可以想像，父母跟他相處的時間不多；他說，每天聽着父母囉唆，心底總渴望他們能更立體地了解他。

Daniel 的父母最常嘮叨他「快睡覺」。有時明知他上了一整天課，晚上還要補習，「回家阿媽只跟我說『你早點瞓』、『早點沖涼』和『你快點搞掂啲嘢去瞓』這三句。」要是當天心情不佳，給這樣喋喋不休，「心情就會再差點。」

他總是敷衍應對，不解釋他的處境：「通常我不會跟他們怎麼吵架的 ，會冷處理説『得啦得啦』、『OK，一陣搞』，『現在去瞓』等，然後關上房門，轉頭又再打機。」

Daniel 喜歡打機、打籃球及攝影，通常打機至 12 時多才睡，每天只有 6 小時多的睡眠時間，知道明顯不足。但他明言，此刻最重視的是朋友，故此寧願跟父母意見分歧、疏於溫習，也要爭取睡前與朋友在網上相聚的時間。「打機不浪費時間的，而且我與朋友打機主要不為打機，而是聊天。」他享受每天跟要好的同學一起上課、打籃球、吃午飯，夜晚上網打機，如此就是充實的一天。

相比起來，Daniel 跟父母的相處就比較含蓄。「大家説話不多，吃完飯我就走開，彼此又有自己的事要做，這樣就疏遠了。其實和他們都算 Friend 的，但秘密、心事就不能跟他們講。」讀書方面，父母也從沒特別要求，只需每晚準時睡覺便可，「最多是説大個之後，找一份好工，或者有夢想或想讀書也可以。」

父母念茲在茲的，是成長的需要，是長遠身體要健康，但對剛升讀中五的他而言，長大實在太遙遠，此刻才最真實。

即使在一年半後要面對香港中學文憑考試（DSE），他仍未感燃眉之急。他主動談起記錄考生準備公開試的紀錄片《公開試當真》（2024，梁奕豪導演），「我看了兩次，看完是立刻想溫書的，但回家後係無嚹！」誠然，他從紀錄片感受公開試的迫切，而師長平日也有催迫，「學校老師會給我們做很多東西，説『呢啲嘢你們不做就落後了！』」但他坦言，始終會選擇打機多於溫習。

當父母師長都着緊他能不能跟上像一輛超速汽車般的學習生活，衝向終點，少年人心中卻有自己的速度，不想錯過欣賞眼前的風景。

青年人年輕，缺少休息，大多不會即時對身體產生影響，但長期如此，對於個人的身體及精神健康就會構成負面影響，加上自我的問責、大人的埋怨，都在影響青年人整體生活的滿足感。尤其是當大環境一直灌輸「慢」就是不好，即使青年人很想停下來自我調節也覺得困難，更不要説學習轉化，接受自己不完美。有調查指高達 8 成的人表示經驗過事物突然消失、出現劇變，但生活步伐急速，根本不能停下來處理和整理內在。[25] 就像坐上一輛不停加油至超速的汽車，眼前只有目的地，顧不了周遭的風景 —— 而這些「錯過」有機會改變我們的眼界，打開一些不同的行車線。

當青年人希望有空間停一停，很多大人立時的反應會否是「咁你想休息幾耐」?「做完功課休息 15 分鐘」、「放假兩日」? 我們實在太習慣以時間去討論休息。時間的確重要，然而對應問題，很多青年人力竭的關鍵不是「多歇一小時」，或者「多休一日假」，就能夠解決，而是我們怎樣看休息，也是怎樣真確地認識與評價自己。

休息提供一個空間、時間讓人沉澱，也是人的基本需要。明白到「萬物有時」，不妨學習放下手上的事務、死線、績效，甚至自我質疑，重新享受「真休息」。

1 受訪者為10至29歲青少年。平均71.6%受訪青少年感到精力耗竭，例如「應付學業／工作使我身心俱疲」(87.2%)、「完成一天學習或工作，我已經非常疲累／無法思考」(69.7%)。平均44.8%具有「逆休息」觀念，例如「未做晒嘢唔敢休息」(43.1%)、「雖然好攰，但我驚休息會令我『追唔切』學業／工作進度」(55.4%)。突破機構(2019)。「逆休息」文化與青少年倦怠研究。香港：突破青少年研究資料庫。

2 受訪者為10至29歲青少年。79.5%受訪青少年認知社會重視學歷，無論喜歡與否自己都要進修。突破機構(2022)。青少年創意實踐與職業發展研究。香港：突破青少年研究資料庫。

3 受訪者為14至24歲青少年。研究結果反映：在學青年最主要壓力來源是學業(52%)及缺乏時間(40%)；在職青年最主要的壓力來源則是工作(39%)及缺乏時間(35%)。啟勵扶青會(2022)。香港青年精神健康調查。香港：啟勵扶青會。

4 根據香港交易所委託益普索公司調查香港私營補習服務行業，預測(根據過往增長趨勢)2018至19年度，本港小學生補習人數為140,100人，而中學生補習有197,500人(不包括私人補習導師)。香港交易所披露易。行業概覽。香港：香港交易所。取自 https://www1.hkexnews.hk/listedco/listconews/gem/2016/1202/a9539/cgegl-20161115-14.pdf

5 2018至19年度全港小學生及中學生人數分別是372,465及325,498人。政府統計處(2024)。2023香港統計年刊。香港：政府統計處。

6 政府統計處(2024)。收入及工時按年統計調查報告2023年版。香港：政府統計處。

7 KISI. (2024, October). *Cities with the Best Work-life Balance 2022*. New York: KISI. https://www.getkisi.com/work-life-balance-2022#table

8 同註1。

9 受訪者為6至24歲學生(包括中小學、大專)。睡眠質素總分在0到32之間，分數愈高表示睡眠質量更好，失眠風險更低。26.8%受訪兒童和青少年的睡眠質量分數，僅得21分以下。香港遊樂場協會(2023)。香港青少年心理健康，升學計劃及睡眠質素調查。香港：香港遊樂場協會。

10 精力耗竭(Exhaustion)狀況評分5分為最高分，表示耗竭程度最高，青少年平均得分3.13。同註1。

11 43.1%受訪青少年同意「未做完工作或者課業，也不敢休息或者去玩」，39.5%表示「休閒玩樂後，感到內疚不安，後悔用了時間休息」。同註1。

12 本研究採用多元線性迴歸分析(Multiple Linear Regression Analysis)，結果顯示睡眠時數、「休息觀：貶抑」、休息內疚感等變項均顯著預測精力耗竭(R^2=.19)(F(10, 592) = 15.464, p<.001)，當中「休息觀：貶抑」(β=.25, p<.001)、休息內疚感(β=.13, p<.01)有顯著正面解釋力；睡眠時數(β=-.19, p<.001)則有顯著負面解釋力。同註1。

13 同註 1。

14 Hirshkowitz, M., Whiton, K., M. Albert, S., Alessi, C., Bruni, O., DonCarlos, L., Hazen, N., Herman, J., S. Katz, E., Kheirandish-Gozal, L., N. Neubauer, D., E. O'Donnell, A., Ohayon, M., Peever, J., Rawding, R., C. Sachdeva, R., Setters, B., V. Vitiello, M., Ware, J. C., & Hillard, P. J. A. (2015). National sleep foundation's sleep time duration recommendations: Methodology and results summary. *Sleep health, 1*, 40-43.

15 受訪者為 10 至 29 歲青年人。問題是「如何運用 24 小時在睡眠、讀書或工作、休閒玩樂及日常生活（做家務、交通等）？」結果反映受訪青少年在平日每日睡眠 6.9 小時，讀書或工作 9 小時；假日每日睡眠 9.1 小時，讀書或工作 3.8 小時。突破機構（2024）。青少年生活狀況研究。香港：突破青少年研究資料庫。

16 87.2% 受訪者表示為應付學業或工作，已經身心俱疲，62.7% 受訪者同意即使自己已經盡力，也覺得愈來愈難達到學習或工作要求。同註 1。

17 同註 9。

18 同註 1。

19 受訪者為小四至中三學生。香港救助兒童會（2022）。香港兒童在線調查。香港：香港救助兒童會。

20 按使用互聯網的主要目的及經濟活動身分劃分、在統計前 12 個月內曾使用互聯網的 10 歲及以上人士。政府統計處（2023）。主題性住戶統計調查第 77 號報告書。香港：政府統計處。

21 上互聯網活動主要目的，包括找資料（100%）、社交網絡活動（99.6%）及網上娛樂（97.9%）。同註 20。

22 31% 的受訪中學生幾乎每天都會玩網絡遊戲。同註 19。

23 受訪者為小四至中三學生及家長。香港基督教女青年會西環綜合社會服務處（2014）。親子正負極：親子行為與關係調查。香港：香港基督教女青年會。

24 受訪者為 8 至 18 歲青少年。52% 受訪者表示最不想聽到的説話是「快啲溫書／做功課」，47.2% 表示是「唔准打機／玩電話」。香港小童群益會（2024）。親子溝通、親子關係與家庭和諧調查。香港：香港小童群益會。

25 80% 同意「經驗過一些事突然消失、劇變，但生活急速步伐不容許你停低慢慢處理」。同註 15。

第三節

在關係中我能否做返自己？

人是在羣體中生活。為什麼對青年人而言，社羣有時卻帶來巨大的恐懼？

圖 1.5
青少年遭受人際傷害

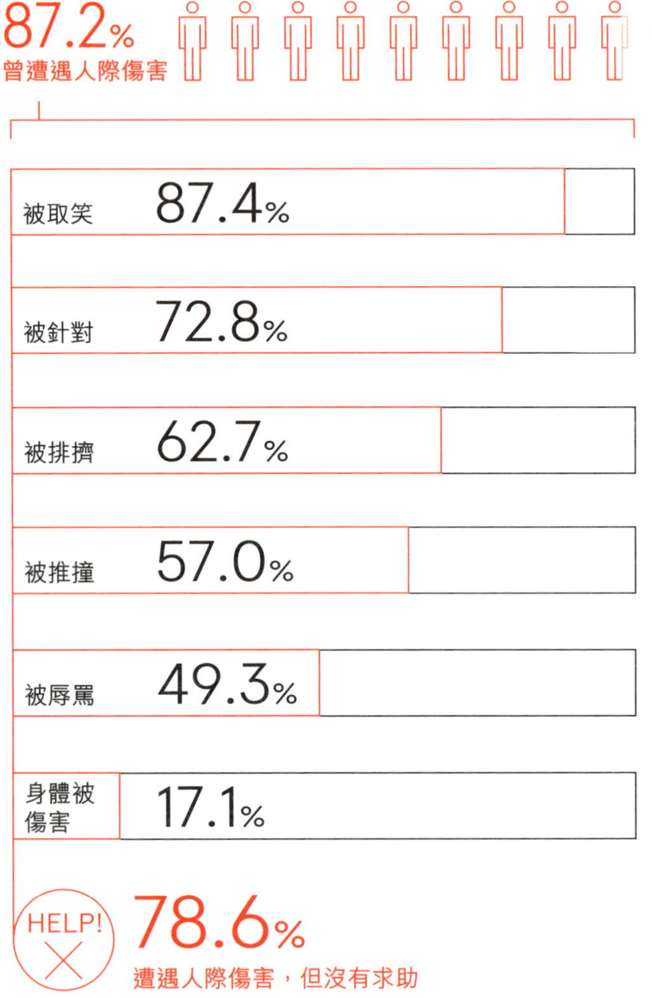

資料來源：突破機構（2022）。
青少年校園人際傷害行為研究。

87.2% 受訪青少年曾遭遇人際傷害，最常見的分別是「被取笑、整蠱」、「被針對」及「被排擠」等，74.8% 有多於一種傷害經驗。然而，78.6% 的受訪者遭遇人際傷害而沒有找人傾訴、求助。另外，82.5% 青少年曾目睹同學遭遇人際傷害，反映人際傷害行為在校園頗為普遍。[1]

人是羣居的動物。在羣體中建立關係彼此支援，得到關懷與承托，像是聆聽、陪伴、接納等等，這是成長的必要條件，但事實上不止如此。要在成長過程中形成自我，回答「我是誰」的問題，羣體是其中必不可少的。我們接觸的他人都是獨一無二的存在，彼此之間必然存在差異。正是在差異之中，我們才看到自己，並形成、完整對自己的認識。有做過近年大熱，甚至拿來作招聘考核工具的「16 型人格」（MBTI）測試嗎？它正好説明這層意義。「內向和外向」（Introverts & Extroverts）、「實感和直覺」（Sensors & Intuitives）、「情感和思考」（Feelers & Thinkers）、「判斷和感知」（Judgers & Perceivers）就是四種不同的對揚，沒有其中一方，就無法定義另一方。當然，一個人的各種特質遠比這些框架複雜，但無礙我們認知「自我是在羣體之中彼此塑造」這事實。

心理學家肯尼斯・格根提出了「互為彼此的存在」（Relational being）來形容這種人觀：他人是我的一部分，我是其他人的一部分，我們是以一種互為彼此的方式於世上存在。其他人的存在（Being）（而不止是行為）本身，已經為我們帶來一種整體的、本質的影響，不單單是幾個範疇的因果互動關係。[2]

我們試回想早幾年新冠疫情在全球肆虐的經歷。當時香港實施封閉式的抗疫策略，校園關閉，實體課堂中斷，學生只能獨自在家中上網課，無法與老師同學見面。即使大家可以藉上網打機和社交媒體跟朋友們維繫，但羣體生活仍然受到嚴重影響。疫情期間上網時間增加，不少學生的情緒受困擾，9 成受訪學生願意減少上網時間，以換取與朋友相處。[3] 不少老師也提到，疫情以後，學生無論在羣體參與、待人接物，還是個人的身心發展，甚至自我照料，都呈現某程度的遲緩或者窒礙，對成長的深刻影響，遠不止於「教學進度受阻」。復常後學校加倍積極地追回進度，對於身心本來已受影響的青年人來説，痛苦只有加劇，難言「復常」。兩年疫情幾乎令羣體生活在成長中缺席，即使返回學校，他們仍然需要面對很多難題。

「羣體」對於青年人來説，是一個必須但又艱鉅的挑戰。成長在羣體裏發生，青年人在他人前展開自己，也在友儕間對照出自我；然而，人與世界俱不完美，很多傷害同時在羣體中間出現。這一代還有來自網絡世界、社交媒體的獨特挑戰，是以往大人不曾經歷過的。究竟在眾多人際的挑戰中，「真實的我」能否展示而不被拒絕，能否坦然「做返自己」？

•

校園欺凌仍然嚴重

校園欺凌一直為社會關注，也是不少調查機構都會研究的課題，證明這不止是一代人的困擾，也不單是香港獨有，而是全球普遍的情況。它確實長期存在，也會隨着不同的社會狀態而有所變化。

過去不少研究調查均發現，不少青年人曾遭遇欺凌，如有調查指 44% 學生曾在學校遭受戲弄嘲笑，[4] 更有四分一小學生過去一年曾遭受欺凌。[5] 羣體生活為青年人帶來不少傷害，而他們感到被拒絕、甚至被欺凌的場景，都是在校園之內。

最近的數據更顯示有 8 成以上的青年人曾在校園遭遇各式各樣的欺凌（參圖 1.5），説明這幾近是極為普遍的行為。[6] 羣體中為何要以暴力方式相對，成因十分多樣，或因曾被暴力對待，又或者是個人性格問題，難以控制情緒，甚至是權力鬥爭的呈現等等，不一而足。但欺凌的出現，很多時是基於無法接納人與人之間的「差異」，像是外貌、性格、言行、習慣，甚至成績、成就，都能夠成為被敵視的原因。最常出現的傷害行為是排擠、針對、中傷、取笑，[7] 亦有研究的受訪青年指被欺凌主要是外表、家庭經濟背景。[8]

當彼此之間的差異釀成敵視或不安，就想將相異於自己的對象「取消」。當一方比另一方弱勢，這種「取消」就更容易出現。周圍的人目擊這些欺凌出現，也可能選擇「從眾」，因為他們需要從羣體取得認同，亦不想自己成為下一個被欺凌的對象。調查發現，不少人被欺凌的同時，也有參與欺凌行為，以此作為一種自我保護。[9]

在過往接觸的青年人中，不少經歷以下情況：有家境較貧窮的青年人會被家境較好的取笑及排擠。「在我的小學，你枝筆冇牌子、衫唔係名牌，可能會畀同學排擠。可能因為佢哋習慣個個都係有錢人。」「有錢同學可能有好多電子產品、好多零用錢。有啲真係會睇唔起窮嘅同學。我有個朋友就係因為咁，畀同學搶水樽、遮，甚至吐口水。」

有曾在媒體講解自己生活狀況的青年人説，「試過有同學看到記者會，將我們上鏡的樣子製作為 WhatsApp Sticker，再 Send 去班 Group、級 Group 同畀校外嘅朋友。」「同學不理解你嘅背景，可能就會看不起你。我們講自己的故事時並沒想到那麼多。」[10]

欺凌破壞了羣體中的關係，大家都不再願意在羣體中展示自己，自我意識的建立也受到影響。當這件事集體、大規模地施予在少數人身上，會對一個人的自我帶來非常巨大的傷害。欺凌長年不能被「解決」，關鍵也許不止於能否制止欺凌行為，也在於我們的校園裏，是否存有讓關係安穩地茁壯生成的土壤。老師在忙碌的課堂中間，有沒有空間跟學生建立互信的關係（先不用「關心學生」這種單向的説法）？學校有沒有過度追捧學生的個人成就，製造了「成功者」（因而有大量「失敗者」）的差異標籤？同學之間有沒有太過看重競爭，視彼此是對手多於同伴，寧願關心自己多於追求羣體的美善？一直推展下去，我們還有太多可以思考的課題。社羣之中如果沒有健康的關係營造，它可以帶來更多的傷害。

可惜，關係並不是「均質標準」，也不可以量化、可以「贏取」的成就。如是，最重要的事物，在日常往往被輕輕帶過，甚至被捨棄。

•

社交媒體更強烈的同質性

今天講校園欺凌，跟以往不一樣的是，網上欺凌也會一同討論。線上生活是線下生活的延伸，青年人的線上社羣，大部分也是同學和朋友。但是，有調查顯示，每 5 位中小學生，就有 1 位曾遭受網絡欺凌。[11] 約 2 成的受訪者曾因想法不同而在網上被視為異類，[12] 超過 2 成在網上曾經驗傷害，而感到「社死」（社會性死亡）。[13]

「社死」作為新興用詞，所說的不是肉身的死亡，而是在網絡社交圈中被取笑或排擠，不敢再現身、表達、參與討論，彷彿成為「獨家村」。現今我們的生活已然是「半 Online 半 Offline」，兩邊都是生活的一部分，如果其中一邊受到傷害，也會構成身心壓力，甚至影響我們的日常，如有學生表示曾因網絡欺凌問題而出現自殺的想法，也有傷害自己或他人的念頭。[14] 為了提防自我受傷，青少年在網上平台往往選擇以匿名或別名「生活」。[15]

現實羣體中的欺凌是關於我們看待差異的取態，同一件事去到網上，就有了延伸和演化。

本來如此廣闊的世界，包含了無邊無盡的新人新事物，可以開闊我們的見識和接觸面。但是社交媒體的演算法會因應用家的使用習慣、喜好，自動篩選用家感興趣的內容，而用家也傾向只跟「同聲同氣」的網友溝通，關注立場和觀點相近的資訊平台，結果抹殺了人與資訊的差異性，形成更大的「迴音室效應」，令人錯覺「全世界和我的想法都是差不多」，對於跟自己不同的人與事更加難以接受。當我們每天可能付上數小時觀看網上資訊、跟他人頻密互動，但我們連在現實生活中「看見差異」這件事都很可能無法做到，更不要說接受，甚至「超度接納」它們了。

網上社羣彼此交往不深，我們很難全面認識彼此，網友之間甚至可能根本很少或從沒見面，當我們接受差異的能力一再削弱，就為欺凌預備了一個更大的溫牀。

•

艱難應對脆弱的「關係」結構

社交媒體是這一代面對的全新世界，顛覆了現實生活的關係結構。1960 年代，哈佛大學的社會心理學教授史丹利・米爾格倫（Stanley Milgram）的「小世界實驗」（Small World Experiment）引伸出「六度分隔理論」（Six Degrees of Separation），指出世界上任何兩個不認識的人，最多經過六位朋友，就能夠聯繫。[16] 這樣聽來，世界好像很小，但套用在社交媒體，根本不再需要六個人，任何一個明星、名人，你都可以透過社交媒體直接連繫（對方理不理會又是另一個問題），甚至對話。這個世界人與人之間的資訊傳遞、關係結構，全部都是即時的、一瞬間的，不用等候的。每個發出的訊息，在下一秒可以在世界的任何一端出現。而透過不同的羣組、遊戲，我們可以隨時結識大量的「新朋友」，這個「社羣」，其實就是整個世界。

社交媒體雖然龐大也精彩，但它的「大」也是問題的源頭，因為我們根本無法一下子同時處理那麼多「網絡關係」。相比線下世界，我們需在家庭、學校、職場、社區等面對有限的人，用家需要在全天候開放的「大廣場」應付上百個，甚至上千個他們未必深入認識的「他者」。在網上分享開心事、關注朋友動態、參與討論、獲得共鳴與支持已是難以割捨的生活組成部分，[17] 甚至可能是我們的身分一部分；可是淺層的網絡關係減少了面對面相處的情感基礎，當中的匿名設計方便了很多不留情的評論、揶揄、人身攻擊，甚至是羣起的欺凌、起底，乘着網絡上的快速蔓延，排山倒海的負面反應足以對事主瞬間構成巨大的壓力，而這些聲音在線下可能完全聽不到。

這一代人花了很多精力努力學習網絡羣體上的生存之道，但技術提升往往比應對還要快，我們得到了一些好處，同時承受着極大的情感負擔，左支右絀，狼狽不已。

•

多重社交身分，卻是不完整的自己

調查指每位青年人平均擁有超過 7 個社交媒體帳號。[18] 這些帳號可以按不同的用途、接觸對象而分門別類，甚至能按自己的喜好及需要設定出不同社交身分（人設）。很多人覺得這是一個方便的設置，既可以只開放某部分的自我給某部分的人，也可以立時關掉，自主性很高。

在現實社羣之中，人因應多種社會身分而呈現不同的形態與相應言行十分正常，例如「父親」、「兒子」、「丈夫」、「老闆」、「下屬」、「市民」，甚至「香港人」等等。這些身分的出現，很多時都是屬於羣體關係之下的產物 —— 如果我沒有兒女，便不會是父母；沒有上司，我就不可能是下屬；我生於上海，成長於英國利物浦的華人社區，就無從稱自己為香港市民。這些身分之間又會出現多重交疊，一個整全的人，原本就是這樣形成。

但社交媒體的「人設」並不是這樣的性質。它藉由用家的個人喜好和想像而設計，是一種理想的自我投射。這種自我界定，完全獨立於他者，包括父母、師長、鄰舍、朋友等等。無論創作多少個「角色」，甚或一人分飾十角，其實對社羣關係而言，這個存有也只是獨立於所有人的一個點。這些社交身分的存在並不是「關係性」的，甚至是虛設的，它們的整全與否，與我們的自我也沒有什麼關係。因此，我們在網絡上認識的「網友」可能數量眾多，但難以跟真實的「關係」相提並論。甚至當我們的日常被社交媒體霸佔，更會顯得孤獨不已。有調查就指出 Z 世代的孤獨感超越其他世代。[19]

即使一個人未必一定受到網絡欺凌，瀏覽彼此「人設」的線上生活，本身也存在大量的相互比較。「人設」只呈現了一部分的自己，卻予人錯覺那就是對方的全部。這種「隱惡揚善」的慣性，容易令人覺得其他人的生活都過得比自己愜意，網上亦常有「年焦」（年齡焦慮）和「容焦」（容貌焦慮）等說法，當青年人的自我長時間被置放於廣泛的、被評頭品足的目光之下，壓力亦遠比昔日為高。

人人渴望與他人真誠連結，而社交媒體的原意，也是讓人跟朋友分享生活。然而，有調查指出超過 7 成的受訪青年人希望「做返自己」，事實上能做到的只有 4 成左右，甚至超過一半人認為很多時都不能「做返自己」，因為社會只有利於某類性情的人，只得改變自己去配合。超過 8 成的受訪者更說，堅持做自己可能要付出代價（參圖 1.6）。[20] 於是，很多人在網上只得塑造成大眾喜歡的形象，而無法呈現真實的自己，在這樣的氛圍和情緒之下，他們自然有壓力。

圖 1.6
做自己有多難？

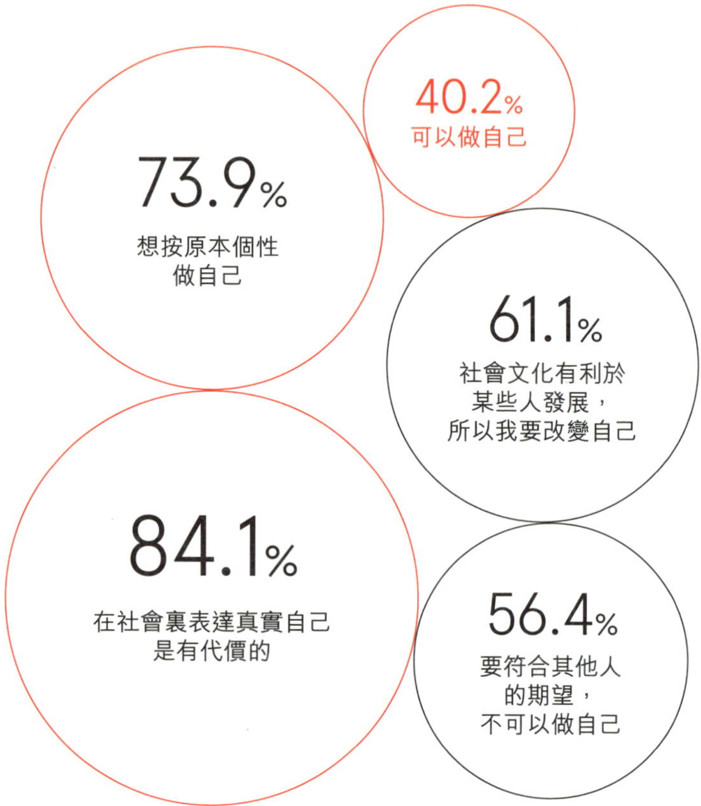

資料來源：突破機構（2024）。
青少年生活狀況研究。

這個世代，不少人未必「社死」，也會笑稱自己是「社恐」（社交恐懼），網絡帶給我們自尊崩壞的危機感讓我們感到恐懼。但回到現實，我們又能否習慣在實體聚會出現，面對陌生的他人？還是會產生更大的焦慮，寧願回到自己的樹洞之中？

這是一個怎樣的時代？我們渴望羣體，但是黏合性（Bonding）被削弱；腦袋無時無刻都保持喧鬧，但孤獨感更強烈，「被取消」的不安愈來愈強；很想展現美好的自我，同時想自己在人間隱形，這種矛盾，不能不說是時代之窘。

Micro KOL 王子蕎（Ali）：社交平台上的生存焦慮

形容自己是 Micro KOL 的 Ali 表示平日在 Instagram 看見時裝、美妝資訊時，會不自覺跟自己的帳號比較，追趕潮流成為一種壓力。以前為了得到喘息的空間，她每隔一陣子便會 Detox，刪除社交媒體軟件稍事休息；但現在她的個人帳號有時用於聯繫工作，刪 App 的動作可能給合作單位帶來不便，就愈來愈需要小心考慮。

這種焦慮也延伸至線下的生活。雖然 Ali 自信地說自己在社交平台會「賣靚樣」，但是當她站在港鐵月台，看見比她年輕的 KOL 已經登上廣告板時，也會不自覺感到自卑，擔心自己「又老又醜」，被更年輕、外表更好看的「妹妹」取代。她開始意識到，在不斷的展示之中，「容焦」、「年焦」這些都是她無法逃逸的難題。

在經營寫作帳號時，她又有另一種煩惱：「我很怕被人遺忘。」她自問不是量產型的寫作者，也會擔憂自己完美主義的寫作習慣，無法在速食的社交網絡下生存。但是寫作文章需要時間沉澱，也需要反覆修改，否則顧不上作品的質素。

最令 Ali 擔憂的是，多年積累的心血可以在瞬間消失。「網上的經營好像活在霸權之下，帳號可能隨時被盜，被人取走帳號之後又申訴無門。」

既然展示的需求是內在的，怎樣的方式會令自己好過一點？身為寫作者，紙本的呈現可能是一條出路，所以 Ali 在經營寫作帳號的同時，也會到不同文化書誌的出版社實習：「希望有張紙把工作記下來，會實在一點。」

為了令自己可以在焦慮之中稍微退場，Ali 數出自己有十個「小號」，在這些私人帳號裏，她不需要再考慮人設，而是分享貓貓的日常、與朋友相處。畢竟有些生活和真性情，不必被所有人知道。對於應該披露什麼，要保留什麼，Ali 非常清晰地劃出了分界，或許這也是過分透明的生活之下，她為自己留有的一小片空間。

（節錄自〈IG profile 是我的 online CV〉，Breakazine 073《人人人設》）

1 受訪者為10至29歲青少年。突破機構(2022)。青少年校園人際傷害行為研究。香港:突破青少年研究資料庫。

2 肯尼斯・格根(Kenneth J. Gergen)(2016)。《關係的存有——超越自我、超越社群》(宋文里譯)。台北:心靈工坊。

3 受訪者為小五至中三學生。90.5%受訪學生願意減少上網時間,以換取與朋友相處。青年會佐敦會所(2022)。復課前後:香港青少年的心理健康與網絡使用習慣調查。香港:香港中華基督教青年會。

4 受訪者為小五至中二學生。復和綜合服務中心(2017)。青少年網絡欺凌及校園欺凌行為。香港:復和綜合服務中心。

5 受訪者為中小學生。受到肢體及言語欺凌的整體學生比例是18.6%及21.5%。嶺南大學STEAM教育及研究中心(2024年)。香港學童快樂與生命價值調查。香港:嶺南大學。

6 同註1。

7 參考註1、註4。

8 受訪者為12至17歲中學生。受訪青少年表示被欺凌最常見的原因是他們的外表(15%)、家庭經濟背景(6%)及身體殘疾(4%)。香港救助兒童會(2021)。香港青少年的意見及觀點。香港:香港救助兒童會。

9 受訪者為小四至中六學生。調查指出有71%網絡欺凌者曾被網絡欺凌。東華三院青少年及家庭服務部(2022),網絡欺凌對香港學生的影響調查報告摘要。香港:東華三院。

10 Breakazine創作小組(2022年7月)。《Breakazine 069 你睇我唔到》。香港:突破出版社。頁64。

11 19.2%受訪者表示過去一年受到網絡欺凌。同註9。

12 受訪者為10至29歲青少年。20.4%受訪青少年表示「在網上平台因為想法不同被人話,看成異類」。突破機構(2024)。青少年生活狀況研究。香港:突破青少年研究資料庫。

13 26.2%受訪青少年同意「在網上曾經驗傷害(例如嘲笑),讓你感到『社死』,無法擺脫」。同註12。

14 30%受訪學生表示曾因網絡欺凌問題而出現自殺的想法;29%則有傷害自己或他人的念頭。同註9。

15 21.6%受訪青少年表示「在網上平台因為意見不同被人說話,會匿名/開小號、不敢表達自己」。同註12。

16 陳關榮(2023)。〈我們生活在複雜而又簡單的小世界裏〉。《複雜學》,2,35-41。

17 受訪者為 15 至 24 歲學生。57.3% 受訪青年表示「去度假時，會繼續關注朋友在做什麼」；64% 表示「當玩得開心時，在網上分享有關細節對我而言很重要」。MWYO（2019），「青年想點」問卷調查報告。香港：MWYO。

18 受訪者為 15 至 34 歲青年。受訪者平均有 7.1 社交媒體帳號。青年創研庫（2020）。善用社交媒體提升管治研究報告。香港：香港青年協會。

19 調查訪問全球 15 個不同市場 18 歲以上市民，香港是其中一個受訪問的市場，受訪者合計 16,000 人（香港佔 1,000 人）。60% Z 世代感到孤獨；其他世代感到孤獨的有 42%。Lululemon. (2024, October). *Lululemon Global Wellbeing Report 2024*. Vancouver: Lululemon. https://corporate.lululemon.com/~/media/Files/L/Lululemon/our-impact/lululemon-2024-global-wellbeing-report.pdf

20 73.9% 受訪青少年想「做返自己」（保留原來的個性、特質生活、做決定）；40.2% 可以「做返自己」。56.4% 認為「很多時候不可以做返自己，因為你的表現要符合其他人對你的期望」；61.1% 表示「社會文化有利於某類性情嘅人（識 Social、有活力等）發展，為此你要改變自己」；84.1% 表示「一般都鼓勵青年做返自己，但你在社會表達真實自己是有代價（被討厭、排擠）」。同註 12。

第四節

如果只有我頂住全世界

我們每天互相影響，有困難時
卻只能各自面對。

圖 1.7
青少年如何面對情緒困擾

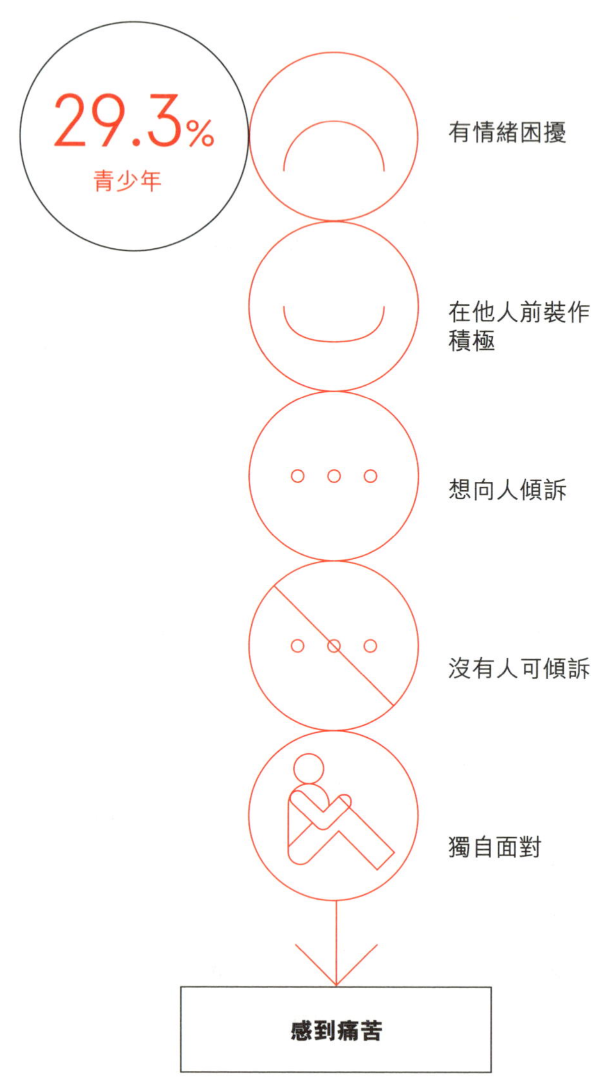

資料來源：菁研（2023）。
情緒污名化與青少年求助行為研究。

研究發現 29.3% 受訪青少年有情緒困擾，但於人前裝作積極，想向人傾訴但無人可訴，要獨自面對而感到辛苦，亦令他們比其他青少年更感到痛苦。[1]

青少年愈有「情緒污名化」的情況，就愈可能出現「強裝積極，只能自己面對困擾」的想法，而且不願處理情緒困擾。[2]

不少大人對於這世代，常常有個不解：明明成長環境愈來愈好，衣食足、娛樂多、資源豐富、還可以出遊開眼界，「呢代人真係好幸福」，為何最後聽到是這一代青年人的心理健康，會陷入嚴重危機？為何學童自殺情況愈見嚴重？

這一代做人，事實上比以前困難好多。

雖然不愁基本起居生活的需要，但是社會發展非常高速，對於一個人的學歷、識見、（最新的）工作技能這些「硬實力」，以至於解難、溝通、羣體協作等等「軟實力」，要求都比以前高出不少。生活成本更加不可同日而語，學習、工作和生活的門檻，給硬生生的推到好高。要每一個人都爭高鬥快去跨過這些門檻，是很辛苦的事。

面對劇烈競爭、課業要求增加、父母期望殷切、羣體關係弱化的環境，雖然不是每個青年人在成長中都會承受上述所有挑戰，但相當程度的精神及情緒壓力，也難以避免。

面對挑戰，承受壓力是人之常情，要排解也有很多方式。有些人藉娛樂休息如打機發洩，又或者吃一頓好的、跑步出一身汗。能自主地處理，其實是承認問題、自我接納，再努力克服的過程。但有些時候，我們則需要他人的情緒支援，或是跟幾個朋友口沫橫飛盡吐苦水，又或索性參與一場刺激的球賽。同行關係像一張網，只要彼此能伸出手，就能托住彼此更多的重擔。

這個時代的困難就是，我們愈來愈難伸出手來。

不願發聲卻又撐得辛苦

香港的青少年面對嚴重的心理健康問題，有調查指，有 48.7% 中學生呈現抑鬱徵狀，58% 呈現焦慮徵狀，[3] 亦有調查反映相似情況：52.5% 受訪青少年感到焦慮、46.2% 患有抑鬱症，30.5% 受壓力困擾。[4]

更重要的，近年的調查發現，不少青年人遇上情緒困擾時，不太願意找人陪伴，也覺得其他人很難幫得上忙。甚至，大多青年表示獨自面對情緒困擾很辛苦，但認為應該自己處理，不要麻煩家人。[5]

為什麼要向人隱瞞自己受到情緒困擾？因為「情緒」已經愈來愈被污名化，[6] 不少青少年甚至不接納負面情緒的出現。有研究反映，當青少年愈不接納自己的負面情緒，他們愈不開心，自尊感亦愈低。[7] 情緒本來只是一種協助我們應對處境的身心反應，但正如所有的「負面」狀態在高速運轉的社會都不受歡迎，情緒反應如悲傷、憤怒、焦慮等，都屬於不完美的「問題」，需要被解決與排除。當情緒被污名化，我們出現情緒，等如自身有問題，於是我們對可信任的朋友分享，就等如將不好的事情拋給其他人一樣，成為了騷擾或加添壓力等負面行為。不少青年人認同，跟朋友「呻」一次兩次還可，若講得太多便會煩到對方，甚至令他人敬而遠之，因此寧願自己承擔（參圖 1.8）。

圖 1.8
青少年不接納負面情緒

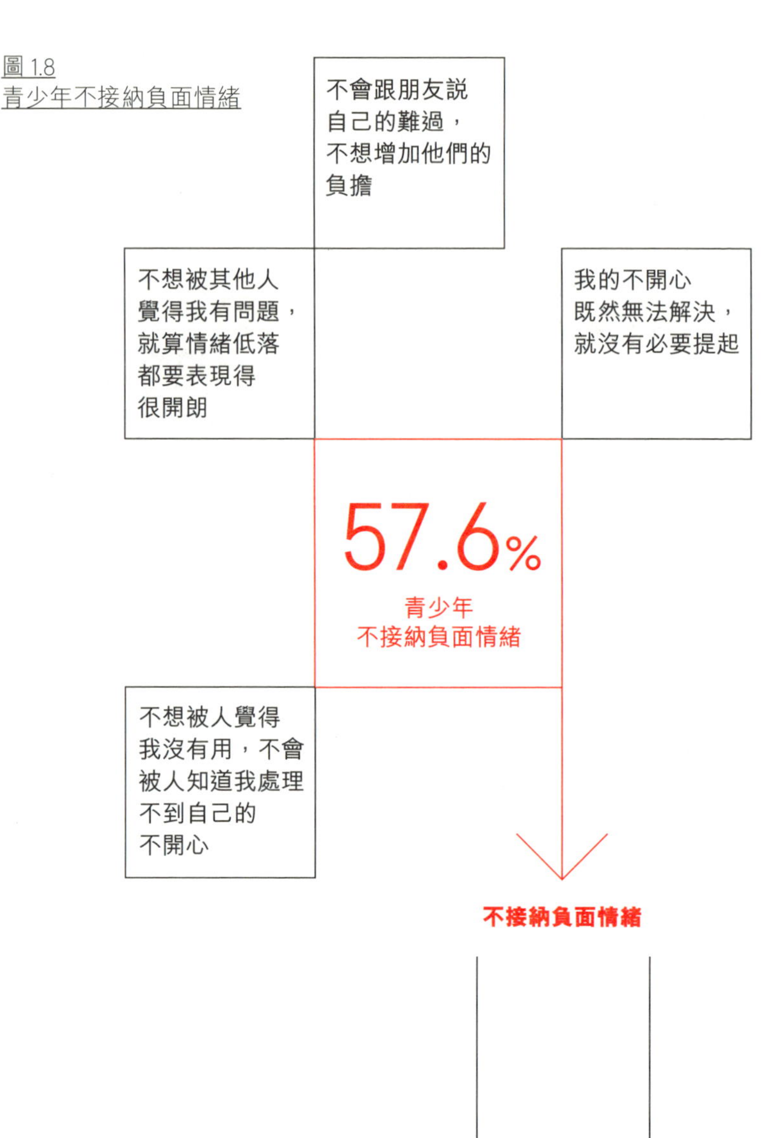

資料來源：突破機構（2023）。
青少年正負面情緒與自尊感研究。

「怕煩到別人」是一個可以理解的擔憂。然而連能傾訴的朋友都離棄自己，就真的更絕望了。為何傾訴的門檻總是那麼高，聆聽的耳朵總是那麼少？會否也因為我們身處一個不願接納負面情緒的大環境；在這個極為忙碌和重視效率的地方，情緒的出現，正正「阻礙」了我們的「正常生活」？

卸壓的傾訴渠道塞住了，但生活的壓力仍是日復日來勢洶洶。這些壓力可能來自身邊的師長、父母、同學、朋友，甚至不認識的他人等。我們愈來愈受壓，但又不能找人分擔，內在的負面標籤愈來愈大，更覺得自己不成才。

親人和朋友以外，有不少人轉向專業人士如社工、輔導員、臨床心理學家尋求協助，向素未謀面的人傾訴，反而可以放下標籤上的障礙。不過，研究也指出有接近 6 成的青年人不願意向專業人士求助。[8] 要找方法求助，就要先承認自己「搞唔掂」，但放下負面標籤的心理障礙並不容易。另外，缺乏資訊、地點不似家庭醫生般方便，以及診療費用較高、公共醫療輪候時間又長等實際原因，也是影響因素。專業協助誠然是重要的支援方式，不過他們擔當的角色，很多時候屬於針對個人困擾的治療或補救性質，對於透過強化關係網來作承托情緒的作用便不大。

•

精神健康情況惡化

根據 2022 年的全港精神健康指數，青年的分數比十年前低，15 至 24 歲的青年人的分數僅僅及格，而 25 至 34 歲羣組更達不及格水平，顯示青年人身心狀態不理想。[9]這個情況同時反映在其他實際的數字。2023年的香港青少年精神健康流行病學研究就指，有16.6%的15至24歲青年人過去一年曾經出現精神病病徵，如焦慮、抑鬱、幻覺等。[10]立法會的數字更指，2020年公營醫院18歲以下精神科患者的人數達4萬多人，比2015年上升逾1萬人。[11]

至於當下社會最關注的自殺問題，近年青年人的自殺率再度上升，困局未有緩解的跡象。賽馬會防止自殺研究中心的數據顯示，15至24歲青年的自殺率為11.9，[12]也就是每10萬人有11.9人自殺，而這個數字亦只計算了「自殺死亡」的個案，不包括「自殺未遂」、「有自殺傾向」、「出現自傷行為」等更普遍的情況。

政府、教育界、社福界以至公眾輿論都相當重視精神健康教育以及配套措施。政府增撥了資源，如增加社工駐校以及舉辦精神健康活動，民間組織亦推動在學校搞「休整日」照顧精神健康，推廣靜觀、朋輩輔導、精神急救等等方式。2023年年底，政府推出「三層應急機制」，包括優先照顧和輔導有較高自殺風險學生、轉介個案至社署統籌的校外支援隊伍跟進，以及由校長轉介有嚴重精神健康需要的學生到公立醫院精神科並優先處理緊急個案。然而，嶺南大學STEAM教育及研究中心教授何濼生一言蔽之：「去到Identify他們（的階段），已經太遲了。」他的研究團隊剛在2024年10月公布研究，指香港學童的生命價值感指數已是近7年新低。[13]他認為，政府應該努力做生命教育工作，為學生的心理健康「打好個底」。

•

重新思考「健康」

我們的精神健康欠佳，不是由於我們沒有足夠的抗壓能力，不能長久保持積極樂觀，不懂得凡事找人傾訴 —— 如果環境和關係許可，很多人都希望有人明白。而是，整個社會要去反思什麼才是「健康」。

如果情緒受困在於無法好好地克服面前的困難，也因為情緒被污名化，而難以跟他人分擔；所謂的「健康」，就不是排除問題，而是接納和擁抱它們在生命中必然出現。

美國作家芭芭拉・艾倫瑞克（Barbara Ehrenreich）的重要著作《失控的正向思考 —— 我們是否失去了悲觀的權利？》（*Bright-Sided: How Positive Thinking is Undermining America*），講及整個美國社會被一種過度正向意識形態影響。「正向思考」鼓勵人積極面對挑戰並往好處看，本來不是問題，問題是它漸漸失控而成為教條式的控制，創造了一個「只能正向的世界」，負面情緒變成了個人問題，甚至是對自我的背叛，而一個正向思考的人，甚至應該遠離有負面情緒的人。艾倫瑞克認為「失控的正向思考」會削弱整個社羣的力量。我們應該重新醒悟，「接受」生命中的反面，能夠承受挫折，才是一個更新（Transform）邁向更完整的自我。[14]

青年時期從 10 到 29 歲，即是說我們要用 20 年才能長成為大人。成長的過程其實有快有慢、有進有退、有序有亂、有得有失，能夠成為大人已經是一件了不起的成就。眼前的挑戰不會變少，它只是我們成長的元素而已。

事實上，社會開始有不同的反思聲音。輔導學中近年談論的接納與承諾治療（ACT）就強調以接納（Acceptance）、正念（Mindfulness）和承諾（Commitment）可以引起行為改變，增加個人的心理彈性。《是且主義 —— 唯有認真地是且，才能對抗現實的荒謬》作者、精神科醫生許龍杰就曾分享，過去我們習慣將失敗、挫折和苦難所引起的不開心、焦慮、抑鬱等負面情緒視為「不正常」，甚至將它們「病態化」，要以治療去「扭返正」，是被完美主義所影響，從根本地搞錯了方向。事實上，喜怒哀樂的交替出現才是常態。他覺得人要接受真實的自己（Acceptance），解決不了就放下（Jump over the problem），將問題帶來的壓力和標籤放下來。

退學生張囮：接受「讀唔掂」也是積極的一步

束着短髮的張囮還未考 DSE，便主動選擇退學。「我中五就離開傳統學校，因為我讀唔掂。」她淡然道，「有些中學同學報讀了補習學校，考 DSE 升上去，我就沒有報過。」

主流社會大概會看中學也讀不完的張囮是「廢青」，她卻說：「知道自己成績唔好，我也覺得很不舒服、很不開心。」

退學不等同放棄人生。張囡十分清楚，若要繼續向上流動，便需要有一技之長。她花了一星期和家人討論，決定報讀機械工程的職專文憑，學習操作車牀、3D 打印機和線切割機等器械。母親最大的提醒是：「你決定好了，就不要放棄。」

踏入課程的第三年，張囡坦言雖然有辛苦的時候，但對比在校的經驗，她獲得更多成就感，也得到老師讚賞，「有些科目不止及格，更是成績優異。」説時，她的表情流露着喜悦。

問及將來的計劃，她提到從職專文憑畢業後，一般只會做較前線的藍領工作，所以打算再修讀一個高級文憑，「畫完圖再給前線的人做製作。」她不忘幽默的道，「白領是比較舒服吧，可以坐在冷氣房裏，沒有人不喜歡冷氣的。」

一路走來，張囡接受自己要跟其他人走不一樣的路，但她並沒有質疑自己。「我一直都覺得自己讀到書的，只是要視乎是否讀得適合而已。」

在關係中彼此接納

我們更想強調的，並不僅是將「接納自己」成為一項功課或者任務。「接納」是在關係之中發生，在父母和子女之間、同學和同學之間、老師和學生之間、社工和服務對象之間、教會的牧者和會眾之間、制度與每個人之間。如何看待彼此的差異、成長的速度、突發的混亂，是否能夠在難以改變的「均質標準」之外，儘量撐開看待一個人的可能性，突破標準的標籤，看對方也可以成為一個理想的大人。即使今天站在我面前的人，可能讓我感到失望，但雙方仍然沒有因為各種的不足，輕易否定彼此的價值。「自我」的整全，除了學習對自己的接納，也需要得到他者的肯定。《聖經》曾記述這樣一個片段：

> *耶穌過去的時候，看見一個人生來是瞎眼的。門徒問耶穌說：「拉比，這人生來是瞎眼的，是誰犯了罪？是這人呢？是他父母呢？」耶穌回答說：「也不是這人犯了罪，也不是他父母犯了罪，是要在他身上顯出神的作為來。」（〈約翰福音〉9章1至3節）*

我們大概覺得耶穌的回答不近人情。為什麼「顯出神的作為」要令一個人身體殘障？今天再思考，耶穌的意思是，不是因為你的罪，也不是他（們）的罪，而是我們習慣將「殘障」看成一種「例外的缺失」，將「健康」窄化成「大多數人的正常」。環顧世界，即或是有各式各樣的「殘障」，即或有些人面對的世界的確比較崎嶇，仍然無礙展現上帝對人的接納（也因此我們需要彼此照應看顧），這是祂的作為。

是，我們一起在面對這個世界，我們可以一起成為理想中的我們。

大學生 Sarah：希望大人嘗試理解與聆聽企圖自殺者的故事

20 來歲的 Sarah，於世界防止自殺日之前，加入「關注學生自殺青少年關注組」，盼望以自身情緒病與嘗試自殺的經歷，為同齡人帶來改變。

就讀大學三年級的她，身心曾經滿是傷疤。「以前情緒不穩定，或感到壓力快爆煲時，我會很想自殺，」她會不由自主地自殘，「鎅手像分散了我的注意力，將（內心的）痛苦變成實體。我也會周街扻，凡是硬的東西都撞，整個人彷彿會鎮定一些。」

情緒困擾的來源，不僅出於學習壓力；她要面對的，是帶着弟妹自生自滅的生活。父母分別因為欠債和離異而離開屋企，不曾拉拔她成長，學校也沒能施以援助，她得獨力面對成長的所有困難，肩負成年人的責任，並為自己與弟妹籌算生活費，令情緒一度陷入絕境。

「去年我情緒病爆發，其中一個原因是爸爸欠債，家裏接到很多騷擾電話，也有人上門敲門等；連我只有十多歲的妹妹，也收到追債的電話訊息。我覺得太過分，嬲到打電話給財務公司嘈。」

Sarah 最不忿的是父母的問題，卻由她與弟妹「埋單」。同住的祖母只給她居所和最基本的零用錢，而最傷害她的，是祖母經常抱怨 Sarah 為何出生，要由她撫養。而同一屋簷下的叔叔與姑媽，亦偶爾拿她與妹妹開玩笑，「他們不知道自己的説話有多傷人，總之身邊的人都很麻煩。」

在功能不全的家庭成長，Sarah 從小不喜與同學相交，中六更開始鎅手及自毀；可是多年來師長卻不察覺她的需要，也得不到她的信任。「我大概中三已有（抑鬱）。老師不會處理學生的問題，就算有社工也好，我聽人説，若跟他們説自己的事，社工會再跟老師説，然後全部老師會知道自己的事。他們不尊重私隱。」

「我覺得家人、老師的角度是，『你不開心，只是因為你想得太多』。」

回想當時的自己，曾絕望得把死亡視為目標，「待『搞定』細佬妹後，我就再無牽掛。」她努力賺錢供養弟妹，自己勉強能升讀大學，幸而大學時開始接受精神科治療，也常與心理輔導員會面；而令她生活擔驚受怕的父親，自去年欠債後亦沒再回家。凡此種種，讓 Sarah 舒緩了情緒困擾，她不再尋死，停藥在望。

如今的她明白家人因學歷及見識所限，不認識精神疾病；祖母漸漸學會諒解孫兒還是個孩子，提供生活與治病開支，讓她專注讀書與治療。

Sarah 慢慢活出自我。「我想做精神健康方面的研究，當看到『關注學生自殺青少年關注組』就決定加入，該對我那份要做研究的畢業功課有幫助吧！」

加入關注組，她希望提醒社會與制訂青年政策的人，放下歧見，不再把青少年自殺問題歸咎於個別因素：「這不單是精神問題，也源於外在環境因素。同時，我不知道可不可以這樣說 …… 香港的制度有點奇怪，精神科醫生只在生理上幫你，其實最重要的心理問題，應該靠心理輔導，但學校能接觸的都是社工。」

她堅定地說，成年人要嘗試理解與聆聽自殺過來人的聲音，「不要那麼快去反駁我們的聲音，向內歸因。當不了解這件事，卻這麼快出一個結論，實在不太好。」

1 受訪者為10至29歲青少年。菁研(2023)。情緒污名化與青少年求助行為研究。香港:突破青少年研究資料庫。

2 研究採用「二階段集羣分析法」(Two Step Cluster),加入「情緒困擾」、「面對情緒困擾想找人傾訴」、「找不到有什麼人可傾訴」、「情緒不好都會表現積極正面」、「獨自面對情緒困擾撐得好辛苦」,結果發現按變項分為4個羣組時,最能明確清楚地區隔出各青少年組別面對情緒困擾的特徵。羣組4(N=155)佔整體受訪者三成(29.3%),在各變項均高於平均值。同註1。

3 受訪者為中學生。浸信會愛羣社會服務處(2022)。中學生抑鬱焦慮狀況調查2022。香港:浸信會愛羣社會服務處。

4 受訪者為6至24歲學生(包括中小學、大專)。香港遊樂場協會(2023)。香港青少年心理健康,升學計劃及睡眠質素調查。香港:香港遊樂場協會。

5 17.4%受訪青少年遇上情緒困擾時,並不願意「找人傾計或陪伴」;63.9%同意「自己的情緒只可以自己面對,其他人很難幫忙」;55.4%同意「自己獨自面對情緒困擾,撐得好辛苦」;60.3%同意「就算幾唔開心都應該自己搞掂,唔好麻煩家人朋友」。同註1。

6 64.1%受訪青少年同意「若經常受情緒困擾,會予人『脆弱』、『唔掂』的感覺」;73.6%同意「社會一般人會害怕、儘量遠離有情緒困擾的人」。同註1。

7 受訪者為10至29歲青少年。平均57.6%受訪青少年在4項「不接納負面情緒」句子表示同意,包括:「唔想俾人覺得我有問題,就算情緒低落,都要表現得好開朗」(59.7%)、「唔想俾人覺得我無用,所以唔會俾人知道我處理唔到自己既唔開心」(58.3%)、「我嘅唔開心既然解決唔到,無必要提起」(61.3%)及「唔會同朋友講自己的難過,唔想增加佢負擔」(51.2%)。根據Pearson相關性分析(Pearson's Correlation Analysis),「不接納負面情緒」與開心指數(r -.117, p<.01)及自尊感(r=-.397, p<.01)呈負相關。突破機構(2023)。青少年正負面情緒與自尊感研究。香港:突破青少年研究資料庫。

8 58.6%受訪青少年遇上情緒困擾時,並不願意「尋找幫助(例如見輔導、醫生等)」。同註1。

9 受訪者為15歲或以上市民。全港精神健康指數,100分為滿分,低於52分為不及格。25至34歲及15至24歲的青年人的分數分別為50及54分,比十年前的54及64分為低。精神健康月籌委會(2014,2022),全港精神健康指數調查報告。香港:精神健康月籌委會。

10 受訪者為 15 至 24 歲青少年。研究發現 16.6% 受訪青少年過去一年曾出現任何一種精神病病徵，包括 13.7% 抑鬱發作（MDE）、2.3% 躁鬱症（BD）、2.1% 廣泛性焦慮症（GAD）、1.0% 驚恐症（PD）、及 0.6% 思覺失調（Psychotic disorder）。Wong, S. M. Y., Chen, E. Y. H., Suen, Y. N., Wong, C. S. M., Chang, W. C., Chan, S. K. W., McGorry, P. D., Morgan, C., van Os, J., McDaid, D., Jones, P. B., Lam, T. H., Lam, L. C. W., Lee, E. H. M., Tang, E. Y. H., Ip, C. H., Ho, W. W. K., McGhee, S. M., Sham, P. C., & Hui, C. L. M. (2023). Prevalence, time trends, and correlates of major depressive episode and other psychiatric conditions among young people amid major social unrest and COVID-19 in Hong Kong: a representative epidemiological study from 2019 to 2022. *The lancet regional health-Western Pacific, 40*, 100881.

11 公營醫院 18 歲以下精神科患者的人數由 2015 年的 28,810 人增加至 2020 年的 40,350 人，五年之間上升逾一萬人。香港特別行政區政府（2024 年 10 月）。立法會十八題：學生的精神健康（2021 年 3 月 24 日）。香港：香港特別行政區政府。取自 https://www.info.gov.hk/gia/general/202103/24/P2021032400318.htm

12 香港賽馬會防止自殺研究中心（2024 年 9 月 8 日）。香港各年齡組別自殺率。香港：香港賽馬會防止自殺研究中心。

13 受訪者為中小學生。受訪學生生命價值指數由 2017 年的 7.27 跌至 2024 年的 6.74。嶺南大學 STEAM 教育及研究中心（2024 年）。香港學童快樂與生命價值調查。香港：嶺南大學。

14 芭芭拉・艾倫瑞克（Barbara Ehrenreich）（2020）。《失控的正向思考 —— 我們是否失去了悲觀的權利？》（高紫文譯）。新北：左岸文化。

世界好難

第二章

第一節

備受擠壓的 Adult-to-be

高速的超前部署，延後的職場探索，青年人腳下的成長空間卻在縮小。

圖 2.1
結婚及生育年齡變化

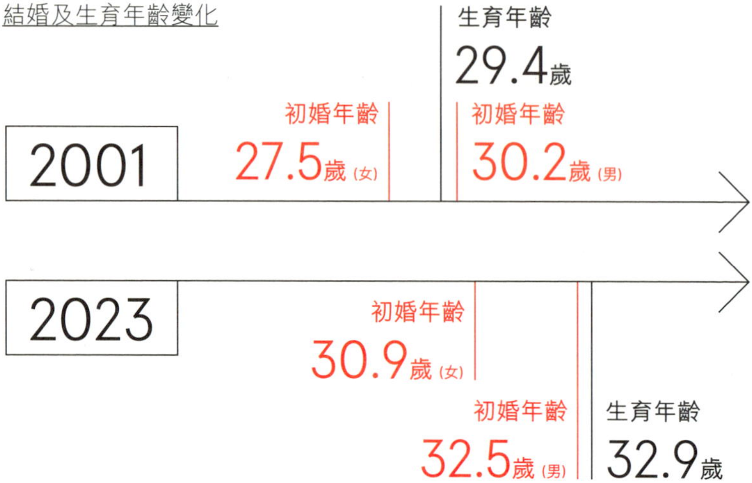

	初婚年齡 (女)	生育年齡	初婚年齡 (男)
2001	27.5歲	29.4歲	30.2歲

	初婚年齡 (女)	初婚年齡 (男)	生育年齡
2023	30.9歲	32.5歲	32.9歲

資料來源：政府統計處（2024 年 10 月）。
人口與住戶統計數字。

圖 2.2
青年就學、在職比率

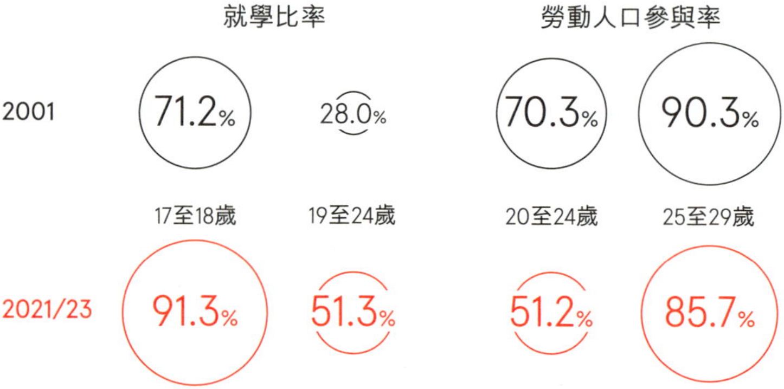

	就學比率 17至18歲	就學比率 19至24歲	勞動人口參與率 20至24歲	勞動人口參與率 25至29歲
2001	71.2%	28.0%	70.3%	90.3%
2021/23	91.3%	51.3%	51.2%	85.7%

資料來源：i) 政府統計處（2002）。2001 人口普查主題性報告：青年。
ii) 政府統計處（2023）。2021 人口普查主題性報告：青年。
iii) 政府統計處（2024 年 10 月）。勞工與工資統計數字。

根據統計處數字，全港青年就學比率從 2001 至 2021 年有增加趨勢，17 至 18 歲由 71.2% 升至 91.3%，19 至 24 歲由 28.0% 升至 51.3%。[1 2] 勞動人口參與率從 2001 至 2023 年則有下降的趨勢，20 至 24 歲由 70.3% 降至 51.2%，25 至 29 歲由 90.3% 降至 85.7%，[3] 而 59% 的 22 至 27 歲青年的全職工作經驗少於 3 年，[4] 這反映 30 歲前在學人數比例增加，同時在職人數比例減少。

至於結婚及生育數據，香港男女的初婚年齡中位數均有增加，分別從 2001 年的 30.2 歲及 27.5 歲，升至 2023 年的 32.5 歲及 30.9 歲。[5] 首次生育年齡中位數同樣有上升的情況，由 2001 年的 29.4 歲升至 2023 年的 32.9 歲。[6] 無論結婚及生育年齡，皆推遲至 30 歲後。

一個人從孩童階段成長為「大人」，需要經歷不少階段性的轉折，其中一個重要的里程碑（Milestone）是在大專教育時期，也就是約 18 歲左右。在此之前，青年人主要處於「吸收」、「模塑」的階段，較多時間受到父母、師長等照顧，生活大部分時候被穩妥安排，接受基礎的教育、學習生活的技能、建立關係網絡等等。但是，完成公開試、進入更大的校園，甚至取得成人身分證之後，整個社會包括他們自己，都會有期望上的不同。

青年人已是能自我照顧的獨立個體，不需（也不想）經常跟隨父母外出。他們除了領悟世界的規則，也開始透過學習、工作、生活模式、社交圈子、人生規劃等籌算，開展自己不同的軌道，進入「大人」的成長終章。他們尋索自我的舞台從家庭和校園延展到社會，甚至世界，更加廣闊，但也更加複雜。

小時候就被帶入去的「跑道」，也在這個階段逐漸淡出。接下來的挑戰，已經不能再單靠分數、等級、獎項等簡單的指標來詮釋與解決；當然，無辦法（也不會）再借助父母的安排發展自我。

這個開展自己的階段，以往多是在大學畢業至 30 歲左右開始。所謂「三十而立」，所指的是能從人格、知識與事業等自立於世，也是一般人「轉字頭」時被社會所寄予的期望（也形成壓力）。在香港，大多數大專生約於 21 至 22 歲畢業，然後進入職場累積工作經驗。

進入職場是一個重要的人生階段，除了確立一個人不需要再被「供養」的「成人」及「工作階層」身分，更因為有了收入，可以財務自主，可以為自己的生活作更大的決定及更多的選擇，例如旅行、轉工、進修，甚至搬離父母，獨自居住等等。工作數年以後，可能累積了一定的社會資歷與個人資本，就有基礎着眼下一個人生階段，例如儲錢買樓、結婚，甚至生育等等；再進入衝刺期，繼續累積財富與人脈，建立事業與家庭，還有照顧漸漸年長的父母…… 一個穩定的「人生結構」，就從一個人的年齡和社經地位逐漸形成。

可是，再穩定的結構，面對時移勢易，板塊之間也會出現移位，站在其上的人也會感受到無法站穩的不安感。

•

學歷上升與延後的職場

據政府統計處的數據顯示，青年人的教育水平持續上升。[7] 這個躍升包括政府在 2000 年開始開設大量學士以外的升學途徑，包括副學士、各類文憑課程等等，吸納大量本來讀完中學就要工作的青年人，因而令整體的學歷上升。[8] 由於有學位的畢業生增加，職場上對於求職者的學歷要求也有所提升，中學畢業出來工作的選擇變得非常有限。青年面對講求競爭力的社會，也知道自己需要不斷增值（參圖 2.3）。[9] 因此，即使公開試成績未如理想，大部分青年人仍需要花更多的時間進修，完成副學士或文憑，可能還需要再多讀兩、三年的銜接學士學位（Top-up Degree），才可以找到更好的工作。完成學士課程，在今天的職場已是一種「最低消費」。

圖 2.3
青少年的進修壓力

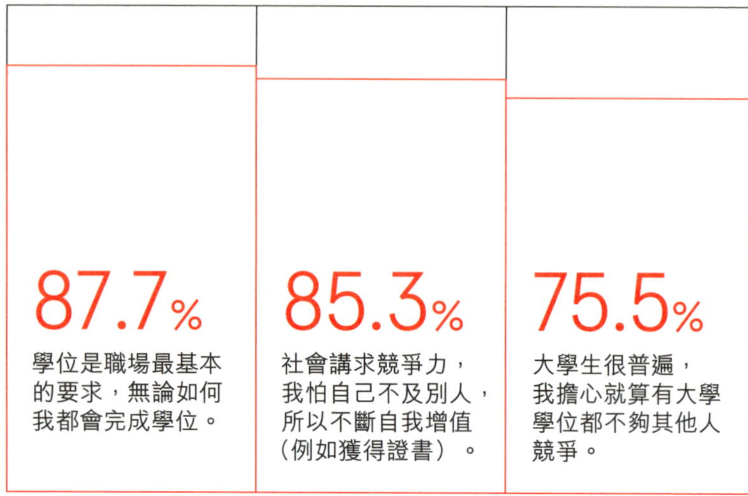

資料來源：菁研（2020）。「去興趣化」職展與工作前景研究。

不單「最低消費」提升了，「高端消費」也一樣。大學教育資助委員會的數據顯示，青年就讀學位以上課程人數比以往有所增加，[10] 顯示以往以大學畢業作為「讀書生涯」結束的觀念有所改變。事實上，青少年延長學習階段的現象亦是全球趨勢。國際勞工組織發布最新一份青年就業報告，同樣指出青少年學歷持續增加，在學青年人口由 2000 年 38% 增至 2023 年 48%。[11]

努力讀書提升學歷，似乎是愈見明顯的趨勢，無奈的是這並沒有為青年帶來更多保障。有研究調查香港大眾對青年在社會流動的看法，超過一半受訪市民認為青年人向上流動的機會比十年前更差，而且向上流動的機會也不足夠。[12] 青年人也明白學位作為「門檻」，無法為他們增添發展的信心。[13] 一項國際人力資源調查更指出，60% 公司今年度已開除剛從大學畢業的員工，主要原因之一是他們對職場工作的預備不足、未能應付工作需要。[14] 當大家早已竭力成為「升級版」職場新鮮人，卻仍然無法在職場站穩陣腳，還要再預備更多什麼呢？

無論是「副學士＋銜接學士」、「學士＋碩士」甚或是「兼職／自由職業＋兼讀碩士」，青年人投入職場發展的時間都延後了一、兩年或者更多，不少人可能 23、24 歲才開始第一份全職工作。然而，職場的體驗和學習跟院校完全是兩碼子的事，就算學歷提高，對工作及社會經驗猶如白紙的年輕人都需要時間適應。更何況，職場講求一個人整體的成熟度，包括溝通、解難、自我管理、責任感等等，這些都不是一紙證書可以證明的事，而是要在關係中累積和展現。進修只能把一個人的「學歷」加強，就像電腦遊戲中的角色的裝備升級，但技術仍然是取勝的關鍵，而人生遠比遊戲複雜，環境也在持續升級，學歷沒有減輕這場修煉的難度，只是推遲開始而已。

而初出茅廬的青年人在當刻大概仍未發現，下一個人生階段的「開展」到「收成」，原來都有期限。

•

「少子化」與「老年化」並行的社會

根據特區政府的數字，全港青少年人口的比例由 2001 年的 27.5% 下降至 2023 年的 18.4%；[15] 隨着住戶平均人數持續減少，[16]

家庭的子女數目也逐漸下降，61.2% 的香港家庭並沒有青年居住，[17] 明顯已經進入「少子化社會」，意味着投入勞動市場的新血愈見不足。

與此同時，另一個更令人憂慮的趨勢是香港同時進入「老年化社會」。統計處數據指出香港總撫養率由 2001 年的 399 升至 2023 年的 506，即接近每名工作人口要額外供養 0.5 個人。[18] 這些被供養人士主要包括兩種缺乏工作能力的組羣，一是 15 歲以下的少年兒童，二是 65 歲以上的老年人口。從 2001 至 2023 年數據可見，最憂慮的是撫養少年兒童人數，與撫養老年人數，恰恰對調。

被供養人士的組成，無論是少年兒童較多，還是老年較多，都值得社會留意。高撫養率可能源於新生兒童的人口較多，他們未來將填充勞動人口，這是對一個經濟體比較健康的情況。香港的情況卻不是這樣，由於正步入「少子化社會」，高撫養率頗大程度上源於老年人口增加，他們不能再填充勞動人口，卻長期需要醫療或照顧開支等社會資源。在勞動人口不斷縮小的情況之下，青年人面對的社會負擔將愈來愈沉重，無論是向政府納稅，又或者供養開始進入退休年齡的年邁父母，不一而足。

•

在夾縫中擠壓的青年人

勞動人口不斷縮小，會造成社會整體生產力的流失，影響經濟，養老金的負擔亦會增加。為了減慢這個全球趨勢，各國都無可避免地需要將退休年齡延後，高收入國家退休年齡正提高至接近 70 歲。[19] 也因為醫學昌明，人均壽命延長了，一個人要在世上再活久一點，就要為社會再工作久一點，才能維持生產力以及應付不斷增加的社會福利開支。

這樣，我們的人生階段都「拉長」了，特別是我們的「工作生涯」。現在我們喜歡將原已到達退休年齡的 60 歲人士美其名做 Young old —— 他們在老年人中仍然算「年輕」，甚至仍然有一定的生產力，可以延遲退休，又或退而不休，視此為「第二人生」的開始。在另一端，學童的學習生涯也正被拉長，不少大人為孩子「超前部署」，幼兒手部發育未完成就要寫字默書、爭入小學就是瞄準「一條龍中學」，還要培養各種音樂與運動技能；升讀中學開始就按公開試的格式學習和操練……不少青年人未到大學畢業、「賽道」已差不多到尾段的時候，已經疲倦非常，但還是要跟隨社會要求開始進修。

強烈的競爭環境孕育出對青年人的高要求，令他們很早就需要負擔超前於適齡時期的栽培，而這也埋下了前述對青年人「條件式自尊」的種子。[20] 從滿足大人期望的少年時期走進職場，青年人發展自己的事業、尋找伴侶、模塑自己的生活方式等等，本來是一個盡情探索、嘗試、檢討、修正的過程，而這過程甚至可能重複發生，人人快慢不一，也是一個掌握自己節奏的時期。

但是，他們很快就發現，這個人生階段是一道「夾縫」，大人仍然會期望他們「按時」選定軌道，準備進入「事業」和「家庭」的階段。這個「時限」沒有因為人生「前段」的讀書時間延長而獲得補償，亦沒有因為「後段」的工作生涯延伸而得以寬限。始終有些事情並非可以隨意延展，例如生育年齡。如果父母對子女人生有所「要求」，30 歲前後談婚論嫁已經「挨近邊緣」，於是就有了隨之而來的「關心」，例如「幾廿幾歲人仲唔正正經經搵份工」、「好心就儲多個錢」、「打算幾時結婚」等等。

曾有保險公司做過一個有趣的調查，問香港的父親希望子女年滿 30 歲時獲得什麼人生成就，接近 8 成表示寄望子女擁有穩定工作，而超過 4 成希望子女已擁有終身伴侶，與擁有物業及財務自由的比率接近。[21] 大人仍普遍期待青年人儘快投入事業「衝刺期」，為未來轉換人生階段（例如買樓、結婚、生育等等）打下基礎 —— 不要忘記，他們未來的工作年期也會延長，負擔只會不斷增加。

青年人一方面因着進修而延後工作，卻要在往後 5、6 年之間完成身分轉換、財務自主、職志及前路探索等等多項進程。這個時期，他們既需要作出不少抉擇，如是否轉工、是否搬出來住、尋找合適的伴侶、甚至繼續進修等等，又要為自己累積資源；對生活感迷惘和不確定，本來十分正常，但給予他們試錯的時間不多，彷彿指望他們早已清楚了解自己 —— 明明我們整個求學階段，都只強調以分數和活動成績作為成敗的參考。

開展自己的時間推遲，達至「而立」的跨度增大，時間卻變短，因此青年人愈是挨近 30 歲，往往愈有迷惘和焦慮之感，感到自己仍未達到社會的標準，又或是無法滿足「大人」的期許。這種焦慮向前延伸，就成為一種初出茅廬不久卻已被擠壓為人生趕快做決定的張力。但做每一個決定的壓力都很大，一旦揀錯，回頭的代價已然太高。

當明白了這個大背景，我們可再嘗試延伸討論青年人遇到的困難。

1 政府統計處（2002）。2001 人口普查主題性報告：青年。香港：政府統計處。

2 政府統計處（2023）。2021 人口普查主題性報告：青年。香港：政府統計處。

3 政府統計處（2024 年 10 月）。勞工與工資統計數字（表 210-06201A）（不包括外籍家庭傭工）。香港：政府統計處。

4 政府統計處（2019）。主題性住戶統計調查第 65 號報告書。香港：政府統計處。

5 政府統計處（2024 年 10 月）。人口與住戶統計數字（表 115-01011）。香港：政府統計處。

6 同註 5。

7 20 至 29 歲具有副學位或以上專上教育學歷的百分比由 2001 年的 32.7% 大幅上升至 2021 年的 67.6%。2001 年數據取自：政府統計處（2001）。表 E2001B：2001 年人口普查主要統計表（教育）（B05）。香港：政府統計處。2021 年數據取自：政府統計處（2024 年 10 月）。2021 人口普查互動數據發布服務（按年、年齡及教育程度「最高就讀程度」劃分的人口）（不包括外籍家庭傭工）。香港：政府統計處。

8 香港特別行政區政府（2024 年 10 月）。立法會六題：本港專上教育（2023 年 7 月 9 日）。香港：香港特別行政區政府。取自 https://www.info.gov.hk/gia/general/200307/09/0709241.htm

9 受訪者為大學生。菁研（2020）。「去興趣化」職展與工作前景研究。香港：突破青少年研究資料庫。

10 29 歲或以下就讀學位以上課程人數，由 2010/11 學年的 8,082 人增加至 2023/24 學年的 10,381 人。大學教育資助委員會（2024 年 10 月）。搜尋專門統計數據。香港：大學教育資助委員會。取自 https://cdcf.ugc.edu.hk/cdcf/statEntry.action

11 International Labour Organization. (2024). *Global Employment Trends for Youth 2024.* Geneva：ILO.

12 受訪者為 18 歲或以上香港市民。65% 受訪市民認為相對於十年前，青年人向上流動的機會更差；53.3% 認為青年向上流動的機會不足夠；43.3% 更相信未來十年會變差。香港中文大學亞太研究所（2024 年 7 月 15 日）。大眾對香港社會流動的看法。香港：香港亞太研究所。取自 https://www.hkiaps.cuhk.edu.hk/wp-content/uploads/2024/07/PR20240715.pdf

13 75.5% 受訪大學生認為「大學資歷普遍，擔心即使取得學位資格仍欠競爭力」。同註 9。

14 Intelligent. (2024, October). *Survey of hiring recent Gen Z college graduates. Seattle：Intelligent*. https://www.intelligent.com/1-in-6-companies-are-hesitant-to-hire-recent-college-graduates/

15 政府統計處（2024年10月）。人口與住戶統計數字（表110-01001A）（不包括外籍家庭傭工）。香港：政府統計處。

16 住戶平均人數由2011年的2.8人到2023年的2.6人。政府統計處（2024年10月）。家庭住戶統計數字（表130-06102）。香港：政府統計處。

17 這份報告所指的青年是15至34歲不論男女的人口。政府統計處（2023）。2021人口普查主題性報告：青年。香港：政府統計處。

18 2001年，每1000名15至64歲工作人口需撫養399人（237名少年兒童及162名老年）；2023年，每1000名15至64歲工作人口需撫養506人（163名少年兒童及343名老年）。政府統計處（2024年10月）。人口與住戶統計數字（表110-01004）（不包括外籍家庭傭工）。香港：政府統計處。

19 米露・夏費克（Minouche Shafik）（2023）。《新社會契約 —— 從搖籃到墳墓，我們對彼此的責任》（許瑞宋譯）。新北：星出版。

20 受訪者為10至29歲青少年。突破機構（2024）。家長期望與青少年條件式自尊研究。香港：突破青少年研究資料庫。

21 受訪者為公司家長客戶。調查指出78%受訪者表示希望子女有穩定工作；44%希望子女已有終身伴侶；43% 分別希望子女擁有物業，以及財務自由。保誠保險（2024年10月）。家庭財務規劃調查。香港：保誠保險有限公司。取自 https://www.prudential.com.hk/tc/all-news/eighty-percentage-of-fathers-in-Hong-Kong-do-not-expect-financial-support-from-children-in-retirement/

第二節

肩膀沉重的自立之路

要在世界中開展自己，活出自己渴望的人生，就要跨過眼前一個又一個門檻。青年人裝備更好，但需要付上的代價亦比以前更高。

圖 2.4
青年入息中位數與綜合物價指數

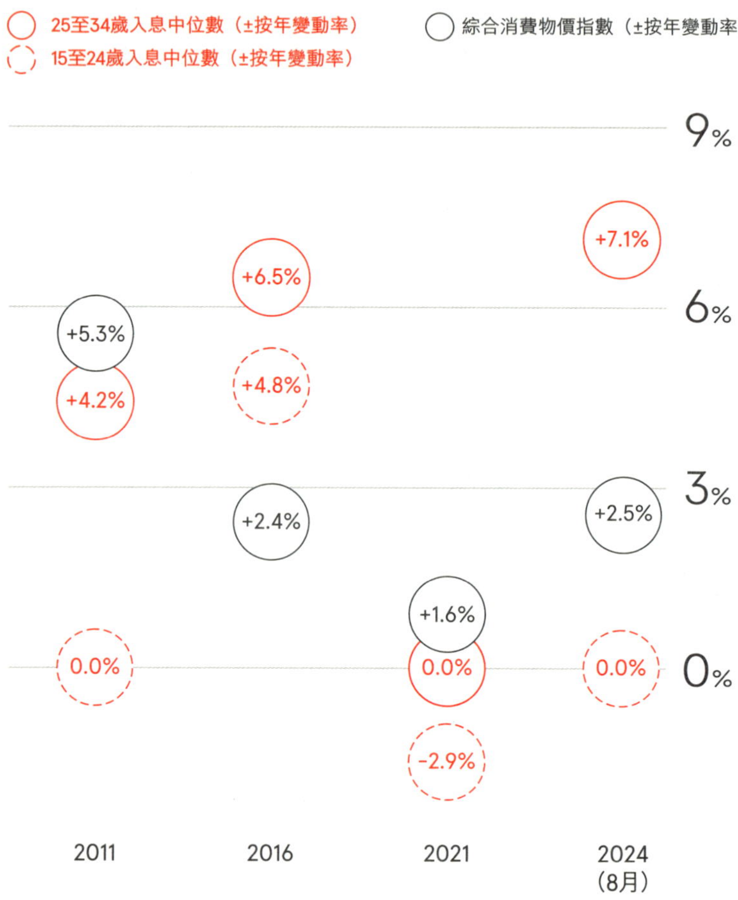

資料來源：i）政府統計處（2024 年 11 月）。勞工與工資統計數字。
ii）政府統計處（2024 年 11 月）。消費物價指數。

青年人的財務狀況，反映他們在社會中發展自我的限制與脆弱。按過去逾十年每月就業收入中位數的變化，15 至 24 歲青年的入息變化不大。除了 2016 年，青年的入息較前一年增長 4.8%，2019 年增長率放緩，甚至在 2021 年出現負數，無法追過通脹率。[12]

在上一節，我們討論過不少青年人為了打好基礎，畢業後繼續進修，結果延後了進入職場的時間。根據特區政府《主題性住戶統計調查第 65 號報告書》，6 成 22 至 27 歲的青年人全職工作經驗少於 3 年，大多因正在求學或剛畢業，也有少部分青年表示工作意欲不大或未想清楚自己發展方向。[3] 然而，新的人生階段眼看快要開展，多少令這一代青年人感到混沌與焦慮。

焦慮除了源於要在事業上為自己定位，也在於開展下一步生活的資源不足夠。路向的探索需要不同嘗試，除了讀書，有人會做斜槓族（Slasher）或自由工作者，嘗試多種工作內容，也探索能否將自己的志趣轉化為職業（即使它們並非主流）。相比起從事全職工作，他們的收入大多比較少，而且不穩定。

進入職場作為重要的人生轉變，財務自主是其中一個關鍵。就算收入不算高，但青年可自由決定用途，明白需要負上部分責任，還要為往後的人生準備。

也就是說，他們或許正竭力弄明白當刻的自己想要什麼；但對於一個更長遠的、自立的自己，卻又沒那麼有把握。

•

青年人的財政負擔不輕

多年辛苦學習，甚至延伸學習，年輕一代的收入水平近 20 年有所提升，但相比整體人口，升幅卻是落後。2024 年，15 至 24 歲青年就業收入中位數為 15,000 元，較整體就業人口收入中位數的 21,800 元少 6,800 元。[4] 或者我們會覺得，對初入職場的新鮮人來說，一萬多元人工不算很低，但他們的開支種類其實不少。一項調查嘗試了解青年人的經濟負擔，超過一半的青年人需要給予家用照顧家庭，以及負擔住屋和醫療開支（包括自己和家人），還未算上他們的進修開支、償還學債等。[5]

上列數據也在呼應上一節的討論，當撫養率持續上升，照顧家庭的開支也會持續上升。而香港的住屋成本幾近全球最高，加諸於剛剛投身職場不久的青年人身上，無疑是一大壓力。他們需要為自己讀過的書「埋單」，又要為自己的發展而擔心，因而有更多進修需要，因為「無論點樣，我們都需要繼續讀書」。有 7 成青年人認為，他們的負擔比上一代更大；[6] 只有四分一青年人對自己的財政狀況感到滿意。[7]

除了收入低下，青年的經濟負擔亦見沉重，18 至 29 歲青年中，27% 過去一年曾入不敷支，只有 44% 不是「月光族」；31% 負債，僅有 25% 滿意個人財務狀況，43% 因為經濟狀況所限，以致無法做自己視為重要的事（參圖 2.5）。[8]

香港貧窮狀況持續惡化，[9] 而跌入貧窮狀態的青年人亦不少。2020 年的青年貧窮率（政府援助前）為 15.6%，在 18 至 24 歲的羣組中，有 68.5% 在學；而 25 至 29 歲羣組中，有 61% 從事經濟活動，當中失業及在職貧窮者幾近各佔一半。[10] 嶺南大學在 2023 年的研究則指出，有 4 成接受深度訪談的青年認為自己貧窮，而絕大部分已有全職工作的受訪青年認為，最低工資調整幅度太低，根本未能受惠。[11] 香港物價及生活開支高昂，有調查指退休人士的每月平均開支約 14,700 元，[12] 青年人需應付更多通勤、社交、娛樂、進修及未來發展的儲蓄開支，收入在數字上不至於達至貧窮線，但未免感到緊絀，而並非青年人普遍太過揮霍。

圖 2.5
在職青年財務狀況

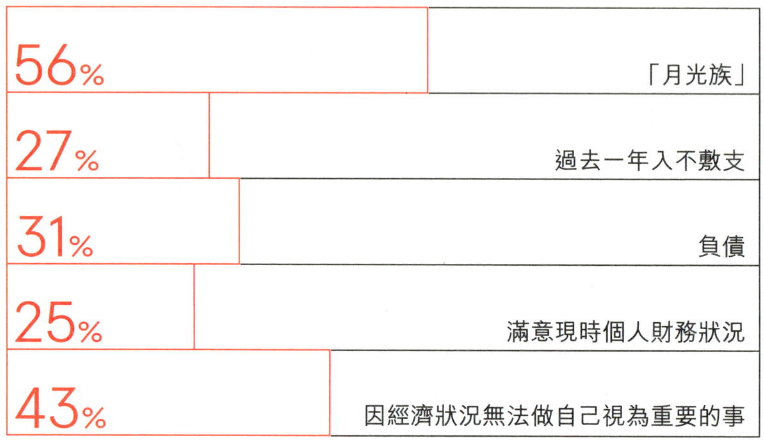

資料來源：Investor and Financial Education Council. (2023). Financial Literacy Monitor 2022.

青年人在投入職場之初，面對沉重的財政壓力，往往需要家庭一定程度的協助。研究發現 8 成的青年人仍然需要父母的經濟支援，當中過半更是以無償方式支援。[13] 也就是說，不少青年人一方面負擔家用開支，另一方面以其他方式受父母照顧，例如代為負擔各種生活開支、共同居住的食宿，甚至是進修的學費等等。

事實上，不少父母也明白子女的處境，不指望子女在其晚年時提供經濟支援，反映傳統「養兒防老」的觀念已經轉變。[14] 也許對父母來說，子女能養活自己已經不錯，有 7 成已婚並育有子女的受訪者計劃推遲退休年齡，[15] 為自己的退休生活多儲備一段時間。

雖然負擔不少，但需要留意的是，青年人大多不是望天打卦，或者浪漫奢望的一羣，而是在進入職場的前後，已有意識希望改善自己的財政情況。投資者及理財教育委員會於 2022 年的調查指出，青年人的理財知識相比起 2019 年有顯著提高。無論是學生，抑或在職青年，大多定下了理財目標，甚至表示會主動儲蓄；不少在職青年更會進行投資和購買保險。[16][17]

不少青年人對未來仍然有籌劃，也有開展自己的動機，只是眼前不少人生規劃的門檻都很高，令他們自覺難以負擔，因而無奈甚至心灰。坊間常有人反問為何青年人常埋怨貧窮卻有錢去旅行，事實是面對一些可能終生都高不可攀的「目標」，他們寧願追求眼前透過較短期儲蓄就能實現的願望。

自我開展的門檻很高

常言道，香港人真的很熱衷「買樓」，甚至以此作為人生目標，青年人也有這樣的共識。這可能是來自於父母的「教誨」或「人生經驗」，香港樓價是全球最難負擔的，必須提早準備；二來青年人漸漸成長，渴望獨立自主，能夠有自己的居住空間，對於開展未來的人生計劃也是里程碑。但是，對一位收入萬餘元的初職青年人而言，別說買樓或租樓，就連與朋友「夾租」單位共住，可能也相當吃力。結果就是大部分的青年人只能繼續與父母一同生活，甚至有青年在婚後都無法與配偶同住，只好處於「分居」狀況，各自仍在父母家居住。[18] 相信最主要的原因，就是沒有能力置業。

以往，西方社會很多人成年以後，就會搬出來獨住。然而，有報告指出情況漸漸改變，歐洲、美國、澳洲等地的青年人因無法負擔包括住屋的生活開支，選擇與父母同住，[19] 比例都較過去大幅增長，大大影響青年獨立成人。這個情況在香港更加明顯，在 20 至 29 歲這個以工作謀生的年齡層，獨居的比率也只有 4% 而已。[20]

香港青年人的獨居經驗偏少，然而自立生活對於發展自己有重要的幫助。有一個能夠自由地定義、擺設和運用的空間，就是自我意識的投射，能夠逐步實現「我想要的生活」。從關係網的角度去看，孩童時期的關係是以家庭及學校為主體，建立過程相對被動，很多時是被安排的；但在成長中，青年人希望更主動地建立自己的多重身分，或從社交圈自我定義。這過程都需要空間，包括自由地運用時間，以及選擇跟哪些人見面，甚至回家相聚等等。要維持這些空間，就需要跟父母保持適度的距離。

無論哪個國家，青年人能夠獨立生活，不再依賴父母的照顧，也是成為大人一個不可或缺的因素。當然，這種非正式的「成人禮」成本甚高。在西方社會，滿 16 至 18 歲時以考車牌作為一種「成人禮」（不用跟隨父母外出）門檻就較低；[21] 但香港交通方便，駕車不是必須，因而缺乏一種獨立自主的「儀式」，不失為一種遺憾。

27 歲的 Cherry：之後住哪裏

在大學工作的 Cherry 搬過幾次家，兒時在大埔居住，後來搬去沙田和元朗，最後落戶在觀塘的公屋單位，本以為從此可安定住下。惟住了一兩年之後，Cherry 萌生想搬離家庭的念頭。

「那時真的很不開心，留在家中很辛苦。」以為是她和家人關係不佳，原來是另一個問題，「屋企實在太小了。」

他們一家四口獲分配一個不足 300 呎的單位，單位設計缺乏間隔，只能以布簾劃分私人空間。當 Cherry 要講私人電話時，在酷暑中只得流着大汗，躲到廚房傾談，「我覺得很崩潰。」後來，她不太想回家，甚至情緒長期處於低沉狀態。

她坦言自己和家人的關係不差，父母對她不太會施加太多壓力，只期望她能夠開開心心；她是家中的「財政大臣」，負責管理家中的收支記錄，不同成員各有分工，難怪她也強調，「我們是一個挺平等的家庭。」

即使如此，住屋的物理空間狹小所造成的鬱悶，一直沒有太大改善。當時結了婚搬離舊居的姐姐曾經歷過類似狀態，明白 Cherry 的處境，也鼓勵她快點離開。

然後契機出現了。「那時候家中裝修，家人就問我，是否需要劃房間給我？」她把心一橫，跟他們明言：「（間屋）

豆膶咁細，不要劃來劃去了，我搬出去吧。」

她當時工作、進修和上教會都在新界東，順理成章以這一帶為目標。後來，她得悉有牧師以較低廉的價格出租大埔的單位予不同人夾租，各種條件正好合適，兜兜轉轉又回到大埔居住。

幾年下來，她的個人狀態的確得到改善，連朋友也形容她好轉了不少。

聽到這裏，以為這是一個搬出來後很難再搬回原生家庭的故事，實情又不盡如此，「我有時會為了這件事傷心，覺得好像沒了『屋企』的感覺。」

Cherry 認為，「屋企」理應是一個有更多情感連結的地方，而她只會用「我住嗰度」來形容現在的居所，和室友的關係也是十分淡泊。住了數年也只是停留在每天打聲招呼的狀態，連宿舍也算不上，「就是覺得沒有一個實體的屋企。」

不過，她也強調沒因此打算回到原生家庭，但開始想要改變，例如查看附近租盤的行情，衡量會否有自住的可能性。但牽一髮動全身，除了金錢的考量，也關乎職志的發展，以至和男友的關係等等。未來像個謎，Cherry 坦言：「知道要轉變，但是不太知道實際是怎樣。」

她慨歎，現在 26、27 歲還經常傻乎乎的沒明確方向，有時也感到氣餒。當她將這份感受跟比她年長七年的姐姐分

> 享，「她跟我說『我 34 歲，也是這樣傻乎乎，差唔多吧。』」她笑笑，「然後我就感到安心點了。」

香港的高生活指數，除了讓青年人難以透過自住學習自我照顧，各種經濟負擔已經限制了他們的發展，例如無法做自己重視的事情，甚至放棄夢想，也影響很多不同的可能性。[22][23][24] 例如香港創業者當中，20 至 29 歲的只有 17%，創業資金是成立公司的首要條件，[25] 單計租金及人工（即使只是自己的）已難以維持。如果要打開可能性，他們或會更想嘗試一些非主流行業的自由工作。

若然地價和物價的門檻不太高，透過營運一門小生意，既可了解社會環境和行業生態，亦可以實踐自己的想像。例如，中國的創業者當中，以 19 至 23 歲的創業者佔比最多，達 51.1%，而 69% 內地創業青年的資金規模亦於人民幣 10 萬元以下。[26] 若參考歐洲數字，在 2018 至 2022 年間，9% 的 18 至 30 歲青年從事初創，創業的風氣更加旺盛。[27]

•

從生活自主性看自我開展之難

從以上的數字，我們可以看到青年人從校園走出社會，逐漸遠離父母的安排及影響，最重要的任務就是手執自己的人生，開展屬於自己的路。這個搵路的過程必然面對很多門檻。在討論各式各樣的生活開支之前，大學學債及進修的費用，已經令部分青年人的起步點由「負數」開始。

這一代人不少需要照顧自己的基本需要、分擔家庭開支，同時為未來打算，如思考買樓結婚的可能性，也希望保留旅行甚至工作假期（Working holiday）的機會，打開眼界及增加生活體驗。這跟昔代人比較單純及直接地思考照顧家庭及籌劃人生大事的心態，已經有明顯的分別。而放在全球流動性極高的今天思考，出遊不是單純的「消閒娛樂」，也是建立自己一個途徑，甚至有些人成為數碼遊牧（Digital nomad），旅居的同時，繼續工作賺錢。

代價高昂的門檻，令很多人就算敢於想像，也不認為自己有能力做到；就算大家很有意識去規劃及裝備自己，經濟負擔已經限制了他們的發展。他們雖然仍以不同方式嘗試開展自己，但要同時維持像父母輩那種較為安穩的生活形態，已經愈來愈困難。又或者，這一代青年人需要的並非幫助他們頂住巨大的壓力來達至「安穩」（這説法本身有點弔詭），而是協助他們更加勇於離開自己的安舒區，敢於和他們一同冒險。

1 15 至 24 歲於 2019 年每月入息中位數為 13,000 元，按年變動率為 +8.3%，2020 年為 13,700 元，變動率增長放緩至 +5.4%，至 2021 年出現負增長（-2.9%）。政府統計處（2024 年 11 月）。勞工與工資統計數字（表 210-06314A）（不包括外籍家庭傭工）。香港：政府統計處。

2 政府統計處（2024 年 11 月）。消費物價指數（表 510-60001）。香港：政府統計處。

3 22 至 27 歲的青年全職工作經驗少於 6 個月的有 23.1%，6 個月至 3 年的有 35.9%，因此經驗少於 3 年的合計共 59%。政府統計處（2019）。主題性住戶統計調查第 65 號報告書。香港：政府統計處。

4 香港整體就業人口收入中位數由 2016 年的 16,000 元上升至 2024 年 8 月的 21,800 元，而 15 至 24 歲青年就業收入中位數則由 2016 年 11,000 元上升至 2024 年 8 月的 15,000 元，較 60 歲以上人士收入（15,500 元）更差。同註 1。

5 受訪者為 10 至 29 歲青少年。60.8% 表示需要負擔家用、照顧屋企；55.9% 需要負擔住屋和醫療開支；29.8% 需要負擔進修開支，以及 23% 需要償還學債等。突破機構（2024）。青少年生活狀況研究。香港：突破青少年研究資料庫。

6 70% 受訪青少年同意「比起上一代，你們這一代的負擔更大（包括家庭、社會發展）」。同註 5。

7 受訪者是 18 至 29 歲在職青年。Investor and Financial Education Council. (2023). *Financial literacy monitor 2022*. Hong Kong: IFEC.

8 同註 7。

9 整體貧窮率由 2019 年的 18.3% 升至 2024 年第一季的 20.2%。樂施會（2024）。香港貧窮狀況報告 2024。香港：樂施會。

10 政府統計處（2021）。2020 年香港貧窮情況報告。香港：政府統計處。

11 問卷調查訪問 18 至 29 歲有工作經驗的青年，結果顯示青年人個人月均生活支出為 16,789 元，如果扣除教育開支，平均每月支出約 14,894 元。嶺南大學（2024 年 11 月）。最低工資有幾低？貧窮新一代的就業困境報告。香港：嶺南大學。

12 受訪者為 55 至 74 歲香港市民。香港財務策劃師學會（2024 年 11 月）。香港退休開支指數 2023。香港：IFPHK。取自 https://www.ifphk.org/REI/documents/Press-Release-IFPHK_Hong-Kong-Retirees-Actual-Expenses-Survey_C_.pdf

13 研究結果指出 80.3% 受訪青少年需要父母經濟支援，當中 58.6% 是無償支援，以及 21.7% 表示需要償還。同註 5。

14 受訪者為 25 至 60 歲香港市民。研究指，22% 受訪父母表示沒有子女照顧自己的醫療需求；20% 表示沒有子女供養自己。宏利保險（2024 年 11 月）。宏利亞洲康健調查 2024。香港：宏利保險有限公司。取自 https://www.manulife.com.hk/zh-hk/individual/promotions/asia-care-survey-2024/life-span.html

15 同註 14。

16 研究指，50% 學生及 74% 在職青年（18 至 29 歲）有設定理財目標；78% 學生及 95% 在職青年表示會主動儲蓄，其中 22% 學生及 43% 在職青年能每月儲蓄。另外，41% 和 59% 在職青年表示自己會進行投資，以及會購買保險，學生則分別只有 6% 及 20%。同註 7。

17 在職青年認同「活在當下」（I tend to live for today and let tomorrow take care of itself）的態度由 2019 年 48% 顯著下降至 33%。58% 學生及 47% 在職青年人表示買東西前會先考慮是否有購買能力。39% 學生和 22% 在職青年表示理想目標是去旅行和工作假期（Working holiday）。另外，26% 學生希望買樓，而比例於在職青年則上升至 40%；18% 在職青年目標是儲錢結婚。2019 年數據請參考 Investor and Financial Education Council. (2022). *Financial literacy monitor 2021*. Hong Kong: IFEC。2021 年數據請參考註 7。

18 按 2021 年的人口普查數據，有 75.1% 的青年（15 至 34 歲）仍然與父母同住。按青年的婚姻狀況劃分，從未結婚的青年中，有 88.2% 與父母同住，而已婚青年中，有 81.8% 與配偶同住（包括 70.8% 不與父母同住、11% 與父母同住），也有 14% 並非與配偶同住，只與父母同住。政府統計處（2023）。2021 人口普查主題性報告：青年。香港：政府統計處。

19 i) 一項 2023 年美國調查發現，美國 18 至 29 歲青年中，有 45% 與父母同住。Harris Poll. (2024, October). *Nearly half of all young adults live with mom and dad*. US: Bloomberg. https://www.bloomberg.com/news/articles/2023-09-20/nearly-half-of-young-adults-are-living-back-home-with-parents?cmpid=BBD092023_BIZ&utm_medium=email&utm_source=newsletter&utm_term=230920&utm_campaign=bloombergdaily&sref=sBMxP0gT&leadSource=uverify%20wall。ii) 一項 2022 年歐洲調查發現，15 至 24 歲歐洲青年中，有 86% 與父母同住，25 至 29 歲有 42% 與父母同住。Eurofound. (2024). *Becoming adults: Young people in a Post-Pandemic world research report*. Luxembourg: Eurofound. iii) 一項 2021 年澳洲人口普查發現，在 20 至 24 歲青年中，分別有 43% 的女生及 51% 的男生與父母同住。Australian Institute of Family Studies. (2023). *Young people living with parents: Facts and figures 2023*. Australia: AIFS.

20 20至29歲青年羣組中，獨居比率為4%。政府統計處（2022）。2021人口普查互動數據發布服務（按年、年齡、住戶結構及住戶人數劃分的家庭住戶人口）。香港：政府統計處。

21 嬰兒潮時期開始，幾乎所有高中生滿18歲就會取得駕駛執照，代表踏入成年可享受自由，不用父母接送，但新一代高中畢業後，每四人便有一人沒有選擇考取駕駛執照。珍特・溫格（Jean M. Twenge）（2023）。《i世代報告 —— 更包容、沒有叛逆期，卻也更憂鬱不安，且遲遲無法長大的一代》（林哲安譯）。新北：大家出版。

22 受訪者為10至29歲青少年，69.6%受訪者表示香港高昂生活成本讓他們要被迫放棄夢想。菁研（2023）。MIRROR／ERROR熱潮與青少年追夢熱誠。香港：突破青少年研究資料庫。

23 18至29歲在職青年中，有43%表示不理想的財務狀況讓他們無法做自己重視的事情。同註7。

24 受訪者為10至29歲青少年，50.9%受訪者認為經濟負擔（例如家庭需要、進修學費等）限制了他們的發展。菁研（2020）。「去興趣化」職展與工作前景研究。香港：突破青少年研究資料庫。

25 初創企業數目由2015年1,558間增加至2020年3,360間，而香港貿發局經貿於2020年中，向本地初創企業進行問卷調查。經貿研究（2024年11月）。初創在香港：創業者與企業特徵。香港：貿易發展局。https://research.hktdc.com/tc/article/NjY0NDUyMjE3

26 中國青年創業就業基金會及任澤平研究團隊（2022）。中國青年創業發展報告2022。北京：中國青年創業就業基金會。取自 https://mp.weixin.qq.com/s/GQpKhV_a3yaYRY1lWRHeYw

27 OECD. (2024, November). *Youth in inclusive entrepreneurship*. Paris: OECD. https://www.oecd.org/en/topics/sub-issues/inclusive-entrepreneurship/youth.html

第三節

生涯規劃後的窘局

前一代工作就有飯開，上一代工作能向上流，這一代工作，能夠定義自己嗎？

圖 2.6
青少年夢想

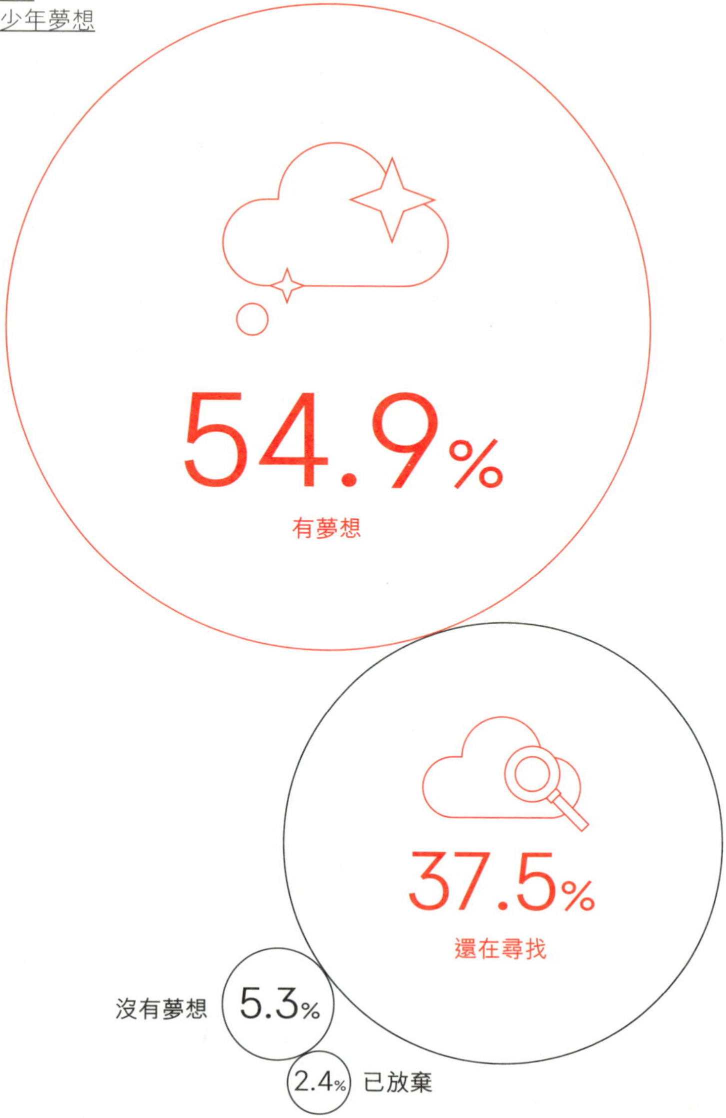

54.9%
有夢想

37.5%
還在尋找

沒有夢想 5.3%

2.4% 已放棄

資料來源：菁研（2023）。
MIRROR／ERROR 熱潮與青少年追夢熱誠。

青年人身處追尋理想、夢想的階段，但他們與夢想的距離有多遠？有 54.9% 青少年表示自己擁有夢想；37.5% 指即使不確定，仍未放棄尋索，只有 7.7% 表示自己沒有夢想或已放棄。但在擁有夢想的青年人中，有 36.1% 表示沒有足夠的資源和條件去追夢。[1]

理想在成長中成形，但現實也漸變得清晰。只有 44.7% 的青年人感到有可能發展理想職業；[2] 73.8% 擔心自己可以做的工作，收入未必足夠過活；[3] 65.9% 對於自己所選擇的職業感到不安；[4] 65% 青年即使對職業有初步想法，如果無太大把握就不會嘗試。[5]

近十數年，「生涯規劃」成為中學生必然接觸的課題。

教育局的網頁，列明在學校推行生涯規劃的意義：「讓學生獲得所需知識、技能和態度，再配合他們的興趣、能力和方向，從而作出明智的升學／就業選擇，並把事業／學業抱負融入與全人發展和終身學習緊扣起來。」[6]

但就如前文曾述，愈來愈多青年人在 20 多歲的初職時期，選擇進修，或者尋索不同的工作模式，沒有前代人那種儘早「選定行車線」的心態。這個探索時期甚至可以延續數年，究竟「生涯規劃」對青年人有沒有實際的幫助？

生涯規劃的出發點的確有比前代先進的地方。昔日的教育比較重視如何按成績選科，熟習工作技能，務求將來可以「搵份好工」，甚至令社經地位向上流動。而生涯規劃強調「職志」的概念，提及青年人應嘗試認識自我，尋找興趣及抱負所在，同時實際了解可行性和向上發展的途徑。只不過，當我們將「發展自己」的願景扣在青年人的身上時，他們所面對的社會現實，又能否回應這份尋索的努力？

•

幾代人的職業態度差異

生涯規劃對於學生的實際作用有多大，可能比較難去量度；但可以肯定的是，這一代人想像自己的職涯，跟前代人已經有所不同。數十年前，當香港經濟仍未起飛，大量移民湧入，當時的居住環境和生活質素都相對匱乏，青年人工作不外乎為了賺取收入，幫補基本的家庭開支，工作是回應物質需要的選擇，「工作穩定、收入理想」也是父母對於子女的唯一要求。在那個時代成長的青年人，今天可能已是祖父母級，他們對於工作的想法，很多時候仍停留在自己成長階段所被賦予的價值。

這一代青年人的父母，不少是成長於上世紀末香港經濟高速發展的黃金時期。他們許多人雖然在基層家庭成長，但大部分不再憂柴憂米，得到更全面的教育，並在職場中向上爬，在收入、生活質素、居住環境等範疇上得到改善。工作對於他們來說，是提升社經地位和向上流動的階梯。因此，他們期望自己的子女能夠比他們更進一步，一如他們年輕時超越自己的父母。可是，要在父母已經不低的社經地位面前更上一級，那是更困難的任務了。

這一代父母普遍仍然把學業成績看為最重要的成功指標，相信有足夠的學歷，前途才得到保障，[7] 也要求子女發展興趣時不影響學業。[8] 父母的人生智慧有其道理，具備高學歷能夠提升工作機會及前景，不過國際勞工組織報告也指出，對於新一代而言，學歷難再如上幾代般為生活帶來更顯著的改善，「向上流動」的幅度已經顯著減少。[9]

這一代在「搵食」以外，更加希望能在職涯中尋找並追求夢想，找到滿足感和發揮空間。正如生涯規劃開始提及「職志」，指青年人希望工作既能夠保障收入，又能創造意義，開拓視野等。「有意義」的工作不應只理解為「做善事」或者「造福社會」，而是要符合自己的理想。工作是建構一個人整全自我的途徑之一，是從中學到大學未完成的自我尋索的延續。有調查指出高達 8 成受訪青年人認同自己需要人生意義，7 成受訪者仍在探索人生意義，逾 6 成不滿於當下的意義存在感（覺得人生有意義），因而感到困惑。[10]「意義感」對這一代人來説，非常重要。[11]

而「意義」在工作中可以如何展開，則有多種演繹。例如，有調查研究青年人的就業考慮條件，中學生最希望能發揮興趣與所長、有意義和具挑戰性等，[12] 而大學生則最重視高薪酬，其次是友善的工作環境，以及工作與生活的平衡等等。[13] 中學生對於工作更重視志趣，大學生在重視意義的同時，明顯愈來愈趨向現實處境（詳情可參閱「青年面貌基本包：前路探索」）。

此外，研究中也發現無論是中學生還是大學生，表示「理想工作模式」為「永久制（長工）」的比例分別只佔四分一和五分一。[14] 至少在出來工作之前，他們普遍不贊同「後生仔出嚟第一份工要能吃苦，唔好成日諗轉來轉去」，比較重視有更多體驗不同工作的機會，亦有部分青年人不希望太早給捆在一份固定的全職工作上。他們最希望的工作方式是「合約制」，近年常被談論到的「斜槓／自由工作」緊隨其後，也有不少希望從事兼職（或説「炒散」），這三者都屬於靈活性相對較高的工作方式。[15] 這樣的選取還有一個考慮點，就是不少大學畢業生會選擇以兼讀形式進修，並以兼職或自由工作賺取外快。選擇創業或自僱為理想模式的分別只有 1%，[16] 或許跟香港的生活指數太高，創業成本難以負擔有關。創業對於很多家庭經濟背景一般的初職青年人來説，當然是接近「離地」的選擇。

跟不上的職場環境

雖然志業愈來愈被年輕一代重視，專上教育也提供了更多不同的科目，還有進修深造的選擇，然而到真正出來工作的時候，從政府統計處的數據發現 2023 年有 78.8% 的 15 至 24 歲青年人最終選擇了全職工作。[17] 按 2024 年第 2 季的數字顯示，他們從事的工種以零售、住宿及飲食；公共行政、社會及個人服務；金融、保險、地產及其他專業等為主。[18] 超過一半的 22 至 27 歲青年在統計時，正從事第一份全職工作，也就是沒有轉工。[19] 這跟香港一直以來的工作形態其實分別不大。

當然，不是沒有人去嘗試新興的、非主流的職業，但起步的門檻高、維持的成本高，再轉換跑道的難度高。的確「無人唔畀你做」，卻會有「社會沒有空間給你」，把你推回「主幹線」的鬱悶。

或者我們會有個印象，每代青年人豈不皆是如此：還沒有受過社會的洗禮，沒嚐過生活的壓力，想問題當然比較浪漫；有資源的人可以將「洗禮」的時間推延，但最終都是要面對現實，屈服於大環境，順着「市場」，走前人一樣的路。如此看來，説了那麼多的「意義」、「規劃」，如果終歸是要「睇餸食飯」，市場的空間擺在面前，無力感是不是會更重？青年人是否過分地「好高騖遠」？

當「意義感」已經成為一代人的時代關鍵詞，我們便要問，究竟這個地方給予青年人開展自己的空間是否足夠。這一代青年人持有更多的技能和更高的學歷，出外見識的機會也多，國際的視野絕對比前代人更廣闊，理論上可以創造更多新事。但有想法與能力並不足夠，未有豐富經驗與資源的他們，需要跨過一個足夠低的門檻，才有辦法嘗試不同的事物，甚至冒一點險。

而現在香港青年人的發展門檻，可能比前幾代更高。如前文所述，生活開支巨大，加上要照顧家人、不斷進修，又要追趕下個人生階段的任務，早已困難重重；當空間成本（居住、工作、創業等）極高，一旦「冒險」做新事，帶來的機會成本（生活的各種基本負擔）也會非常高。當犧牲的東西愈多，就愈讓人打退堂鼓，選取最安全的選擇。更別説身邊的大人可能會對做新事的青年人投以質疑的眼光。

圖 2.7
追夢的阻力

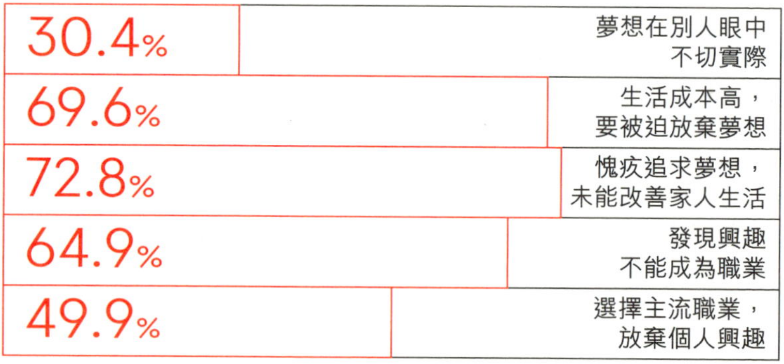

百分比	追夢的阻力
30.4%	夢想在別人眼中不切實際
69.6%	生活成本高，要被迫放棄夢想
72.8%	愧疚追求夢想，未能改善家人生活
64.9%	發現興趣不能成為職業
49.9%	選擇主流職業，放棄個人興趣

資料來源：i）菁研（2023）。MIRROR／ERROR 熱潮與青少年追夢熱誠。
ii）菁研（2020）。「去興趣化」職展與工作前景研究。

難怪有調查確實指出，6 成多的青年人發現，愈了解香港的就業環境，愈發覺無法將興趣發展成職業。即使敢於追夢，也會受盡阻力，例如因為生活成本太高，被迫放棄夢想或個人興趣，而選擇主流職業。若因為追夢而未能改善家人生活，也會令他們感到愧疚（參圖 2.7）。[20][21]

新一代難以開展自己，可以歸因於香港的出路本來就不夠多元；當下的高門檻比起以往更不鼓勵青年人嘗試新事，不少學生不同意「堅持理想與達成目標輕而易舉」，也不認為即使別人反對，自己仍有辦法取得想要的事物。[22] 如是，只能從眾了。

然而，跟着主流走又是否最穩妥？相比以往，今天的職場變化巨大，遠超過去一代的想像，而新一代所遇到的危機亦是前所未有。「我們過去都是這樣捱過來」的老套話，可能已褪色不少，因為今天不再是「這樣」了。

2024 年一份國際勞工報告指出，青年未來工作充滿挑戰。愈來愈多青年人投入短期、非正式工作，在疫情時候尤其普遍，但這些非正式就業（Informal employment）伴隨的，是不穩定的收入及保障。[23] 報告指出，即使青年就業率在疫情過後有回復跡象，但仍有不少青年為工作前景感憂慮，如擔心失去工作、在經濟上發展不足，生活水平不及父母等。[24]

同一時間，新產業冒起的速度也是前人難以想像。AI 成為這代人的助力之餘，也可能是巨大威脅。經濟合作暨發展組織（OECD）的報告提醒，有 27% 工作正處於被取消的邊緣，6 成僱員擔心自己在未來十年內會因為 AI 而失業。[25] 另一個重點的發展在於綠色產業與政策，估計未來有逾 25% 工作深受淨零排放（Net-Zero Emission）的政策影響。[26] 簡而言之，青年一代所面對的職場將持續變得充滿危機及不穩定性。上一代人就着工作發展提供的意見及選擇未必有錯，但若奉如圭臬，或許未必能帶來所預期的安穩。

當危機與不穩長期持續，我們又該如何應對？也許很多人都想知道簡單的答案，讓人回復昔日的安穩，但時代似乎已經告訴我們，觀乎全球難以輕易找出長久通行的方程式，近年變化巨大的香港更甚。無論在哪個環境，希望人的成長能夠邁向整全仍是我們最希望達至的目標。事實上，研究亦告訴我們，當青年人能夠按自己的興趣選擇、發展職業，保持追求夢想的熱誠，即使在困難中，職志發展的焦慮還是會降低，得以建立整全的身分。[27][28] 固本培元，讓青年人有面對無常的韌性，作為青年人身邊的大人，其實更需要一起學習一種迎向變幻的態度。

中六生 Rosa：爆肝的夢想，是遠還是近？

架着厚厚眼鏡、性格內向的 Rosa 只要談到繪畫及藝術，便立即收起那份少女的靦覥。「不認識我的人覺得我好像很『高冷』，什麼都不説；但認識我的人就知道，我一説到畫畫就會很健談。」

猶如日本漫畫的熱血主角，她的生活無一不與畫有關，「除了吃飯、洗澡、睡覺，我每天大部分時間都在畫畫；連考 DSE 時，每天也會畫兩、三小時。」

如此熱愛漫畫，當要為生涯規劃交出答案時，Rosa 卻說：「長大後，我想做一位老師，有家庭，過一些普通人的生活。」

一時有條不紊地說着老師夢，轉頭又說想以興趣先行，不難看出她的矛盾。

Rosa 從小就把家中的牆壁畫個七彩，房間像一個小型創作室，三個書架放滿她的畫作與畫筆。她愛看歐美漫畫，選擇網上遊戲也以畫風先行，個人的漫畫創作庫已有 600 多個角色。

「其實小五時，我已建立了一個『世界』，你們看看，這是其中一個角色。」她打開手機，展示一個穿着粉紫色衣服的女角，略見英氣，筆觸細緻，水準頗佳：「角色名字也是用德文，我改的！」她自豪地說。

平日的課餘活動，她最期待去同人展：「我會衝過去認識那些攤主，送上我原創的『認親卡』，就像名片 —— 這是文化來的，方便互相交流。」外表害羞的她說起來滔滔不絕，更指早在中三時，已把原創圖畫交給國內的廠商生產匙扣、檔案夾或襟針，再把產品放到教會市集售賣，又或送贈朋友。

這些生產文創商品所需的知識，早已超越了一名中六學生的水平。

最難得是，母親也支持她的興趣，「她最多罵罵我，說我把畫作放滿一屋。」

Rosa 用盡青春熱血，奮不顧身地追求目標，深明要付代價：「每天這樣畫，我的身體已經出現勞損了，手、肩膀不時疼痛，媽媽也很擔心。」

Rosa 曾為突破機構「在這裏　為彼此　#HereWeAre」展覽創作了一尊表達自己的油泥塑像，正正投射了她心中的理想和擔憂：「小時候我很想當漫畫家，於是做了一個女性漫畫家公仔。她的頭上有朵花，耳朵也是尖尖的，像精靈的耳朵，」背後暗藏了她的巧思：「她看起來好像很機靈　，其實是一個已經畫到爆肝、很辛苦的漫畫家啊！」她頓一頓說：「我很努力畫畫，呈現的是一個很累的『爆肝』漫畫家，這就是我的形象。」

但考完公開試，她決定暫時放下童年時的志向。即使未曾遭受主流社會衝擊，但學校、家庭及周遭環境，讓她知道未來謀生時，尋得一份「正經」工作更為重要。

她萌生要做老師的念頭，只因日常生活最常接觸的工種就是老師。「升上中學後，我受到師長影響，而且做老師好像生活穩定一些。」

她相信，自己走向老師之路愈來愈近。她的文憑試的成績讓她喜出望外，在大學聯招辦法（JUPAS）中，她的首個志願是教育大學五年制、結合藝術與視覺藝術教育的雙學位課程。「這科競爭不太大，讀完就拿到教師資格。將來我可以教美術，也可以教中文。」

要是在 JUPAS 失手，她也想了另一條出路：「有大專的日語高級文憑已經取錄了我，將來可做日文老師。」

至於全職或自由漫畫家，她説暫不考慮，預計只會於工餘時滿足興趣：「如果時間鬆動，才做 Freelance，或去同人展擺攤。」

談到長大後的工作，語氣冷靜，跟剛才分享漫畫時雀躍的她，煞是兩個模樣。

1 受訪者為 10 至 29 歲青少年。研究採用交叉表（Crosstabulation）分析，發現在有理想／夢想的受訪青少年中（N=280），有 36.1% 同意「我不夠條件資源，無辦法追求理想／夢想」。菁研（2023）。MIRROR／ERROR 熱潮與青少年追夢熱誠。香港：突破青少年研究資料庫。

2 受訪者為 10 至 29 歲青少年。問題是「按你理想發展職業的可能性」（10 分為最高），44.7% 受訪青少年評分 7 至 10 分。突破機構（2022）。青少年創意實踐與職業發展研究。香港：突破青少年研究資料庫。

3 受訪者為大學生。菁研（2020）。「去興趣化」職展與工作前景研究。香港：突破青少年研究資料庫。

4 同註 1。

5 同註 2。

6 教育局升學及就業輔導組（2021）。中學生涯規劃教育及升學就業輔導指引（頁 5）。香港：香港教育局。取自 https://lifeplanning.edb.gov.hk/uploads/page/attachments/Guide%20on%20LPE%20and%20CG_06092021%20%28TC-Final%29.pdf

7 73.2% 青年人指父母要求自己考好公開試升讀大學，前途才有保障。同註 2。

8 64.1% 青年人表示父母要求他們在不影響學業成績下，才容許自由發展自己的興趣。同註 2。

9 International Labour Organization. (2024). *Global employment trends for youth 2024.* Geneva: *ILO*.

10 受訪者為大學生，82.1% 大學生的意義需求（自覺需要人生意義）屬中等以上程度；70.3% 受訪大學生的意義探索（自覺仍需探索人生意義）屬中等以上程度；67.9% 的意義存在感（覺得有人生意義）屬低水平。香港城市大學（2020）。聯校心理健康推廣計劃調查新聞稿。香港：香港城市大學。取自 https://www.cityu.edu.hk/zh-hk/media/press-release/2020/08/22/diaochafaxianguoqusanniandaxueshengxingfuganjishenghuomanyidudie-lianxiaoxinlijiankangtuiguangjihua-zhujijiyingduikunnan-chinese-version-only

11 受訪者為 10 至 29 歲青少年。研究反映 88.5% 受訪者相信自己人生有意義。突破機構（2024）。青少年自我身份建立與參與感。香港：突破青少年研究資料庫。

12 國際獅子總會中國港澳 303 區（2024）。「青少年人生之旅 2024」問卷調查結果。香港：國際獅子總會。取自 https://www.facebook.com/watch/?v=1596358197862615

13 Universum. (2024). *The most attractive employers in Hong Kong: Student 2024 report. Sweden: Universum.*

14 受訪者為 10 至 29 歲青少年。研究反映 25.1% 中學生及 21% 大學生表示永久制是理想工作模式。突破機構（2024）。青少年生活狀況研究。香港：突破青少年研究資料庫。

15 39.8% 中學生及 33.3% 大學生表示合約制是理想工作模式，22.8% 中學生及 29.2% 大學生表示斜槓／自由工作是理想工作模式，11% 中學生及 15.1% 大學生表示兼職是理想的工作模式。同註 14。

16 0.9% 中學生及 0.9% 大學生表示創業／自僱是理想工作模式。同註 14。

17 15 至 24 歲總僱員人數約為 13.8 萬人，全職僱員人數為約 10.9 萬人。政府統計處（2024 年 11 月）。勞工與工資統計數字（表 220-23001）。香港：政府統計處。

18 按 2024 年第 2 季數據，最多人從事的工種是零售、住宿及飲食（29.3%）；公共行政、社會及個人服務（29%），以及金融、保險、地產及其他專業等（18.5%）。政府統計處（2024 年 11 月）。勞工與工資統計數字（表 210-06306A）（不包括外籍家庭傭工）。香港：政府統計處。

19 22 至 27 歲青年中，有 51.9% 現職工作是第一份全職工作。政府統計處（2019）。主題性住戶統計調查第 65 號報告書。香港：政府統計處。

20 研究反映 64.9% 受訪者表示愈了解香港就業環境，愈發覺沒有「將興趣發展成職業」這回事。同註 3。

21 受訪者為 10 至 29 歲青少年，結果反映 69.6% 青少年表示香港生活成本高，就算有理想／夢想都要被迫放棄，72.8% 表示若長遠未能改善家人生活，堅持理想／夢想會讓自己感到愧疚。同註 1。

22 受訪者為 15 至 24 歲學生，29.9% 不同意「堅持理想與達成目標輕而易舉」，24.3% 不同意「即使別人反對，仍有辦法取得想要的」。MWYO（2019）。「青年想點」問卷調查報告。香港：MWYO。

23 同註 9。

24 有 64.3% 青年人擔心失去工作，64% 感到自己在經濟上發展不足，46.6% 認為自己的生活水平較父母差。同註 9。

25 OECD. (2024, November). *OECD employment outlook 2023: Artificial intelligence and the labour market*. Paris: OECD Publishing. https://doi.org/10.1787/08785bba-en

26 OECD. (2024, November). *OECD employment outlook 2024: The net-zero transition and the labour market*. Paris: OECD Publishing. https://doi.org/10.1787/ac8b3538-en

27 同註 3。

28 同註 1。

第四節

「超穩定人生」的瓦解

看來是「安全至上」的發展，
會不會才是不安全的來源？

圖 2.8
青少年的人生目標

10至17歲

皆不以買樓、結婚、生仔為人生目標	以買樓、結婚或生仔為人生目標
45.8%	54.2%

買樓	結婚	生仔
49.2%	18.3%	8.7%

18至29歲

皆不以買樓、結婚、生仔為人生目標	以買樓、結婚或生仔為人生目標
54.2%	45.8%

買樓	結婚	生仔
35.6%	28.3%	19.2%

有經濟基礎才會考慮結婚

79.6%
10至17歲

86.6%
18至29歲

資料來源：突破機構（2024）。
青少年生活狀況研究。

調查發現，在 10 至 17 歲及 18 至 29 歲的兩個青年羣組內，最多人以「買樓」作為人生目標。把「結婚」列入人生目標的相對較少，18 至 29 歲青年羣組內只有 28.3%，而且附有一個條件 —— 86.6% 的受訪者表示要有經濟基礎，才會考慮結婚。另外，僅有 19.2% 的 18 至 29 歲青年有生育意向。[1]

45.8% 的 10 至 17 歲，以及 54.2% 的 18 至 29 歲青少年不再視「結婚、生仔、買樓」這三項傳統人生成就為追求目標。[2]

想深一層，前述「生涯規劃有沒有用」的問題其實很有趣：以往我們假設青年人的職前準備不足、不清楚職場的工種、不理解自己的性向（Aptitude）和能力、不知道自己的路徑選擇等等，因此才引入了生涯（或職涯）規劃的概念。然而，社會環境不斷變化，如果只講求「職業配對」，往往可能變得僵化和不合時宜 —— 無論從教授的內容還是對於青年人的需要而言也是。

近年的生涯規劃框架開始變得更加靈活，例如賽馬會的「青少年發展與介入框架」就強調除了有薪的工作以外，加入職業教育、工作探索、義務工作，發展自己的「堅趣」（希望長遠發展的興趣）等等，培育自己的態度、知識、技能及價值，迎向未來的不同挑戰。[3] 透過尋索及發展自己的多重身分，對於一個人的自我會有更加複合整全的認知。

更整全的自我認知，加上發展的可能性增多，呈現的便是因應每個人的獨特性而形成的多種不一樣的人生計劃，這些規劃又可能會跟前代人有顯著的不同。然而，無論計劃得如何仔細靈活，「計劃趕不上變化」仍是至理明言，尤其是當大環境浪濤翻滾，也許連我們設定的目標，甚至意識中的人生觀，都會撼動和推倒。以往不少香港人習以為常的「超穩定人生」設計，來到今天都受到時代的考驗。

•

人生目標大不相同

一般來說，一個人到了某個成長階段，經濟有一定基礎之後，就會考慮更進一步的人生規劃，例如離開父母獨立生活、尋找伴侶、置業、結婚、生育等等。上世紀 70 年代末，香港正值經濟起飛時期，大學生之間有將完滿人生總結成「四仔主義」（屋仔、車仔、老婆仔、BB 仔）的説法，到今天雖然早已成為老掉牙的過去式，但有生物需要層面的經濟基礎、享受舒適安穩的生活，也許仍是不少香港人（特別是從昔日香港 Good old days 走過來的中年人）心底的人生藍圖。

當我們細看數據就會發現，這一代真的不同了。遲婚的情況一直持續，[4] 香港女性及男性的初婚年齡中位數均超過 30 歲。[5] 而且，就如上述提到，不少青年不再視婚姻為人生目標，並且附帶「有經濟基礎」為條件，才會考慮結婚。[6] 如果連同前文討論青年人的收入多用於日常生活、照顧家庭及家人、進修及償還學債等，因而負擔沉重，可以儲蓄以及為未來打算的錢，往往十分有限。因此，投入職場的時間延後，加上前景不明朗等等因素，難免影響青年人的長遠規劃。

如果青年人以結婚作為人生規劃的意向不高，那麼一般需要有家庭作為基礎的生育計劃意向更低就不用説了。[7] 當然，隨着年齡漸長，人生經驗增加，意向可能出現改變。但是，從這個意向調查所窺見的，是大家對於未來人生的想像。很多人在青少年階段，已不再憧憬成家立室、生兒育女，也不再有承襲長輩的傳統意識。參照近年幾項有關人口結構的數據，都在印證一個遲婚、不婚、不生育的少子化社會趨勢。

不過，大多青年認同買樓是未來財政穩健的重要部分，並認為這是結婚及生育的先決條件。[8] 始終，置業可以為下一個人生階段準備，也是有助於自己未來的生活（例如投資），畢竟香港人深信「磚頭可保值」、「租屋等於幫人供樓」、「老咗租屋十分困難」等等處世經驗。置業成為一個「信仰」般的人生目標，影響力始終十分巨大。

「四仔主義」雖然是半世紀之前的詞彙，卻刻畫了好幾代香港人的生活實際需要，是締造一種「超穩定人生」的四大元素。直到今日，即使「超穩定人生」的需要仍然存在，然而要達成每一項要求都非常困難。香港於 2024 年繼續是全球生活成本最高的地方，最大的因素便在於住屋成本。雖然樓價有所下降，但仍連續 14 年成為全球最難負擔樓價城市的榜首，負擔比率是 16.7 倍，意思就是坊間所形容「不吃不喝 16.7 年才能置業」。[9] 有另一個有關青年住屋期望的調查十分有趣 —— 邀請 20 至 29 歲受訪者形容今日香港買樓的狀況，超過一半形容買樓是「妄想」，少於半成相信買樓是可以實現的「理想」。[10] 在這些瘋狂的數字下，雖然有接近 45% 青少年以買樓為人生目標，但 18 至 29 歲組別青年的百分比，已明顯比 10 至 17 歲組別青少年，減少接近 1 成。[11]

自住和結婚都需要居所，生育亦需要養育，香港滑浪風帆名將李麗珊於 2006 年為一家銀行拍攝廣告時，就提出了「養大一個小朋友要 400 萬」的嚇人說法。[12] 同一機構於 2022 年做的預估就增至 600 萬元，平均每年花費 28.4 萬，即使子女接受免費教育，衣食住行以最低消費作計算，也需要 200 萬元。[13]

還沒計算在香港養車也是全球最貴，[14] 只不過因為公共交通的方便程度也是全球前列，因此不作為一種必須的考慮。

總的來説，各種開支即使不用一次過支付，但對於一位大概24、25歲初入職場不久、仍然身負學債的青年人來説，完成「超穩定人生」的成本無疑是難以攀登的目標。正如某香港電影名句「難做嘅嘢就唔好做嘞」，有近半的青年人也表示自己完全不以傳統的「結婚生仔買樓」為人生目標。[15]

•

可以擁抱「不穩定人生」？

誠然，現今社會每個人都有為自己的人生階段作決定的自由，前述的各種自我規劃，便包含了更多以往不曾出現的部分，例如去外國深造及工作、旅居、工作假期、移民，以至各種自由工作、斜槓工作、數碼牧民等等，都可能在青年人畢業後的初職階段出現。相比起成家立室的龐大財政包袱，上述其他能定義自我的「人生 Checkpoint」相比來說是更加容易達至的。

近幾年藉不同渠道移民的香港人眾多，下個世代離港到外地（例如歐美、澳洲、台灣、日本、大灣區等）發展的門檻確實更低，在香港「搵份牛工」已經不再是唯一的路徑。過半青少年認為未來向上流動的機會低，[16] 亦有超過6成大學生考慮離開香港到海外工作。[17] 青年人都期望能在職場打拚開展自己，而對香港是否一個能讓他們長期投身的地方，則開始有所疑問。

另一方面，組織家庭，結婚生育，一直被認為是重要的人生階段，也是形成自我的重要過程。它意味新身分（丈夫／父親／

妻子／母親）的誕生，個人需要承擔的責任增加。親密關係的牽絆，新的家人成為人生的一部分，人與人通過生命深入的交疊，也讓個人更為整全。我們不是說只有建立家庭和生育才能使人完整，人際間如何相處、有沒有足夠的預備成為父母，也是需要思考的問題。然而，生育（以及在生育之前考慮結婚）的確有時間上的考慮。如果成本太高，可能增加青年「果斷放棄」這些人生階段的機會。而且，社會環境改變，人生際遇也比以前有更多變化和選項，結婚生子相比起來，也可能不如以前般成為必然或必須的選擇。

追求昔日「超穩定人生」的過程，如今已變成極不穩定的目標。即使我們可以付出首期買樓，也不知道未來的日子是否有負擔債務的能力。在快速變化的世界，既有經濟衰退的跡

圖 2.9
計劃未來，最遠去到幾年？

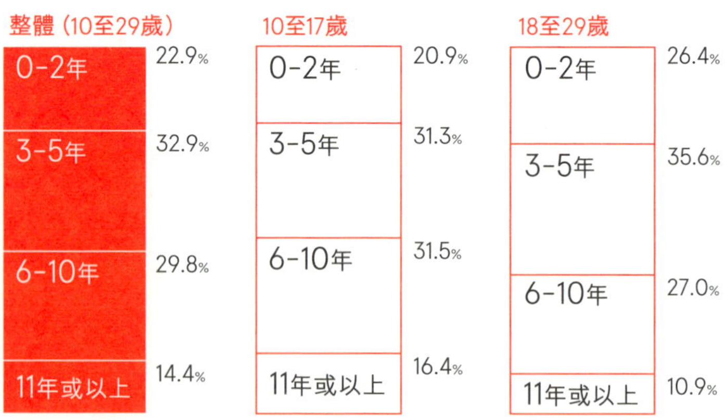

資料來源：突破機構（2024）。
青少年生活狀況研究。

象，也有工種沒落的威脅（例如被 AI 取代），還有戰爭硝煙的危機，究竟有多少人能對安全穩定的未來投以信心一票？調查發現，5 成半的青年人對於能夠想像和計劃自己未來的時間不超過 5 年，當中超過 2 成計劃不多於 2 年；更值得留意的是，當仔細了解 10 至 17 歲及 18 至 29 歲組別，年紀較大的組別，反而更多人傾向不會計劃超過 2 年（參圖 2.9）。[18]

人生發展途上當然充滿無法掌控和預計的事。然而現今處境，特別是相比過去較為安穩的數十年，社會和世界都面對更多挑戰甚至危機，青年需要學習的是認知世界、前路的不確定性（Uncertainty），並學習面對。但社會主流，包括父母和師長仍假設新一代的成長路徑與方法跟當年如出一轍，跟着他們從前的軌跡走就對了，例如讀好書是為確保未來「搵份好工」。事實上，逾 4 成青年人表示，即使不理解自己為何要花時間做所做的事，但仍要繼續；更有超過半數表示辛苦取得學位資歷，卻不認為因此便有理想發展。[19] 反而日常生活中不同範疇，包括學習、工作、健康等所出現的「不確定」因素，若未能好好面對，則會為青少年帶來焦慮、抑鬱等精神健康風險。[20]

置身於「不確定」，卻要活在過去的意識中，或許是一種錯置，更可能是一種逃避，因為要拋棄（Unlearn）一直以來的「信條」，亦會帶來（大人和青年人的）焦慮與恐懼。可是，竭力逃避終究不是出路，而是應該直視困難，以冒險精神、創意面對。這份創意對青少年成長非常重要，也有利於他們的身分建立、自我表達、提升自尊感等。[21] 有學者解釋 *Dubito Ergo Creo* 在拉丁語的意思是「我懷疑，所以我創作」（I doubt therefore I create），甚至指出「不確定」正是萌生創意不可或缺的元素。[22] 創意就是在困局中，願意冒險脫離舊有做法，開創新的路向。而青年人正正就有這些特質，對未經驗過的事物很感興趣，也希望為行業注入新元素。青年人愈具備創意，就愈能夠實踐職業的想法；即使面對發展的壓力和困境仍然能夠克服，能令他們對未來的發展更有信心。[23]

我們身處的社會是否甘於冒險、願意嘗試？我們認同失敗能夠使人學習及成長嗎？我們是否願意持續為這些嘗試付代價，並「超度接受」所承受的失敗，即或「選錯行車線」也不是怎麼樣的一回事？過去數十年來，豐饒的生活與超堅固的產業結構，是否令我們失去了冒險的熱情，錯過了讓新事萌芽的機會？這不只是心態上的改變，也可以是社會設置上的思考。有多少人願意分享資源，包括空間、物資、金錢，甚至是人力，藉以降低一些嘗試的門檻？如此種種，也影響青年人有多盡心盡性，在投身世界的過程中塑造自己。

如果「超穩定人生」的崩解能夠幫助打開更多選擇，我們需要的，或許是一種擁抱它的覺悟。

1 受訪者為 10 至 29 歲青少年。突破機構（2024）。青少年生活狀況研究。香港：突破青少年研究資料庫。

2 同註 1。

3 賽馬會鼓掌創你程計劃（2024 年 10 月）。青少年發展與介入框架。香港：CLAP。取自 https://clap.hk/home-intervention-model/?lang=zh-hant

4 2021 年的政府人口普查，18 至 29 歲青年人的婚姻狀況，高達 90% 表示「從未結婚」。政府統計處（2022）。2021 人口普查主要統計數字（A118b：按年齡、年、性別及婚姻狀況劃分的人口）（不包括外藉家庭傭工）。香港：政府統計處。

5 香港女性及男性的初婚年齡中位數分別為 30.9 歲及 32.5 歲。政府統計處（2024 年 10 月）。人口與住戶統計數字（表 115-01011）。香港：政府統計處。

6 22% 的 10 至 29 歲青年人將結婚列入人生目標之內，而 18 至 29 歲青年組別也只有 28.3% 以此為目標。同註 1。

7 只有 12.6% 的受訪青年人有生育意向，而 18 至 29 歲組別也只有 19.2%。同註 1。

8 受訪者為 18 至 45 歲香港市民。74.8% 青年認同「買到樓」是未來財政穩健的重要部分；59.3% 和 70.7% 受訪者認同這是結婚及生育的先決條件。關注青年住屋聯席，九十後房屋關注組（2021）。香港青年婚姻意向與住屋期望意見調查分析報告。香港：關注青年住屋聯席。取自 https://www.hkph.org/main/publication/research/youth-housing/Housing_And_Marriage_211017.pdf

9 2019 年是 20.8 倍。作為參考，負擔比率在 4.1 倍以上屬難以負擔，9 倍以上已屬於無法負擔。Center for Demographics and Policy (2024). *Demographia international housing affordability* (2024 Edition). US: Chapman University. https://www.demographia.com/dhi.pdf

10 55.1% 受訪者形容買樓是「妄想」（想也不用想）；19.5% 形容買樓是「幻想」（不會實現）；19.5% 形容是「夢想」（有機會實現）；4.5% 相信買樓是可以實現的「理想」。同註 8。

11 研究反映 44.2% 受訪青少年以買樓為人生目標，18 至 29 歲組別青年則降至 35.6%。同註 1。

12 香港奧運金牌得主李麗珊於 2006 年在恒生銀行廣告的對白：「養大一個孩子需要 400 萬」。

13 受訪者為持有 HK$100 萬或以上流動資產市民。恒生銀行（2022 年 7 月 18 日）。恒生優越理財育兒及退休規劃調查（新聞稿）。香港：恒生銀行。取自 https://cms.hangseng.com/cms/ccd/eng/PDF/180722c.pdf

14 即使國際油價下跌，香港油價持續高企，增加養車成本。消費者委員會(2020)。油價冷知識：何解香港油價冠絕全球？香港：消委會。取自 https://www.consumer.org.hk/tc/shopping-guide/trivia/2020-trivia-fuel-price

15 研究反映 48.9% 受訪青少年不再視「結婚、生仔、買樓」這三項傳統人生成就為追求目標。同註 1。

16 56.1% 受訪青少年同意未來可以向上流動的機會低。 同註 1。

17 香港受訪者為 17 歲或以上大學生。研究反映 62% 香港受訪大學生表示曾經考慮離開香港往海外工作。黃成榮 (2018)。香港及台灣兩地大學生的職業展望研究。香港：城市大學人文社會科學院。

18 同註 1。

19 受訪者為大學生。研究發現 80.2% 受訪者同意「讀好書，是為了將來可以有份好工」；46% 同意「現時花時間做的事都不知為了什麼，但又要繼續做」；53.1% 同意「大部份工作是合約制，就算辛苦取得學位，都不覺得有理想的發展前景」。菁研(2020)。「去興趣化」職展與工作前景研究。香港：突破青少年研究資料庫。

20 Schweizer, S., Lawson, R. P., & Blakemore, S. J. (2023). Uncertainty as a driver of the youth mental health crisis. *Current opinion in Psychology, 53*: 101657

21 Barbot, B., & Heuser, B. (2017). Creativity and identity formation in adolescence: A developmental perspective. In Karwowski, M, & Kaufman, J. C (Eds.), *The creative self* (pp. 87-98). Amsterdam: Elsevier Inc.

22 Beghetto, R. A. (2021). There is no Creativity without uncertainty: Dubito Ergo Creo. *Journal of creativity, 31*: 10005

23 受訪者為 10 至 29 歲青少年。研究反映 88.3% 受訪青少年對未經驗過的事物很感興趣，87.1% 希望為所從事的行業注入新元素新想法。經多元線性迴歸分析（Multiple Linear Regression），創意思維、實踐力均顯著預測職業發展可能性（R^2=.22）（F（3, 985=104.8），p<.001），當中創意思維（β=.12, p<.01）、創意實踐力（β=.36, p<.01）有顯著正面解釋力。

羣體中的代際張力

第三章

第一節

你認為香港還有希望嗎？

處身社會的困境中，應該如何
回答未來？

圖 3.1
青少年希望感

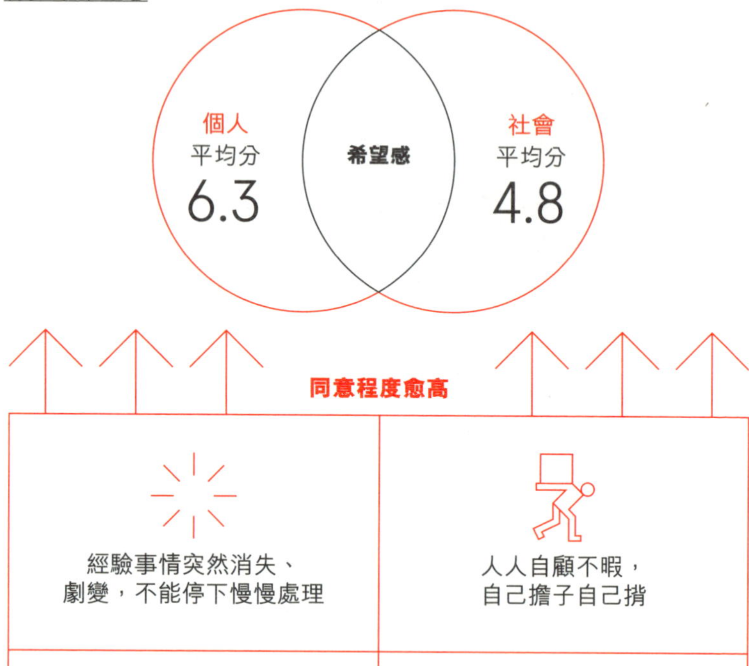

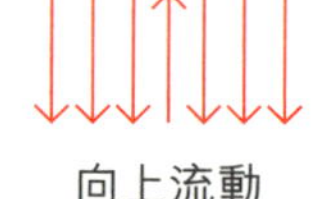

經驗事情突然消失、
劇變，不能停下慢慢處理

人人自顧不暇，
自己擔子自己揹

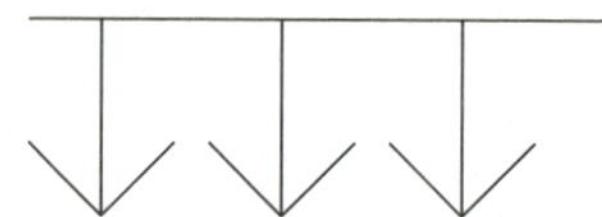

向上流動
機會低

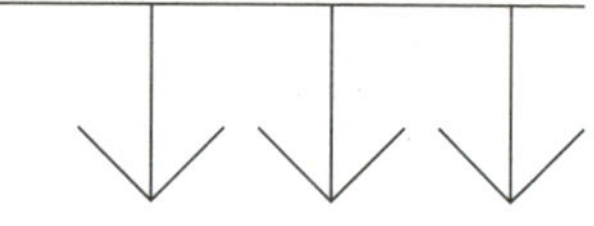

負擔比上一代大，
生活較上一代更差

希望感愈低

資料來源：突破機構（2024）。
青少年生活狀況研究。

一項問及青少年對未來「希望感」的研究調查發現，青年人對「個人的希望感」平均分是 6.3（評分為 1 至 10 分，10 分為最高），51.1% 評 7 分或以上；對「社會的希望感」平均分是 4.8，24.4% 評 7 分或以上。當社會希望感愈高，個人希望感亦愈高，相反亦然。[1]

當進一步了解有什麼因素與青年人的希望感相關，發現當他們愈是認同「經驗事情突然消失、劇變，未能停下慢慢處理」、「人人自顧不暇，自己擔子自己揹」、「負擔比上一代大」及「生活較上一代更差」這幾項描述，其個人或社會的希望感均愈低。[2][3]

一個人是何時開始有「社羣」的意識？也許從三歲小孩進入學校，面對一大羣陌生人開始，我們就打開了家庭以外的世界。從幾十人到幾百人的小校舍，我們的關係網都是比較簡單，直到我們進一步走進社會，在更複雜的社會建立自己，同時進入一個更大的社羣之中。在社羣中，有很多陌生人，他們可能來自不同的地方，在不同的社區和居住環境成長，擁有不同的社會資源，那種差異比校園內更加顯著，而共通點也會變少。最後，我們會發現，彼此最大的共通點可能只有一個，就是我們不過在同一片土地上生活、走動、吃喝、工作。

然而，我們每天耳聞目睹他人的大小事，應該如何思考彼此之間的關係？面對他人的問題、困難，我們有什麼反應？是感到難受卻無力改變、感到「還好我不是他們」，還是「這些事情離開我太遠，關我什麼事」？

「社羣」一字對於每天為生活營營役役的我們來說，有重要性嗎？

•

希望在於個人，也在於社羣

雖然許多人彼此並不認識，但是社會上每個個體之間都有一種無形的默契——「社會契約」。每個人在社會生活，都內設了一個相互同意的過程，一方面享有權利，如行動自由、受教育的機會、得到人身保障等等，但也要接受相應的義務，如守法、交税，以達致一個穩定的秩序。[4] 也只有在社會契約有效和穩健的情況之下，我們才能安心生活，開展自己，與他人連結。如是，我們的個人福祉（Well-being），也是靠賴社羣中的每個成員一起維護，因此我們才有「公共」，一種「彼此相關的事情」出現。

相比血肉相連的緊密關係，社羣關係缺少的是與生俱來的黏合，更多是一種需要被培養、教育的意識，否則我們可能由始至終只會關心自己的好處。「（其他人的困難）關我什麼事」背後的意識就是「每個人都應為自己負責」的個人主義；「還好我不是他們」可能源於從競爭之中自覺憑實力「勝出」，又或者受到幸運之神眷顧，免於厄運的煎熬；「難過但無力」雖然共感於他人的苦楚，但眼下並沒有方法或動機幫助他人渡過難關。

但是，我們回顧過往的經驗時就會發現，這個與他人結連的動機並非「意願」，而是必須的。正如我們在前面的章節曾討論，現今世界快速而深刻的變化，個人要承受的挑戰和擠壓都增加，「為自己負責」的結果是每個人肩上（無論是負擔或情緒）都愈來愈沉重，甚至像頂住整個世界。若疏離的、為己而活的日子一直走下去，我們對於自己、對於社會，抱持的是種積極樂觀的希望，還是消極悲觀的失望？

美國心理學家查爾斯・斯奈德（Charles R. Snyder）定義「希望」為一種由目標（Goal）、意志（Willpower）及方法（Waypower）三個元素互動產生的理念。當事情必然發生，我們就不用談希望；當事情怎樣努力也不會發生，也就談不上希望了。[5] 所以希望是在1至99%的發生機率之間浮動，隨着個人和周遭環境和條件等不確定性而變化。

「希望」不等同於「樂觀」。當一個人持守希望時，仍會看見面前的困難和不確定性，明白事情可能變得更差；不過因為認定所訂立的目標或方向值得追求、具有意義，應該完成，而且相信會帶來改變（即使那是微小的），故此仍然有動力向前。當人身處黑暗和困境中，就更需要有希望。

而我們所談論的「希望感」，就是具備實現自己期待之事的能力感。「希望感」既有個人（自我實現），也有羣體（彼此福祉的保障）的向度。有調查發現，香港青少年自評個人希望感平均分是 6.3 分，對社會的希望感則較低，平均只有 4.8 分。當青少年對社會的希望感愈高，對個人的希望感亦愈高，反之亦然。[6]

我們嘗試梳理一些社會處境，從而細看個人和羣體希望感這兩個向度之間的關係。

•

社會契約開始動搖的時候

根據樂施會的數據，香港在 2024 年第一季度整體貧窮率達 20.2%，超過 130 萬人處於貧窮狀態。報告指香港的貧富懸殊持續惡化，而新冠疫情後情況更加嚴重，收入最低與最高家庭月入中位數相差 81.9 倍，而最低收入住戶月入中位數較疫情前下跌，不過最高收入住戶月入中位數則較疫情前上升近 1 成。[7]可見高收入家庭較能從疫後的經濟復甦中受益，而低收入家庭受到疫後勞動市場轉型和最低工資凍結的影響，即使他們非常努力，也很難從底層翻身。

貧窮直接影響青年人的成長。社聯的調查指出，家中有 12 至 18 歲青年的劏房家庭，收入低而支出高，很多時需壓縮各方面的開支以維持基本生活，有些家庭要動用儲蓄，甚至借錢以應付開支，當中包括教育開支。[8] 有青年人在內的家庭，其教育開支負擔很大，未必能夠得到足夠的經濟支援，即使學費或書簿費可因社會福利而減輕，但非必須的開支如補習、參與課外活動，或各種訓練、交流等等就難以負擔。他們的眼界與機會，可能比一般青年人少。

這種持續不對等、社會邊緣化，揭示了一個事實：社會契約的制約及保障能力開始減弱，確保人獲得生活基本權利的社福制度保護傘愈來愈薄，令生活捉襟見肘之餘，跟上層差距拉闊，也令人對生活的不滿增加。當看見羣體之中其他成員跌入困境，會令整體出現生存擔憂，甚至恐慌（Panic）。那麼，我們會如何應對這份恐懼？

如果只有「為自己負責」的想法，我們自然會竭力累積更多資源，提升競爭力，避免成為輸家。我們的努力由本來的「力爭上流」變成「掙脱下流」，前者還可以停下休息，後者每天都像站在斜坡上、抓住坡面來生活，一旦放鬆就怕向下墜。這種競爭會形成惡性循環，令人失去安全感，對未來愈來愈悲觀。當社會出現嚴重的挑戰，整體社會氣氛甚至催生「這裏沒希望」的觀感。就算個人未必身處匱乏的境地，但社羣的氛圍仍然會影響其中的個體看法與感受。

•

面對巨大變化時所倚賴的共同感

困難也不一定引致「自己顧自己」的負面結果。若果社會能夠有共同的目標和信念，也可以形成羣體向前走的驅動力。不一定要堅信事情必然會變好才抱持希望，反而預期事情或會變得很差而努力準備，相信事情會因此而稍為改善，也會帶來希望。

其中一個例子是飽受自然災害衝擊的日本，面對地震、海嘯等大型災難，不能只靠政府機構應對，更需要鼓勵國民為可能出現的災害作出準備。國民不可以抱着「沒事沒事，與我無關」的「無知的樂觀」（Uninformed Optimism）心態生活，甚至不能只滿足於自己已經預備好，因為災害一旦發生，國民都是禍福相連的「命運共同體」。東京大學有田伸教授指出，當整個社會面對危難，不僅「獨善其身」（Every man for himself）行不通；更要進一步認知、包容社會內真的有些人會預備不足、步伐落後，他們可能有精神壓力、經濟困難，又或知識匱乏等，不能斷言對方是「不負責任」，而應該共同尋找方法讓每一個人都能夠參與和預備。急難當前，「包容補足」才是出路。[9]

香港並不會遇上日本的大型天災，但過去幾年經歷社會事件、疫情，整個社會猶如經歷集體創傷。2019 至 2022 年期間的新型冠狀病毒大流行（Covid-19），造成全球逾 7 億人受感染、逾 700 萬人死亡，事前沒有誰能想到，影響之巨完全超出我們想像，甚至深刻影響我們日後的生活習慣、工作形態等等。

經濟復甦不如預期，無法重返昔日的強勢，部分行業陷入困難，形成生活上的壓力。醫學期刊《刺針》（*The Lancet*）於 2020 年刊登一份由香港大學醫學院發表的香港人精神健康研究報告，指出經歷過 2019 年社會動盪後，18 歲以上的香港市民精神狀態比以往差，疑患上抑鬱症的人比 2009 至 2014 年高近 6 倍，出現創傷後壓力症的人亦比 2014 年增加逾 6 倍。[10] 另一份於 2020 年發表有關香港人抑鬱狀況的調查顯示，情況確實比以往更差。壓力的主要來源是政治或社會事件（65.2%）及疫情（61.7%）。[11] 至於青少年在這個環境中無法避免受衝擊，有研究顯示他們的創傷情緒，與社會事件及疫情（單一事件或同時兩項事件）有關，27.3% 受訪青少年出現較嚴重的創傷後壓力症，當中 7% 屬於嚴重，甚至傾向迴避傷痛經驗。[12]

當兩種巨變同時發生，整個時代仿如經歷「集體抑鬱」，對於成長中的青年人有更強烈的衝擊。社會的變化走向與想望不符，然後是互相支撐的社交生活在疫情中幾乎「歸零」，疫情後又有同學朋友移民⋯⋯ 每一種衝擊都影響深遠，而且一波緊接一波而來，讓本在摸索前路的青年人，感到更惘然若失。疫後社會秩序逐步重建，香港人的生活似回歸日常，環境卻變得陌生，表面上仍然燈火通明，內在就像巨變之後的災場。官民關係、社羣關係，以至師生關係、個人社交關係等等，在新環境中都要重新塑造。同一個熟悉的關係網絡，面對破碎的外在環境，或者還有共同力量一起重建；但面對破碎的關係網絡，人就不知如何反應。這種創傷比起皮肉之苦更加深遠，需要有共同的力量予以療癒，重新起步。不僅如有田伸教授所指般要「包容補足」，我們可能更需要力量，讓禍福相連的「命運共同體」重新形成。

•

對社會環境普遍失望

在疫後的新時代重建彼此的依存關係，也是一波三折。在百廢待興的日子，遇上大型的移民潮，不少親朋好友離開，難免讓留下來的大部分人對於前路更感灰暗；經濟疲弱、北上消費也令本地的零售業雪上加霜，繼而形成結業潮⋯⋯當危機感愈來愈重，未來變得愈來愈不可預測，希望感也會減少。

就如上述所言，對於青年人來說，面對社會氣候的改變，疫情的肆虐，過去幾年的日子並不容易。就以 2020 年的調查為例，大學生的幸福感（包括情緒、社會和心理）及生活滿意度明顯下降，對「我們的社會是一個理想的社會」或「我們的社會正逐漸發展成為一個較為理想的社會」的同意程度按年減少。[13] 至於中學生幸福感亦僅屬一般。[14] 不少青年人看到社會存在問題，但不認為自己有能力可以改變，能令這個地方變好，也不知道還可在這個地方做什麼。[15] 當人口流失，關係網多少被削弱，加上在這年頭的香港，以各種「集體行動」的方式達至公共福祉的機會明顯變少，「自己做不到什麼」就是一份無力感。

•

仍然等待重新起步

值得留意的是，即使青年人對社會充滿無力感，是否代表他們就會變得消極，甚至「躺平」？情況又未必如此。大部分青年人仍相信自己的人生有意義，有熱誠去追求自己所定的目標，就如前文也提及他們的「個人希望感」比「社會希望感」要強。那麼我們面對的青年人組羣，會不會有點像「外冷內熱」的火爐？外在的環境或許削弱了他們的社會希望感，卻沒有影響內在的能動性（Agency，即是一個人在特定環境中行動的能力）。當然，不少青年人會選擇一個符合他們發展熱忱的地方繼續發展，而移居海外的人畢竟不是大多數，因此我們也能夠推斷，即使是留在香港的一羣青年人，也有很高的比例仍然希望為自己能達成一點什麼。

更加重要的，是這批青年人不是覺得既然外在環境不容許改變，就退回去不理世事，只做自己喜歡的事情。相反，當青少年曾與其他人一起「共創」，例如經驗過與一班人合作，在困難時互相幫助，一同想辦法跨過自己難以獨自解決的難關，從中體會被重視，都能夠為他們帶來希望，同時降低了無助感（參圖 3.2）。[16][17] 因此，「社羣」是在困難中一個重要的希望感來源。

很久之前，不少香港人被嘲是機會主義者，在「借來的時間」，於這個因着歷史原因和風雲際會而促成的繁華大都會裏努力掙錢，賺夠就遠走高飛。雖然這種態度十分精明，卻成了「無腳的雀仔」，對於地土、社羣少有感情。不過，這一代的香港青年人，不是因為這片地土的繁榮與美好才願意投身，而是即使它變得不再可愛，仍然希望能夠盡上自己的力量讓它變好。

圖 3.2
青少年共創經驗與希望感

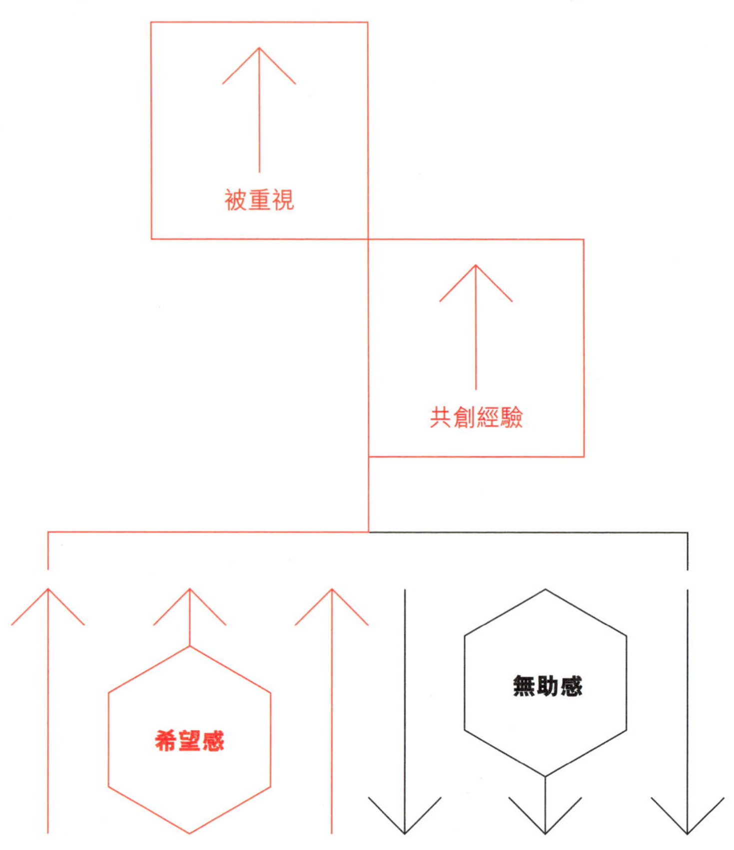

資料來源：突破機構（2024）。
青少年自我身份建立與參與感。

即使從冰冷的數據分析，我們仍感受到這一代人對於地土和羣體的認同。我們更要去思考，如何重建彼此的「社羣」概念，一起開創這個地方的未來？

1 受訪者為 10 至 29 歲青少年。根據 Pearson 相關性分析（Pearson's Correlation Analysis），「個人希望感」與「社會希望感」（r=.353, p<.01）呈正相關。突破機構（2024）。青少年生活狀況研究。香港：突破青少年研究資料庫。

2 根據 Pearson 相關性分析，「個人希望感」與「社會希望感」分別與「經驗事情突然消失、劇變，但急速步伐不容你停低慢慢處理」（r=-.123, r=-.180, p<.01）、「社會上每個人都自顧不暇，你的擔子要自己揹」（r=-.093, r=-.159, p<.01）、「比較上一代，這一代的生活將會愈來愈差」（r=-.245, r=-.372, p<.01）」、「比較上一代，這一代的負擔係更大（包括家庭、社會發展）」（r=-.145, r=-.251, p<.01）呈負相關。同註 1。

3 根據獨立樣本 t 檢定（Independent Sample t test），有關「向上流動機會屬無可能」同意與不同意的組別，在希望感達顯著差異（個人希望感：t=-5.742, p<.001；社會希望感：t=-4.000, p<.001），認為「向上流動機會屬無可能」青少年的希望感（個人希望感平均分：4.41；社會希望感平均分：3.16）低於不認為「向上流動機會屬無可能」青少年的希望感（個人希望感平均分：6.41；社會希望感平均分：4.85）。同註 1。

4 米露・夏費克（Minouche Shafik）（2023）。《新社會契約 —— 從搖籃到墳墓，我們對彼此的責任》（許瑞宋釋）。新北：星出版。

5 Snyder, C. R. (1994). *The psychology of hope: You can get there from here*. New York: The Free Press.

6 同註 1。

7 2024 年第一季度整體貧窮率達 20.2%，有 1,395,000 人處於貧窮狀態。收入最低與最高家庭月入中位數相差由 2019 年的 34.3 擴至 2023 年的 52.7 倍，而 2024 年第一季更加增至 81.9 倍。最低收入住戶月入中位數較疫情前下跌 54.3%，而最高收入住戶月入中位數較疫情前則上升 9.3%。樂施會（2024）。香港貧窮狀況報告 2024。香港：樂施會。

8 研究樣本來自 57 間為劏房家庭提供服務的社會服務單位，在收到的有效問卷內，抽取家中有 12 至 18 歲青年的劏房家庭進行分析，這些家庭有 55% 屬貧窮家庭，18.9% 是單親家庭。家庭總收入中位數為 14,000 元；74% 家庭近半年因為收入不足需要壓縮生活開支；34.2% 過去一年因此要借錢。借錢家庭當中，有 32.8% 是因為應付子女教育或開學的開支。香港社會服務聯會（2022）。低收入劏房住戶調查：居於劏房的青年需要分析。香港：社聯。

9 文章指出日本近年推出的策略之一，就是邀請國民想像大型災難出現的情景，從而為最壞的情況作出準備（Prepare for the worst）以求保命，相信這樣可以減低災難造成的傷害。可是研究發現，「想像災情」會為部分人帶來心理負荷，反而令他們逃避難以承擔的恐懼，拒絕思考和準備。Arita, Shin. (2023). How can we prepare for something we don't want to think about? Disaster readiness and negative capability. In J. Babb, & Takashi Iida. (Eds). *Dealing with crisis: The Japanese experience and beyond* (pp. 10-26). UK: Edward Elgar Publishing.

10 研究在 2009 至 2019 年間，按社會事件劃分 9 個時間點，分別以 Patient Health Questionniare-9 及 PTSD checklist-Civilian Version 了解 18 歲以上香港市民的精神健康，研究以 3 個重要時間作比較，分別是 2014、2017 及 2019 年。結果發現，在 2019 年，有 37.4% 受訪者出現抑鬱症狀及 4.3% 有自殺意念；疑患上抑鬱症則達 11.2%，比 2009 至 2014 年（1.9%）高近 6 倍，同時是 2017 年（6.5%）的 1.7 倍；至於創傷後壓力症，由 2014 年 4.9% 增至 2019 年底的 31.6%。Ni, M. Y., Yao, X, I, Leung, K. S. M., Yau, C., Leung,C. M. C., Lun, P., Flores, F. P., Chang, W. C., Cowling, B. J., & Leung, G. M. (2020). Depression and post-traumatic stress during major social unrest in Hong Kong: a 10-year prospective cohort study. *The lancet, 395*, 273-284.

11 訪問在 2020 年 8 至 9 月期間進行，受訪者為香港人。結果發現有 14.6% 香港人抑鬱程度屬於「中等」，8.4% 屬於「嚴重」，較 2018 年同一調查上升 27%。香港心理衛生會（2020）。全港抑鬱指數調查 2020。香港：心理衛生會。取自 https://www.mhahk.org.hk/index.php/20210121depressionscreening-2/

12 受訪者為 12 至 24 歲青少年。研究使用美國國家創傷壓力症候羣（PTSD）中心量表計算，得分 31 或以上顯示狀況處於臨界點。結果發現 27.3% 受訪青少年得分 31 分或以上，其中 7% 得分達 40 分或以上。香港基督教服務處（2021）。Teen 躍逆情後創傷後成長研究計劃調查。香港：香港基督教服務處。

13 於 2017 至 2020 年間調查，受訪者為大學生。結果顯示受訪者對「我們的社會是一個理想的社會」或「我們的社會正逐漸發展成為一個較為理想的社會」的同意程度（分數以 6 分為滿分），平均分於過去 3 年間由 3.5 分降至 3.1 分。香港城市大學（2020）。聯校心理健康推廣計劃調查新聞稿。香港：香港城市大學。取自 https://www.cityu.edu.hk/zh-hk/media/press-release/2020/08/22/diaochafaxianguoqusanniandaxueshengxingfuganjishenghuomanyidudie-lianxiaoxinlijiankangtuiguangjihua-zhujijiyingduikunnan-chinese-version-only

14 中學生幸福感以 5 分為滿分，平均分為 2.63，屬一般；只有 26.3% 受訪者達理想水平。浸信會愛羣社會服務處（2024）。2024 年中學生幸福感調查。香港：浸信會愛羣社會服務處。

15 受訪者為 10 至 29 歲青少年。48.5% 受訪青少年表示「無論自己做什麼都不會令香港這個地方變好」；64.5% 表示「面對現時處境，你不知道在這個地方可以做什麼」。突破機構（2024）。青少年自我身份建立與參與感。香港：突破青少年研究資料庫。

16 研究結果顯示平均 87.9% 受訪者經驗與其他人共創，包括「經驗同一班人合作，在遇到困難時互相幫助、鼓勵」(89.7%)、「經驗過同其他人合作，發現原來自己有更多可能性」(87%)、「經歷同其他人一齊想辦去完成一件以為無可能完成的事」(82.8%)等。同註 15。

17 研究採用多元線性迴歸分析(Multiple Linear Regression Analysis)，結果顯示無助感、被重視、共創經驗這些變項均顯著預測希望感(R^2=.284)(F (3, 897) = 119.790, p<.001)，當中被重視(β =.242, p<.001)、共創經驗(β =.298, p<.001)有顯著正面解釋力；無助感(β =-.241, p<.001)則有顯著負面解釋力。同註 15。

第二節

我屬於這裏，但這裏我有分嗎？

無從參與的社羣，難以影響的
地方，何以言愛？

圖 3.3
地方連結與參與感

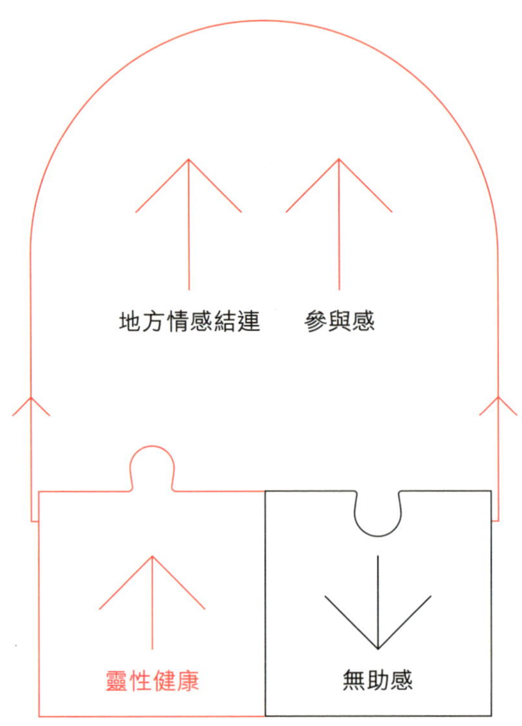

資料來源：突破機構（2024）。
青少年自我身份建立與參與感。

一項 2024 年發布的研究反映，香港青年認同香港人身分，在 10 分為滿分的評分中，平均分為 8.6，評 8 至 10 分的受訪者達 79.5%。平均 94.9% 青年與地方有正面的情感結連，很喜歡這地方，想香港變得更好；82.2% 青年對這個地方有參與感，覺得這個地方的人視他們為一分子，讓他們在這地方感覺有分。同時，平均 60.1% 受訪者感到無助，認為無論做什麼都不會讓這個地方變好、不知道還可以做什麼。[1]

至於青年的靈性健康（Spiritual Wellness），例如：你相信自己的人生有意義，在 4 分滿分中，平均獲 2.7 分。[2]

研究進一步分析，發現青少年的地方情感愈強，參與感愈高，無助感愈低，靈性健康愈理想。[3]

「社羣關係」是關乎個人與特定的地方、地方上的社羣，以及地方上發生的事情／經歷的結連。要了解社羣互動，我們必須先了解一個重要的概念，就是「歸屬感」（Sense of belonging）。「歸屬感」是獨特而重要的心理健康元素，也是存在的基本需要。有別於改善生活條件的社會支援，歸屬感是關於個人在社羣中的參與經驗、個人是否能夠融入社羣，感受到自己是社羣的一分子。建立歸屬感，需要在社羣關係中有被接納的經驗，並能夠從中展現獨特個性。[4]

在社羣中參與，就是按個人不同的角色，與其他同屬一個地域的羣體互動；就是與地方持續結連、發掘能力、體現獨特性、有尊嚴地生活，達致健康的身分建立。[5] 在成長階段的青年人，如能同時在親近關係以及更廣闊的社羣中真誠表達自己，並且按自己的能力為他人、為事情帶來可能性，對於他們建立身分、邁進為成人，至關重要（這一點在前兩章已經闡述）。

青少年往往希望在家庭和學校問題或決定上，能夠有更多機會表達自己的想法，並且發揮更大影響力。[6] 但一直以來，社會容納青年人參與的氛圍或文化仍不算開放。在家庭中，即使可以開放討論事情，不少青少年表示「道理總是在父母那邊」；[7] 在學校，學生希望就有關校規或問題，發表意見並帶來改變，經驗卻告訴他們即使表達了，大部分都會受到校方否定。[8]

至於離開親近系統進入社會，面對更複雜、更多陌生人的環境，青年人的參與同樣不見得改善。正如，本文章開首解說的一個調查結果：香港青年普遍認同香港人的身分，9 成青年與地方有情感結連，例如表示「好鍾意香港這地方」、「想為這個地方和這裏的人付出」、「希望這個地方變得更好」，「在這裏的人幸福快樂」。然而還有一個數據是值得留意的，就是有 7 成的青年人表示，「我想為香港付出，但不知道可以怎樣做」。[9]

對於青年人來説，「不知道可以做什麼」不是説「一整天什麼事情都不做」，也不是指上一章所討論那些開展自我的職業選擇和個人志趣，而是有指向性的，是「為香港」，更仔細來説是「為整體香港人好處」的事情。因此，不止是在街上「扶阿婆過馬路」或者「幫阿伯拾橙」這類幫助個別人士的義舉；他們需要的，是「公共參與」。青年人覺得自己難以參與社會相關的事務。

•

青年人的 No stake

自從 2019 年社會事件之後，「公共參與」在香港變成了敏感的字眼，香港市民參與公共議題的渠道與影響力都有明顯轉變。香港人可以用什麼方式在公共議題上表達意見？以往慣常參與的遊行集會，近年變得寥寥可數；公開論政的方式（例如公開論壇）也明顯減少；關注公共議題的民間組織也轉為較不活躍。市民的參與渠道看似沒有大幅減少，但民間能夠產生的影響力就明顯減弱。例如各級議會及委員會的組成方式，大幅減少了民選的成分，連帶相關的社會議題討論、民間倡議等也比過往冷清。畢竟「影響施政」在此時此刻是一個較為負面的形容，新的局面重新出發，大環境要求更多的是「配合」與「支持」。曾有一個調查訪問了 18 位從政青年，受訪者認為在今日的政治環境，「愛國」是最主要的從政基本要素，其次為「人格／性格」及「人脈」。「民望」的影響力較 2020 年下跌最多，足見即使是於政圈活躍的青年，也認同市民意見的影響力明顯下降。[10]

「影響」其實是「參與」的核心意義。雖然參與「投票」的動作或許仍是一樣，但當選票所帶來議會內的實際「影響」（即向全港選民問責的比例）不如以往，在這方面「參與」的意義就會減弱，市民的參與意願也會下降。例如 2023 年的調查發現，接近一半的受訪青少年選民表示不會於 2023 年（改制後）的區議會投票；逾 8 成的受訪青少年亦無興趣參與政府設立的地區委員會，包括「三會」（即分區委員會、地區撲滅罪行委員會及地區防火委員會三個地區諮詢機構的合稱）、「關愛隊」及「青年委員會」等官方組織。[11]

社會信任度亦不理想：4 成青年不認為自己信任政府，5 成 3 不認為政府信任青年，3 成 1 不認為社會大眾信任青年；社會環境轉變影響整個社會信任度。[12] 事實上，信任是從何而來？就是在羣體之中被接納成為一分子。當青年感到事情不由自己決定，自己只是可有可無、可取代的客體，就會感受到不被信任，而參與的意欲也會減低。當然我們並非斷言官方組織無意或無法為社會帶來積極影響，但如果在組成和運作之中，成員不容易參與意見甚或帶來改變，在社羣中呈現自己的主體性（也就是有分），對於社羣的助益便會成疑。

所謂「有分」呈現在兩個層面，除了「影響」，還有「承擔」。

願意擔起責任，認真參與，呈現影響力，對自我的形成有關鍵的影響，可是青年人於社會「無分」（No stake）卻是常態。雖然他們朝氣逢勃，活力和靈活性兼備，但是他們可以說是社會上最弱勢的其中一羣。相對於其他階層，他們缺乏資源（包括經濟和社會資本）與社會地位，人生歷練也較少，仍需依附家庭，自主性較低，因而被認為是「能力不足」承擔起社會角色。很多時候，他們甚至是需要「被予以持分」才有位置（而不是默認有分）。以大學學生會為例，本屬於青年人的自治架構，學生會幹事也已經是社會承認的「大人」（18 歲以上），但在校政相關的決策上，學生會能參與的也不多。經過社會事件之後，一向在社會議題上踴躍表達意見的大學學生會與校方關係普遍緊張，部分甚至被沒收會室使用權、拒絕代收會費、廢除校董會內的學生會會長當然席位等，有大學學生會甚至因難以運作而宣布解散。

青年人未諳世情，思慮未必如大人般周全或許是事實，但他們將會是社會的未來支柱，學習為社會承擔責任，誠然是屬於他們的成長任務。社會應重視他們的參與權利，協助他們去學習持分，包容甚至忍受他們過程中的過犯，也是對未來負責的表現。如果今天認為他們「能力不足」、「思想激進」就阻礙他們的參與機會，會令到青年人長期處於不平等的位置，難以成長。

「持分」的基礎就是「公平」（Equity），要「公平」就是要看見和補足其他成員的匱乏，就像網上流傳一張關於「公平」和「平等」（Equality）的漫畫，三位不同身高的小朋友在球場外希望看到圍板內的比賽。若他們「平等」地獲分發一樣高的木箱子，讓他們爬上去看，最高的一位能得到較好的視野，但最矮小的那位仍然無法看到比賽；「公平」是最高的孩子把他的木箱交給最矮的，讓全部人都能夠看到比賽（參圖 3.4）。

圖 3.4
公平 vs 平等

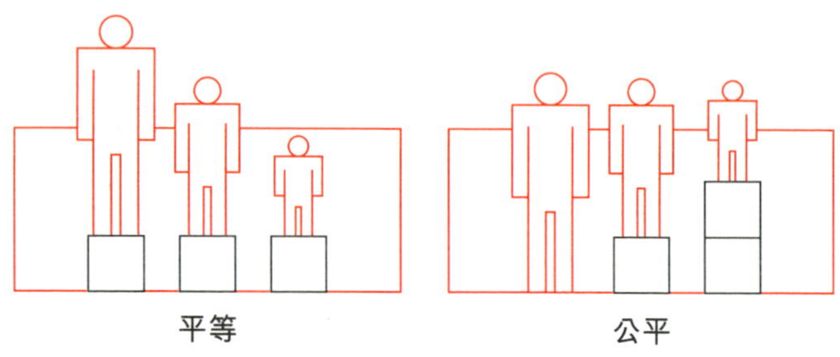

若青年人能力和預備不足以持分，是應該額外提供幫助，而不是將他們排除。因為「能力不足」而排除某些成員，本就不是一個人本關懷的行動。我們無法肯定，當有一天我們一旦被認為「能力不足」，例如老弱、病患、教育程度不夠，會否同樣面對被主流唾棄的危機？青年人雖然缺少某些素質與條件，卻是未來的接棒者，若他們一再經歷被排拒，未來社會又如何彼此寬容接納？我們一直沒有為意這些，甚或是我們根本「看不到」他們在社會中的角色。同樣地，如果有人因為資源不足、社經地位不足而未能參與持分於社會，這個社會應該協助他們成長，而不是將現狀歸咎於「能力問題」。近年社會提倡「兒童權利」，核心亦是一樣：視他們是社會的一分子，是與我們一同生活的羣體成員，理應有基於他們能力的參與權利。

以另一種方式參與為香港付出

雖然外在環境可參與的機會及影響力都比過往減少，但這一代青年人並無因為外在環境的限制而態度冷淡，他們對自己的能力和態度也明顯不同於外在環境。在調查中，過半受訪青年人認同自己在香港並不受到重視。可是同一個研究也發現，高達 9 成香港青年人認同自己被視為社會的一分子，逾 7 成半不覺得自己在香港是可有可無，也認為可以在這個地方發揮自己。[13] 也就是説，即或這跟大環境給出的對待形成明顯的對比，青年人普遍仍然認同自己在社會的價值。

圖 3.5
青少年想為香港做的事

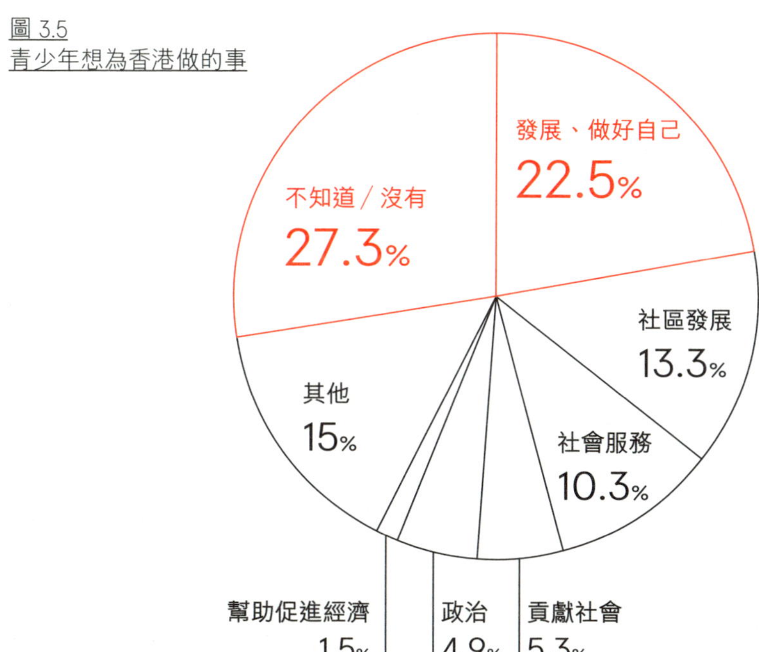

資料來源：突破機構（2024）。
青少年自我身份建立與參與感。

青年人不止在心態上積極，也有 7 成以上受訪者認同自己有為香港付出的具體想法。當中，最多人選擇「發展自己」（如「讀好啲書」或「做個好人」），其次為「社區發展」（如「文化記錄」或「美化社區」），第三為社會服務（如「做義工」）。[14] 當然，相比起社會事件之前，「公民社會」甚至「社運」等選項已經不復存在，但這研究結果顯示，青年人會因應社會轉變而以不同的方式繼續為這個地方付出（參圖 3.5）。

今天，青年人仍然希望香港變得更好，對這個地方的熱忱正在等待回應。雖然現實未必如他們想像，但當他們看見其他人努力發展夢想，也不再感到孤單，[15] 甚至在讀書或工作上，與其他人不是競爭關係，而是一齊進步。[16] 這些共同創造、彼此激勵及接納的遠象，甚至共同實踐，足以讓青年人扭轉長久以來為己打算為己憂的意識，讓他們重新理解自己與他人甚至社羣的關係，進入能參與為社羣作出貢獻的新篇章。

如果青年人正在叩問可否更積極參與身邊的大小事，並對這個地方有更深的情感、認同與熱愛，社會需要給出怎樣的回答，應該也是顯而易見的。

碩士畢業生 Abbie —— 在公共領域的竭力尋索

「我覺得我是可以『做啲嘢』的。」Abbie 常不經意把這話放在嘴邊。

Abbie 剛於嶺南大學文化研究碩士畢業，一直追尋為自己與城市「做啲嘢」的方法。她在土瓜灣地區組織「土家」當實習生，為社區策劃活動及建立街坊網絡；在九龍城一家售賣本地生產的小店當兼職店務員，推廣環保及本地手作；也在銅鑼灣的社區駐點「窗後巷」做義務管理員，期望促進文史哲愛好者之間的對話。另外，她也在社交媒體舉辦交換書籍活動，推動閱讀。但是真正讓她賴以維生的，是每週幾天的手語傳譯工作，這是她從大學時代已投身的聾人服務。

儘管她把每週工作排得密麻麻，卻充滿無力感。「從文化研究系一畢業，我就很慌，想做點事，卻不知道要做什麼才好。」從學校所學的理論、個人職志與改變社會的心志交纏着，令她踏進半籌不展的泥漿。

Abbie 的本科就讀英文系，畢業後進入大學的共融教育計劃，擔任計劃研究助理（Research Assistance）兼駐校聾童教學導師，原因是不想進入體制工作。「我想投身教育，但覺得香港教育制度很不堪。這工作可以老師身分在學校教書，這是我的理想。」只是踏足校園，就無可避免涉及體制。當她在為聾童安排的課堂細節上跟其他老師難以協調，又或無法改變同事對共融教育的誤解，她的理想開始漸漸磨滅，而且待遇確實不太理想。

「要不要 Quit job 呢？那種掙扎很大，好『Kick』（棘手）。」她想趁年輕，進一步尋找意義，「某次看到雜誌《Sample》，那期題目是『思想實驗室』，就馬上出事！」這文史哲雜誌提倡研讀理論與思考，這期正正提問如何勾勒思考的路徑與輪廓，「我看過才明白，原來這世界可以有新的角度去看東西！」她決定要探究更多未知的事，於是辭職攻讀文化研究，「我不知道讀完可以做什麼，但可能會找到東西去問。」

她深知這學科偏重思考訓練，而非實際的職業技能，「我明知這樣也要去讀的。」然而，畢業後，她仍感到無力，「如今我更加不知想做什麼。」

經過學院訓練，Abbie 坦言每當思考工作的理念，都希望與自己相信的價值相近。像她畢業後參與「土家」，希望透過理論與實踐，一步步改變社區，「當大家都說營造 Community（社羣），但有 Community 之後，跟着要做什麼？我很執著『And then』的問題。」她希望儘快看見果效，當事與願違，坦言感到迷茫：「可能我想要的那種，不只是我和街坊建立了關係，而是我想藉着關係去做一些事情。當它去不了下一步時，老實說，我不知道自己在做什麼。」

與此同時，她想探究在文化研究學習的德國哲學家哈伯瑪斯（Jürgen Habermas）的「公共領域」（Public sphere）理論，於是她在「窗後巷」嘗試營造一個讓人分享討論的空間。「這是我讀完書後，最基本想做到的事：有人來和我聊天，讓我從中有得着，得出一點想法。」她的確是來者不拒，誰都可坐下跟她天南地北一個下午，「其實我逢星期二當值，不當它是 Part-time，沒錢的，但就是我很想做的事。」

她生於小康之家，可幸獲家人支持，「可能爸爸對我做的這些工作，有一點微言，但他由得我。」她不是刻意辜負家人的期望與體諒，只是內心追求遠於一切。

她計劃給自己期限，花一年時間作思考與探索。「唔驚就假的，當看到銀行戶口的數字不斷下跌，就開始焦慮。特別是身邊朋友開始結婚，大家好像很穩定。不過，身邊有很多人『搵唔到食』，我是一個怎樣的人，身邊自然出現這些人。」她大笑起來。

「前一陣子，在『窗後巷』認識了一個人，他説我感到迷惘很正常，因他現在也很迷惘。他年紀大我那麼多都這樣，那我應該OK啦！」只要她知道不只有自己一個人在這城市努力着，她就安心了。

1 受訪者為 10 至 29 歲青少年。突破機構（2024）。青少年自我身份建立與參與感。香港：突破青少年研究資料庫。

2 同註 1。

3 研究採用 Pearson 相關性分析，結果顯示「靈性健康」與「地方情感結連」（r=.295, p<.01）、「參與感」（r=.414, p<.01）呈正相關，與「無助感」（r=-.425, p<.01）呈負相關。同時，「無助感」與「地方情感結連」（r=-.063, p<.05）、「參與感」（r=-.245, p<.01）呈負相關。此外，「地方情感結連」與「參與感」（r=.595, p<.01）則呈正相關。同註 1。

4 Anant, S. S. (1966). The need to belong. *Canada's mental health*, 14, 21-27 (as cited in Hagerty, B. M. K., Lynch-Sauer, J., Patusky, K. L., Bouwsema, M., & Collier, P. (1992). Sense of belonging: A vital mental health concept. *Archives of psychiatric nursing, 6*, 172-177).

5 Breakwell, G. M. (1986). Coping with threatened identity. London: Methuen (as cited in Twigger-Ross, C. L., & Uzzell, D. L. (1996). Place and identity processes. *Journal of environmental psychology, 16*, 205-220).

6 受訪者為 12 至 17 歲中學生。香港救助兒童會（2021）。香港青少年的意見及觀點。香港：香港救助兒童會。

7 受訪者為 10 至 24 歲青少年。50.4% 受訪青少年同意「父母會講道理，不過道理總在他們那邊」。突破機構（2020）。父母教養與青少年身份建立研究。香港：突破青少年研究資料庫。

8 研究反映近半受訪青少年表示，希望自己在家庭問題或決定上，有更多的影響力和機會表達想法。超過 60% 希望在學校的切身問題上，有更大影響力和機會發表意見（學生缺乏機會參與校政及向決策者表達意見，令部分學生對學生會現狀以及校規感到不滿）；受訪青少年表示學生會的意見有 90% 受老師禁制。同註 6。

9 研究反映 94.1% 受訪青少年同意「好鍾意香港這地方」；90.7% 同意「想為這個地方和這裏的人付出」；97.3% 同意「希望這個地方變得更好」；97.3% 同意「在這裏的人幸福快樂」；71.6% 同意「我想為香港付出，但不知道可以怎樣做」。同註 1。

10 研究深度訪談 18 位來自不同背景、崗位的從政青年，以及 19 位沒有從政經驗的青年，訪問他們對從政基本要素的看法並評分。評分 1 至 10 分，以 10 分為滿分，視為最重要。從政青年及沒有從政經驗的青年都認為「愛國」（10 分）及「人脈」（8 分）是今日從政最重要元素，「民望」的影響力則由 2020 年的 7.5 分（從政青年）及 8 分（無從政青年）跌至 2023 年的 5.5 分（從政青年）及 6 分（無從政青年）。MWYO（2023）。新時代下香港青年從政之路。香港：MWYO。

11 受訪者為 18 至 34 歲青年。47.5% 受訪青年選民表示不會於 2023 年（改制後）的區議會投票，逾8成受訪者表示無興趣參與政府設立的地區委員會，包括「三會」（82.1%）、「關愛隊」（80.4%）、「青年委員會」（82.1%）等官方組織。青年創研庫（2023），連繫青年參與地區治理。香港：青年協會。

12 41.3% 受訪青年不認為自己信任政府（2019 年是 83.9%），52.5% 不認為政府信任青年，31% 不認為社會大眾信任青年。同註 11。

13 研究反映 54.2% 受訪青少年同意「作為年青人，你感到在這地方不受重視」；75.5% 不同意「你在香港這地方是可有可無」；82.4% 同意「香港這個地方讓你感到自己有分」；90.6% 同意「這個地方的人視你為一份子」；76.6% 同意「你可以在這個地方發揮自己」。同註 1。

14 研究反映 27.3% 受訪青少年不知道自己想為香港付出什麼。同註 1。

15 受訪者為 10 至 29 歲青少年。78.2% 受訪青少年同意「當我知道有人同我一樣努力地發展理想／夢想，令我不再感到孤單」。研究採用 Pearson 相關性分析（Pearson's Correlation Analysis），結果顯示共悟感與追夢熱誠則呈正相關（r=.529, p<.01）。菁研（2023）。MIRROR／ERROR 熱潮與青少年追夢熱誠。香港：突破青少年研究資料庫。

16 受訪者為 10 至 29 歲青少年。85.6% 受訪青少年同意「與其他人讀書／工作，大家不是為贏對方，而是『不怕輸蝕，一齊進步』」。突破機構（2024）。家長期望與青少年條件式自尊研究。香港：突破青少年研究資料庫。

第三節

世代之間能不再以「廢」相待嗎？

破除彼此的成見，重新想像共創的可能。

圖 3.6
青少年不同意社會對自己這一代的形容

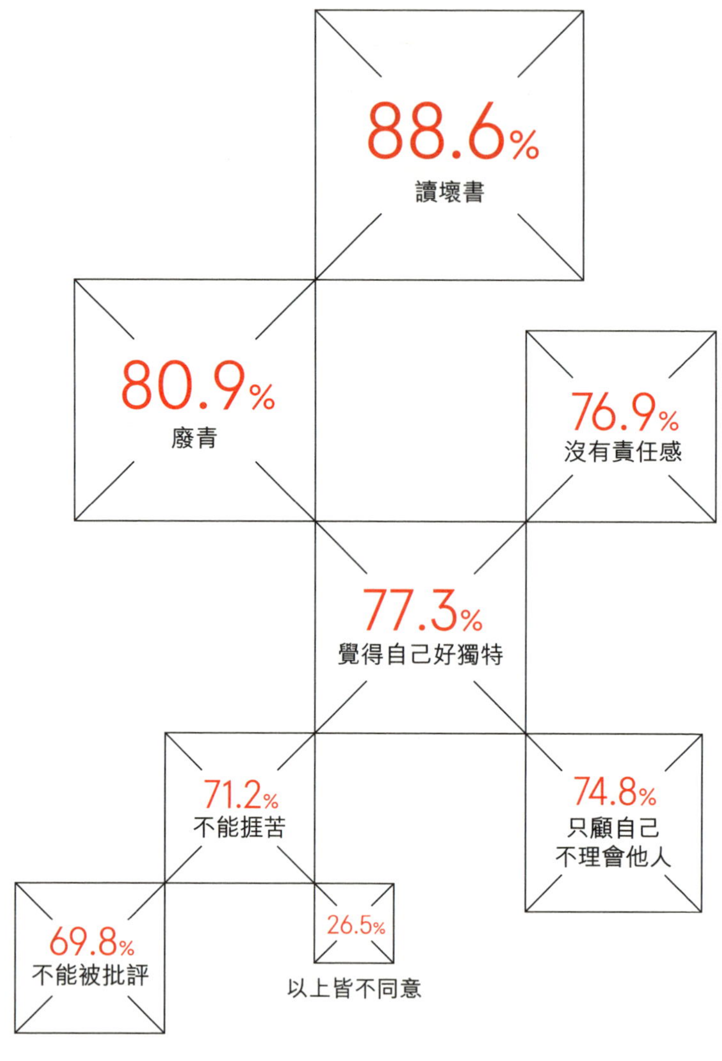

資源來源：突破機構（2024）。
青少年生活狀況研究。

社會對青年人有不同的印象。一項調查就 7 項社會一般對年輕一代的形容，訪問青少年的看法，整體平均 77.1% 受訪青少年不認同社會對他們的形容。

若按分項理解，最少青少年否認的形容，也是接近 7 成的「不能被批評」；超過 7 成反對評說他們自覺很獨特、沒有責任感、只顧自己等等；超過 8 成青少年更不同意「讀壞書」、「廢青」等描述。[1]

前文提及青年人對於香港歸屬感很高，不少仍渴望為這個地方的人和事貢獻。但是近十多年來，我們的社會一直面對一個關係的困局，就是世代之間的衝突。上一代對於青年人的行為嗤之以鼻，同時青年人對於上一代人的看法不以為然。如果要縮窄彼此之間的分歧，我們很可能需要進深探討究竟世代之間為何會有這種差異。

青年人的成長，家庭、朋輩和師長這些較為密切的關係，必然帶來很深的影響；而他所身處的社會大環境，會將他和同代人模塑成一個獨特的組羣。社羣的影響不是一個人，而是一整代人有類近的思維習慣和行事方式。因此，一個人的自我既有獨一無二的一面，也有來自時代的相似性。

專門研究世代的學者珍・特溫格（Jean Twenge）解釋，對不同世代的理解不應只停留在年齡上的分野，亦需要明白各個世代在成長歷程中身處的社會文化、處境、共同經歷的社會事件經驗，這些都會塑造一代人思維、習慣、價值等特徵。[2] 因此，即使身處同一個社羣，經歷同一件事，不同世代對事件的理解、情感、重視的價值、所承受的影響等都會有所不同。

•

世代的價值觀不同

香港學者呂大樂所著的《四代香港人》，便嘗試從香港社會處境劃分四代香港人——經歷戰亂、戰後嬰兒潮、經歷香港前途談判，以及戰後嬰兒的後代，分析不同的人生閱歷如何塑造出一個世代的想法和價值觀。[3] 來到 2024 年的今天，呂大樂未有繼續界定第五或第六代香港人，但他觀察到新世代經歷了很不一樣的世界（包括社會事件、疫情等），並認為世代之間過去實在錯失了對話的機會。[4]

珍・特溫格則研究了 1966 至 2022 年間的大量數據資料，梳理出「六代美國人」的特徵。她在前四代的年分劃分跟呂大樂的相近，[5][6] 但她最關注是 1995 至 2012 年出生的 Z 世代（2024 年他們年齡介乎 12 至 29 歲），亦即是本書探討的青年人。珍・特溫格指出，因着智能手機與科技網絡，以及出生率下降以至家庭教養模式改變等，Z 世代相比其他世代，都表現得非常不同。[7]

至於香港，曾有研究探討香港 Z 世代與 X 世代的分別。X 世代即現時介乎 44 至 59 歲的人，也就是 Z 世代的父母輩。研究結果清楚看見兩個世代的想法、行為都有明顯不同：

	Z世代（1995至2010出生）	X世代（1965至1980出生）
重要事件	2019年社會事件、2020年新冠疫情。	1997與2008年金融危機、2003年SARS、2019年社會事件、2019年後移民潮。
價值	重視「實踐自我」。	完成角色責任：扶養上一代，養育下一代。重視穩定、害怕動盪。
態度	面對不確定環境，「躺平」是可取的，並非懶惰，而是稍為停下或野心小一點，反而讓自己有機會達致目標。	努力工作，等待退休後，可以做自己喜歡的事。
工作	重視收入，同時追求斜槓、彈性工作、實踐個人理想。利用科技（如AI）協助工作。	重視收入，強調工作責任、努力賺取更多金錢。較少利用科技協助工作。
消費	謹慎消費，但願意花錢在「身心健康」的產品服務。	按實際需要消費，也會預備將來生活的消費。
趣味	旅行追求新奇探險。	旅行選擇熟悉的行程。
品牌	不追求品牌，着重產品是否能夠符合自己個性。	信賴大品牌。
媒體資訊	除了新聞機構，亦按興趣主動追蹤獨立新聞媒體或討論平台。	傾向傳統新聞機構，觀看定時發放的新聞資訊。

資料來源：Edelman (2023). Gen Z and Gen X in Hong Kong: Influencing the future of communications and marketing report.

從以上圖表可見，[8] Z 世代重視實踐自我價值，無論消費或接收媒體資訊，都傾向客製化（Tailor-made），而因着互聯網，他們可以自主探索更深更廣的事情；X 世代則傾向穩定、保守，有序的生活步伐。[9] 當然，這些分別可以來自於包括年齡及人生階段的不同，但更重要的因素在於兩個世代迥異的成長處境。正如珍・特溫格所指，X 世代以至 Y 世代是在網絡中適應生活，但 Z 世代自出生以來就生活在網絡。[10]

兩個世代眼中重要的社會事件不盡一樣，X 世代認為重要的事件，包括 1997 與 2008 年金融危機、2003 年 SARS、2019 社會事件及之後的移民潮；Z 世代認為重要的事則是 2019 社會事件，以及 2020 年新冠疫情。這反映不同的時代因素，例如 Z 世代認為「躺平」就是避免追求過大的目標，甚至稍為休息停下，都是「可行」的 —— 他們在不確定的社會處境中，尤其經歷社會事件及疫情後，感到無力作出改變，留在香港生活，也只能夠做眼前力所能及的事。X 世代則是成長於香港經濟發展相對蓬勃的時期，很多行業的發展都能看見前景，他們相信努力工作賺錢是重要的，大品牌、大機構亦代表了可靠、高質。這些經歷與想法都形塑出他們在生活上追求穩定的意識。[11]

了解這些分別，可能覺得不怎麼樣，畢竟「代溝」是世世代代都會遇上、平凡到不得了的事情。因着時代背景、經濟條件、人生階段、身心狀態、面對挑戰等等多方面的差異，順理成章地會影響不同羣組對彼此的觀感。然而，近年相比起過往，無疑有了一些獨特的影響因素，令代際差異擴大。香港過往十多年間經歷了多次社會事件，代際關係在當中面臨巨大的撕裂；青年人和上一代之間爭持不下，更常以「廢」字相稱，如

「廢青」、「廢中」、「廢老」等。「廢」意味需要丟棄，而我們誠然存在於有機會被排除的時代。今天我們思索香港前路的同時，有否嘗試積極面對這種代際鴻溝？

•

世代標籤的處境難題

近年香港有很多研究嘗試理解和分析世代差異的問題，都發現社會大眾對於青年人的觀感，呈現出一種既定印象——「不擅照顧自己」、「懶惰」（不夠勤勞）、「自我中心」、「道德水平下降」、「抗逆力低」、「不尊重傳統文化」等等。

上一代覺得「一蟹不如一蟹」這心態很平常，但如果要處理世代差異甚至不滿，就不能不仔細思考背後的處境因素，會否是我們的主觀經驗，影響了對其他世代的觀感情緒？有時事情未必關係於「看錯」或「判斷錯誤」，而是了解成因之後，我們會否感受對方令自己不滿的這些反應與意識，也是時代的產物，甚至是上一代影響的結果？如果有了這種認知，或者口中的鞭撻，就不會如此武斷或者不留情面。

有一項研究探討香港青年品格特質，除了中學生的自評，亦包括中學生家長及中學老師的評價。在眾多品格特質中，最多受訪中學生認為自己不符合的有「勤勞」及「自律」，而比率上最多也只是2成半。[12] 然而，家長認為青少年不符合的品格特質有四項，如「勤勞」、「自律」、「樸素」、「尊重傳統文化」，全部超過3成；[13] 而老師認為青年不符合的品格更多，包括「勤勞」、「自律」、「樸素」、「有責任感」、「寬宏大量」全部均超過 3 成，而「尊重傳統文化」更達 4 成。[14]

這樣的落差同樣見於其他調查。過半數家長及老師均認為青年人道德水平逐漸下降。[15][16] 超過 4 成市民認為香港青年表現欠成熟，但只有接近 2 成受訪青年認為自己「不成熟」。[17] 由此可見，上一代對於青年人的評價，比青年人評價同代人來得苛刻，也説明了世代之間的差異，多少削弱了一份明白與理解。

舉一些實際的例子，幾個受訪羣組都在不同程度上不認同青年人「勤勞」，但是今天青年人的生活處境和觀念相比以往有明顯差別。Z 世代看重平衡工作與生活（Work-life balance）、工作前景，以及更合理的薪酬。[18] 而這在上一代的眼中，都可能是不夠上進的表現。至於青年人同樣視自己這代人不夠「勤勞」，可能跟前述的「逆休息」概念也有關係。[19] 青年人為了滿足大人的高要求，對於休息有負面看法，甚至永遠不會覺得自己足夠勤力。因此，觀感上「不勤力」，既可以是「事實描述」，也可以是一種主觀情緒。

有調查指出家長及教師都傾向認為香港青年人比較重視金錢，視有錢等同成功，以及較自我中心，不太理會他人感受。[20][21] 但調查也發現大部分青少年都不認同這種批評。[22] 值得留意的是，他們未必不認同上述幾項「説法」—— 因為有調查指出，青年人從社會所接收到的意識，正是當他們有高學歷或高薪厚職，社會才會重視他的價值；[23] 而且，每個人都自顧不暇，自己的擔子理應自己承擔。[24] 因此，青年人會覺得，既然大人世界也擁抱「以資源累積來衡量一個人成功與否」的意識，下一代自然認為這樣想也十分合理，為何要遭批評？

談了這麼多，當然不是說「青年人毫無問題，都是被誤解」，也不是說青年人的看法等於絕對真象，但如果不理解這一代人所面對的獨特處境，而斷言他們的不滿，先不說對於青年人來說不公平，其他人也容易對此抱有不滿，加深成見。

相對地，上一代在青年人眼中，也不見得特別好。青年人不滿上一代不明白這一代的處境，不認同追求意義的努力，而且對於新興的事物也缺乏了解。一如上世紀 90 年代互聯網的出現，完全改變了後世的生活方式，AI 也會為未來職場和生活帶來翻天覆地的影響，而這一波的科技革命相信會來得更快、更難掌握，不同世代的技術鴻溝，無可避免會進一步拉闊。[25] 而且，世代之間缺乏溝通，更容易令青年人覺得掌握資源及話語權的上一代只為自己着想。[26]

•

世代之間的排拒傾向

不同世代的人存在觀感差異，引向的不止是爭論，而是一種彼此排拒的心態。上一代可能覺得「青年人靠不住」，甚至有「放棄青年人」的說法；年輕一代面對衝突，可能會迴避溝通，不願意與父母更多談論。[27]

這種張力不單在家庭中發生，也在各個社會層面，例如前述關於大學學生會跟校方的關係撕裂，後者的「切割」呈現了對青年人的能力與態度的不信任。近似的情況亦發生在職場，上司對於年輕下屬的表現較多不滿，甚至抗拒聘請剛畢業的青年人。[28] 這種排拒很多時在權力不平等的情況下出現，青年人未必能反過來以行動排拒，但他們可能會以消極的態度應對，例如不理會、不參與討論等等。當青年人感受其他人，以至社會對於他們的觀感欠佳，可能會變得抽離。長此下去，當他們感到這個地方不適宜發展，就會選擇不再留下，尋求出外發展。

一個務實的問題是：當世代彼此視對方為負累，社會是否可以這樣走下去呢？在公共空間呈現出來的，愈來愈不像是「共同參與、彼此承擔」，而是「大人主導，青年拒從」的形態。放眼世界，青年仍有大量空間發展自己，也就愈來愈不願意投身於自己不認同的環境和設定之中。

其實我們都明白，不同世代的人都有他們的存在意義，彼此不是排斥，而是彼此需要、互為支撐的關係。只不過現時的「排拒文化」，將這份互補關係遏制了。「排拒文化」令個體陷入經常性的高焦慮：成績差的、不切合主流觀感與論述的、缺乏生產力的、沒有經濟價值的 …… 都會被剝奪參與甚至表達的權利，貧富懸殊正正是這種淘汰的外在呈現。被淘汰的恐懼籠罩在社會每個人的頭頂上，不單是成長中的少年人、努力在世界開展自己的初職青年，即便是已經有人生閱歷的大人，面對快速轉變的社會面貌、技術革命，都必然顯得焦躁不安。

代際的分層與交替的時間不斷壓縮，由以往可能是十年一代人，到五年一代人，現在甚至三年一代人；而代與代之間的分野，可以是生活習慣、溝通用語、情感生活、科技使用等等，不一而足。我們很快就覺得自己不明白後來的人在想什麼、喜歡什麼，而互聯網及社交媒體等日常使用，既讓人停留在同溫層，聽不見其他人的聲音，同時又使人感覺時代不斷加速。一個20多歲的青年人可能已經有容貌、年齡、知識等範疇的焦慮，而上一代人感覺自己受到被排拒的威脅，壓力也比以前增加。反過來「排拒」後來者，可能是一種出於焦慮的應對，但這種態度很明顯不可恃。每一個人在「排拒文化」之下都是受害者，是情緒壓力的來源。社會契約在這種環境之下，顯得岌岌可危；我們無法再透過彼此連結與信賴，組成一個能夠安心發展、打開自己的社羣。

説到底，「排拒」是基於這樣的想法基礎：強調獨立個體，相信自己可以「獨立」存在，相信「有你無我」、「狹路相逢勇者勝」的競爭文化，相信「每個人為自己負責」的態度，唯獨自己值得在世界上存留、有參與的權利（權力），掌握可佔有的資源。因此，當我們唾棄了難以經營的關係，不願意再下放權力與身段，尋求彼此了解與信任，最後就是關係的切割，「排拒」的開始。

這個趨勢對於應對危機、創造未來毫無幫助。當未來更加變幻無常，青年人獨自面對，反而愈來愈焦慮，也愈來愈感覺彼此正在以一種錯誤的設定向前行。這條未來之路顯得愈來愈窄，青年人成為理想中的大人的希望愈來愈少。青年人仍然有可能改變嗎？能否不再以這種透不過氣的方式生活下去？人類社羣所需要的共感、信任、參與、承擔、保障、希望感，可以如何復現？

彼此明白的可能

世代之間的分野要收窄，最基本是要增加彼此的了解。美國的調查和研究智庫皮尤研究中心（Pew Research Center）曾就着不同世代提出過 5 項提醒：[29]

1. Generational categories are not scientifically defined.
   世代的劃分並沒有絕對科學的標準（正如珍．特溫格的觀點）。

2. Generational labels can lead to stereotypes and oversimplification.
   世代間的標籤導致成見與過度簡化。

3. Discussions about generation often focus on differences instead of similarities.
   關於世代之間的討論通常聚焦在彼此的不同，而不是彼此的類近。

4. Conventional views of generations can carry an upper-class bias.
   既定的世代印象可能會帶有一種階級的偏見。

5. People change over time.
   人會隨着時間而改變。

我們常會透過與他人的差異來定義自己，但也有很多時候，人會透過聚焦某些差異來諉過他人、證成自己，就如我們常聽見「他們這樣那樣，我們就不會了」的句式，當中免不了上述所提到的「成見與過度簡化」。值得留意的是，不同世代之間的資源與權力分布是有所分別的、不平等的。愈是年輕的羣體，在社會上的持分愈少，影響力亦然。因此，愈是有影響力的世代羣組，有多走一步的責任，也應警惕自己可能出現「由上而下」的傾向，嘗試保持開放性，讓更弱勢的有說話和發揮影響的機會。

最後一點談到「人會隨着時間而改變」，這不是對他人而言，更多是對我們自身的提醒。年輕一代會成長、想法愈趨成熟，擁有更多的社會資源和話語權；愈趨年長的一邊，思想上很容易停留在自己成長和壯年最成功的階段。雙方需要互相配合，才有機會突破大家的盲點，繼續進步。

這三章，我們從個人獨一無二的自我如何從家庭、學校、網絡生活等場景、在環境與緊密持分者的介入下逐漸形成；到投入社會，在職涯和獨立自主的階段進一步尋索和完滿；然後從整個社羣、不同世代的向度，縱覽了「我是誰」這個人生「大哉問」於不同關係層次的回答。在成長的每一個階段，青年人的挑戰與受擠壓從未停止，更因為這時代的變速趨向白熱化，在速度和強度上都不是前代可以相比。青年人無論是出於自身的動力，又或者是源於大人的壓力，都在竭力應對這些難題。回應的方法，莫過於為自己增值再增值，又或者扳倒身邊的「競爭者」（無論同儕抑或其他世代的人）才能穩站腳步；但身心健康的轉差，卻一次又一次告訴我們，這種應對的模式已經變得愈來愈不可持續。明知如此，又應如何走下去？

我們無法提出一個快捷又簡單的方法總結這幾章的所有問題，卻隱隱看見在這些問題中間，有着一套不利於呈現我們整全人性的觀念。因此，我們或許更需要從根本地提出另一種人觀，能更加符合人之為人的本質，使人更願意走在一起，互相補足，持續地走向共生共榮。我們希望，以下開展的一章，能夠提供一個反思的機會，足以讓我們一窺「理想中的大人」可以如何展現。

1 受訪者為 10 至 29 歲青少年。突破機構(2024)。青少年生活狀況研究。香港:突破青少年研究資料庫。

2 Jean, M, Twenge. (2023). *Generations: The real differences between Gen Z, Millennials, Gen X, Boomers, and Silents and what they mean for America's future*. New York: Atria Books.

3 呂大樂(2007)。《四代香港人》。香港:進一步。

4 呂大樂(2024)。《回頭好難 —— 錯失了的跨代對話》。香港:牛津大學出版社。

5 珍・特溫格指不同學者的年代劃分會有所不同,沒有絕對標準。她分析的六代包括:無聲(Silents,出生於 1925 至 1945 年)、嬰兒潮(Boomers,出生於 1946 至 1964 年)、X 世代(Generation X,出生於 1965 至 1979 年)、千禧代(Millennials,出生於 1980 至 1994 年)、Z 世代(Generation Z,出生於 1995 至 2012 年)及兩極(Polars,出生於 2013 至 2029 年)。同註 2。

6 呂大樂劃分四代香港人:第一代(出生於 1920 至 1945 年)、第二代(出生於 1946 至 1965 年)、第三代(出生於 1966 至 1975 年)、第四代(出生於 1976 至 1990 年)。同註 3。

7 同註 2。

8 研究以個人訪問進行,受訪者分別是 X 世代(出生於 1965 至 1980 年)及 Z 世代(出生於 1995 至 2010 年)香港人。Edelman (2023). *Gen Z and Gen X in Hong Kong: Influencing the future of communications and marketing report*. Hong Kong: Edelman.

9 同註 8。

10 同註 2。

11 同註 8。

12 受訪者為中學生。研究結果反映最多中學生認為自己不符合的品格特質有兩項:勤勞(25.4% 初中生,25.2% 高中生)、自律(17% 初中生,17% 高中生)。石丹理、林立(2017)。香港中學生發展研究(品格特質、社會心理能力及社會行為)。香港:香港理工大學應用社會科學系。

13 受訪者為有子女就讀中學的家長或監護人。研究結果反映最多家長認為香港 12 至 18 歲青少年不符合的品格特質,有勤勞(33.9%)、自律(31.2%)、樸素(34.5%)及尊重傳統文化(34.1%)。石丹理、于璐(2018)。香港中學生發展研究(品格特質、社會心理能力及社會行為)第三號報告書:家長的觀點。香港:香港理工大學應用社會科學系。

14 受訪者為中學教師。研究結果反映最多教師認為香港 12 至 18 歲青少年不符合的品格特質，有勤勞（34.6%）、自律（35.5%）、樸素（38.2%）、有責任感（36.6%）、寬宏大量（31.3%）及尊重傳統文化（40%）。石丹理、馬汶詩（2017）。香港中學生發展研究（品格特質、社會心理能力及社會行為）第二號報告書：老師的觀點。香港：香港理工大學應用社會科學系。

15 研究反映 51.7% 受訪家長認為青少道德水平逐漸下降。同註 13。

16 研究反映 67.3% 受訪教師認為青少道德水平逐漸下降。同註 14。

17 受訪者為18歲或以上香港市民。調查結果反映 42% 香港市民認為「香港青年表現欠成熟」，只有 19% 受訪青年認為自己並「不成熟」。香港研究協會（2017）。市民對青年成熟程度的意見調查。香港：HKRA。

18 研究以問卷及訪問進行，受訪者是 18 歲以上的香港人，研究分析的 Z 世代是出生於 1997 至 2012 年。調查反映 Z 世代主要會為了平衡工作與生活、尋求工作前景，以及改善薪酬而轉換工作。Randstad. (2024). *2024 Employer brand research report: Hong Kong SAR*. Hong Kong: Randstad.

19 受訪者為 10 至 29 歲青少年。突破機構（2019）。「逆休息」文化與青少年倦怠。香港：突破青少年研究資料庫。

20 研究反映 44.8% 受訪家長同意「青少年認為擁有金錢能得到其他人的尊重」；42.3% 同意「青少年認為一個人是否成功在於他是否富有」；71.8% 同意「不論什麼事，青少年總能找到為自己行為辯護的理由」；61.7% 同意「就算令其他人不高興，青少年也會忠於自己的感受」。同註 13。

21 研究反映 69.9% 受訪教師同意「青少年認為擁有金錢能得到其他人的尊重」；70% 同意「青少年認為一個人是否成功在於他是否富有」；87% 同意「不論什麼事，青少年總能找到為自己行為辯護的理由」；80.6% 同意「就算令其他人不高興，青少年也會忠於自己的感受」。同註 14。

22 研究反映 15.6% 受訪初中生及 24.2% 高中生同意「擁有金錢能得到其他人的尊重」；11.3% 初中生及 18.9% 高中生同意「一個人是否成功在於他是否富有」；20.1% 初中生及 26.3% 高中生同意「不論什麼事，總能找到為自己行為辯護的理由」；13.8% 初中生及 16.3% 高中生同意「就算令其他人不高興，也會忠於自己的感受」。同註 12。

23 受訪者為 10 至 29 歲青少年。研究反映 78.5% 受訪者同意「當我有高學歷／高薪厚職，社會的人會視我為有用、有價值」。突破機構（2024）。家長期望與青少年條件式自尊研究。香港：突破青少年研究資料庫。

24 受訪者為 10 至 29 歲青少年。研究反映 71% 受訪者同意「社會每個人都自顧不暇，你的擔子要自己揹，唔好諗住有人同你一齊承擔」。同註 1。

25 調查結果反映有 36.6% 的 Z 世代表示在工作上經常使用人工智能（Artificial intelligence），47.5% 認為 AI 能為工作滿足感帶來正面影響。同註 18。

26 研究反映 32.5% 受訪青少年受訪同意「社會發展主要是照顧上幾代的需要，犧牲了我們這一代的利益」。同註 1。

27 受訪者為 10 至 29 歲青少年。研究反映有 54.2% 受訪青少年同意「我唔想同父母講太多自己的事，免得麻煩」，42.6% 同意「當我唔想同父母繼續傾落去，我會講他們想聽的說話就算」。突破機構（2020）。父母教養與青少年身份建立。香港：突破青少年研究資料庫。

28 受訪者為企業主管。調查反映每 7 間公司，有 1 間表示未來一年不會聘請 Z 世代畢業生。Intelligent. (2024, October). *Survey of hiring recent Gen Z college graduates*. Seattle: Intelligent.com.

29 Michael Dimock (2023). 5 things to keep in mind when you hear about Gen Z, Millennials, Boomers and other generations. US: Pew Research Center. https://www.pewresearch.org/short-reads/2023/05/22/5-things-to-keep-in-mind-when-you-hear-about-gen-z-millennials-boomers-and-other-generations/

第四章

互為彼此的大人

第一節

重新理解「我」的構成

我們每天用心生活，竭力讓自己成為理想的大人，但有一個前設，我們弄錯了。

我希望我能作的論證乃是：幾乎所有可知的行動都是出生於、維持於、區分於不斷進行的關係歷程中。對此立場而言，就根本沒什麼孤離的自我，或個體全然私下的體驗。反倒是：我們恰恰存在於一個「共同構成」（Co-institution）的世界中。我們本來就是在關係中長出；我們不能離開關係半步；即使在最私密的時刻，我們也絕不孤單。⋯⋯ 這個星球未來的幸福所當依賴者，顯然不是要滋養或保護個體、羣體到什麼程度，反而是要依賴於我們能生產出多少關係的歷程（Process of relating）。

—— 肯尼斯・格根[1]

這一章的書寫行文，和前三章不同。在前三章，我們嘗試透過這幾年的研究調查數據，反映和分析這一代青年人面對的成長挑戰。自我意識的形成受到父母（家庭）和同輩的影響，大人的高要求及微管理，呈現在起跑線的「競爭文化」，以及其所引致的「條件式自尊」之中；為要回應大人的期望和要求，連賴以生存的休息也被冠以負面評價。無止境的累積和比較令青少年活在異常高壓的時代，疫後的疏離，亦令情緒只能由個人面對與承受。嚴重的情緒問題，就是在這種社會文化下所催生。

青年人從學校場景走進世界，在職場中開展自己，漸漸發現社會所加諸的壓力不比學校和家庭少。當嘗試和發展的門檻愈來愈高，面對失敗的空間似乎愈來愈小，背負的壓力亦不斷增加。以往予人安全感的穩定人生階梯，今天愈來愈難維持——當要付出的代價高至一個地步，就會成為不穩定的來源。

在社羣中貢獻自己，本來也是重要的自我身分構成途徑，卻會遇上社會大環境的轉變，以及不同世代之間的張力。青年人願意與他人共同創造開展未來，但社會的參與空間卻屢屢碰壁。經歷十多年的成長軌跡，即使如何努力披荊斬棘，青年人離開心目中理想的大人，似乎仍然迢長路遠。

誠然每一代人都有他們須跨過的難關，但教人難以釋懷的是，今天年輕一代所承受的彷彿已越過臨界點，近乎超越可以承受的範圍，就好像一部已運轉得太快的機器，快要抵受不住持續的高溫而垮掉。愈來愈嚴重的情緒問題，愈來愈普遍的自殘，愈升愈高的自殺率，都説明當中的迫切性，已無法坐視不理。

然而，環顧整個大環境，不同的挑戰散落在生活的每一個層面，讓人惘然失焦，也不知從何做起。整個社會花了大量的金錢、人力、物力，制定不同的措施協助青年人面對眼前的挑戰；但太多時候，即使不是口號式叫喊的門面工夫，也只是東做一些、西做一點，隔靴搔癢，抓不着痛點。面對一個又一個年輕生命的萎靡與陷落，我們仍然舉步維艱。

今天的問題不只是某些措施的不足，而是關乎整個社會文化、氛圍。社會上早有聲音說，我們要正視情緒，有需要就找人傾訴，又反對贏在起跑線，停止揠苗助長；但對於改變體制、更新文化，可說是毫無寸進，如此一來又加重了大家的絕望感。即便大聲呼喊，每一個人都明白這是當盡之義，卻沒有人可以告訴你怎麼做才好。

我們當然也無法提供「即食」的答案。

在整理這些青年面貌數據的時候，我們一直討論，究竟在競爭文化、情緒困擾、生活重擔、無可持分、世代張力中間，究竟應該用一條怎樣的線索串起它們？這條線索告訴我們什麼信息？如果要解開這些困局，即便沒有一步到位的說明書，我們又能否提出一個方向，讓人重新思考這些問題的源頭？

誠然是人世間的大哉問。當我們選擇堅持為當下的青年困局尋找一點什麼的時候，就漸漸挖進對人的本質、生命的叩問。而對我們來說，那是和信仰息息相關的重要板塊。我們並非要將一個社會議題變成一場信仰思辯，而是很想強調，基督教信仰在這方面提供了一個不同於主流價值的視點，可以讓我們回歸到對於人的本質的理解。

我們希望從「人觀」開始，嘗試以另一種視角，從根本開始，重新解讀眼下的挑戰。這個闡述有點複雜，因此請帶點耐性，讓我們慢慢展開，打開一個有點不一樣的思考空間。

•

人本來就不是獨立個體

大概我們都聽過《聖經》對於創造男女的描述：人是按着上帝的形象而被創造的：上帝用地上的塵土造人，並將生氣吹在他鼻孔裏，成為「有靈的活人」。至於女人，則是上帝認為「那人獨居不好」，於是趁他沉睡，就從他體內取下一根肋骨，造成女人。男人形容女人為「骨中的骨，肉中的肉」、「二人成為一體」，這就是人類的由來（參〈創世記〉2 章 18 至 24 節）。

先要強調，這裏不是想討論「創造論」或「演化論」的問題，不是要爭論〈創世記〉是史實還是神話，更不是要討論性別地位問題，而是想指出在基督教信仰中，對「人的本質」最基礎的理解，是彼此存在一種互補性（Reciprocity）。從創造敘事的角度，人從來不是純粹的「獨立個體」。如果只有「孤身一人」，人的形象是不完整的。所謂不完整不是指人的本質是殘缺的，而是我們需要將人與其他人放置在一起時，才能看見「整全」（Holistic）。事實上，我們也是要透過與其他人和環境的互為影響及介入，才形成了今天獨一無二的自己。

然而，現代世界的主流意識，並非以上述的理解作為基礎。格根在他的重要著作《關係的存有 —— 超越自我．超越社群》就批判，自從歐洲在中世紀啓蒙時代（The Enlightenment）開始，由以上帝為中心的神權思想，發展至以人為中心的人本中心思維，就將人理解為一個具有完整自主性及自我意識的主體，繼而發展出「自由意志」、「個人理性」、「解放自由」、「自由競爭」、「個人利益」等等，這些我們今天認為正常不過的概念。[2] 我們雖然與他人互動，亦會彼此影響，但「自我」就被理解成與其他人分隔的主體，其他人則成為客體。既然彼此的關係是分割的、可被取代的，也就不必然要彼此承擔，有則更好，缺亦無不可，外人無從置喙。只要不影響他人的福祉，也為自己的選擇承擔後果，每個人都有「做自己」的權利，這就是當今主流對自由最核心的理解，也是我們觀看世界的一塊鏡片（Lens）。

格根大膽地挑戰這種論述。他認為當這種「相互阻隔的人觀」（該書演繹為「囿限的存有」，Bounded being）推演到極致，會造成一種對自我的過度責任以及質疑，把失敗和不如意歸咎為自己的問題；人與人之間也因競爭或者互不相干而產生不信任，以及因關係割裂而出現孤獨感。格根認為，我們應該配上另一塊鏡片，重新觀看、描繪與想像人的本質。於是，他提出了「互為彼此的人觀」（該書演繹為「關係的存有」，Relational being）。

格根不否認人具有「主體」，然而他指出「主體」的知識、情感，甚至道德意識，都是從在「關係」為中心的情景中產生。「關係」不是附從於「主體」的存在，卻是後者建構知識的所在。沒有他者與主體連繫，所言所行、所思所想就會失去意義。「關係」是「主體」的組成部分，面對世界過分強調以自我為中心的累積，格根認為需要創造更多「關係的歷程」，生命才能有所豐富。他進而指出，人在不同處境面對不同的人，有多重的身分面貌（該書演繹為「多態的存有」），都是透過「關係」得以定義，例如「女兒」、「媽媽」、「屋苑的居民」、「百貨公司的售貨員」、「一個國家的國民」等等，隨着這些多重身分的重疊和豐富，學習在不同位置上認識自己，自我也會變得整全。

格根強調，他所指的「關係」是人的本質性形容，而非工具性的存在 —— 不是為我們累積「好處」和「資本」、擴展人脈，甚至取得滿足感而存在。「關係」一旦套入了功能主義的計算，就會失卻意義。就像格根認為在「相互阻隔的人觀」之下，「道德」只能局限於個人的「修為」，「沒有人有權將自己的道德價值放到別人身上」。我們願意遵守一些共同的道德倫理（社會契約），也只是因為考量「不服從會被懲罰」，令個人利益受損。個體利益的彼此抗衡，在社羣中達至一種脆弱的平衡，形成了共同生活的形態。無論從刻下的國際關係，或是一個小城鎮的共同生活，都能找到類似的共鳴點。我們並非不知道這份平衡的危脆性（Precarity），但是除了無奈稱之為「人性皆惡」之外，根本沒能有其他的想像空間。

•

顛覆人的整全觀念

這種「互為彼此的人觀」乍聽之下似乎不算特別，當中提及的「關係」、「他人」、「身分」、「自我」都不是新事物，彼此之間有所互動也自然不過。但是，這種人觀對主流觀念的挑戰，在於怎樣才是「完整的人」，跟人本中心的理解並不一樣。

把人的本質視為一個獨立而完整的人，在當下的社會不會引來太大質疑。人本身是完整的個體，而且藏着不同的「潛能」有待發揮，甚至在新紀元運動的理念中，強調人的能量可以不斷被提升，動畫中擁有超能力的角色彷彿就在附和及延伸這種理念。我們在困難和挑戰時，都喜歡説「發揮內在小宇宙」甚至「爆 Seed」，因個人能力的提升而形成自我的肯定甚至膨脹，是一種頗具吸引力的設定。在這個設定之下，他者不會介入我們的「自我」形成，我們每一個都是獨立的個體，追求的是「更大的自己」。

但格根所提出的「互為彼此的人觀」，對於人的理解卻不一樣。若一般人的理解，人是獨立的個體，以整全為「1」作類比，格根看法是單獨看一個人其實不完整，就是小於「1」的點數，例如是「0.5」。所謂的「潛能」不是使人「膨脹」而累積額外的能力，而是要透過跟人的「關係」來令自己邁向整全。如果以一條簡單的算式去理解，當我們認為人與人之間的關係是很合理的「1 ＋ 1 ＝ 2」，「互為彼此的人觀」所想像的可能是「0.5 ＋ 0.5 ＞ 1」，當我們在關係之中一同作工，我們經歷互補與互惠，可以令我們變得比自身更多。我們或者仍無法達至「最終的整全」的「1」，但我們仍然因「關係」而被豐富，向着整全愈走愈近。

如果人的本質是「互為彼此的關係」，我們就會立時發現當下有些做法是有違這種理解，例如我們為了變得更加優秀、為了生活變得更好，不斷累積資源，甚至視身邊的人為對手，背後正是建基於「相互阻隔的人觀」。在「互為彼此的人觀」的基礎下，「關係」是整全性呈現的通路，個人的累積於此毫無意義。惟有我們將資源傾倒於關係之中與人分享，才是令生命變得更豐富的鑰匙。只是我們的世界潮流、社會文化，卻是走向完全相反的道路，處處以競爭為發展的主軸。我們的產能或者可能有長足的提升，但對於我們領受生命的豐富、成為更成熟而整全的大人，不僅無幫助，反而有損。

再者，從「互為彼此的人觀」的視角，我們理解到每一個分隔的個體都陷入一種虧缺，我們都需要彼此，沒有誰比誰更優越，讓人比較容易放下身段，平等地看待他人。無論我們之間如何累積資源，差距多少，說到底仍是「未夠」。但是，透過增加彼此之間「關係的歷程」—— 與不同的人相交、分享、互補，我們就能共同邁向整全。

有意見認為，格根這個以「關係」為核心的論述，會否過分着重了「他者」對「個體」的塑造，令「個體」變成被眾多「關係」所定義，失卻了獨特性。其實，格根沒有否定「個體」的重要與獨特，要是「個體」被「集體」所模造、所定義，因而失去了「自己」，那根本不是整全，而是對「個體」的蔑視甚至消滅。在社羣中共同生活，是以尊重對方的存在，以及跟自己的差異作為基礎，沒有差異性就談不上「互補」。關於社羣的共同生活，我們會在之後的篇幅深入討論。

當有了一個全然不同的「人觀」，我們接下來就可以戴上一副名為「互為彼此的人觀」的眼鏡，進深細看生活的肌理，嘗試反思事情應該如何發展。即使那未必意味着擁有世俗定義的成功、大富大貴的生活、前程錦繡的工作，但我們可以釐清何謂成長的最終目標，找出生命的意義、自我存在的價值、能夠投身貢獻的位置，相信那是更能夠滿足生命的答案。

1 肯尼斯・格根（Kenneth J. Gergen）（2016）。《關係的存有 —— 超越自我、超越社群》（宋文里譯）。台北：心靈工坊。頁 34。

2 同上。

第二節

以共享克服競爭焦慮

我們愈為自己累積，就愈感到不足夠；即使世界原本就是足夠的。

沒有任何的地方（學校考試以拉曲線評分）更好地説明我們怎樣將豐足變成不足，因為我們相信競爭是決定誰得到什麼的最好方法，卻不理會競爭為勝利者帶來豐足，為失敗者帶來不足這事實。

—— 帕克・帕爾默（Parker J. Palmer）[1]

在上一篇，我們嘗試解釋「互為彼此的人觀」，「自我」並非孤立隔絕地存在，我們也不是互相分離的個體，而是透過「關係」的連結而展現，甚至扭轉了當中的主客關係——「關係」不是「個體」互動的結果，不是自足的「個體」額外加添的部分，而是本來就有，是「個體」本質上的一部分。我們經歷了什麼樣的「關係歷程」，就產生什麼樣的「個體」。每個「個體」既是獨一無二，卻也是互為彼此。因此，從格根的演繹出發，一心只為自己（個體）積攢什麼，是本末倒置的表現；為關係經營什麼，才值得深思。

這個觀點對我們生活上很多設定都非常衝擊。我們的人生本來就充滿了「為自己積攢」的過程。從進入學校讀書開始，我們學習不同科目，瘋狂地記住每一個名詞、術語、事實、理論⋯⋯ 為的是能夠在期末的考試卷中，以有限的時間將累積的知識盡情吐出來。每拋下一個正確答案都為我們掙得分數，最終的分數和評級就決定了我們的名次。公開試作為一個社會層面的考核場所，決定了我們能否按意願入讀大學，以及其中的學系—— 這些學位連繫着的，是日後有多大能力去累積工作前景、收入、社會地位等資源的考慮。

每年公開考試放榜，記者總爭相訪問狀元的選科，幾乎每位尖子都會解釋當中的社會抱負，但觀乎他們的選擇，總是離不開某幾個科目。就以 2024 年香港中學文憑考試的 10 位狀元為例，其中 8 位選擇升讀醫科，另外的 2 位分別選擇修讀「環球商業管理」，以及赴英修讀「經濟金融及數據科學」。就算其他成績優異的考生，大部分選擇「牙醫」、「量化金融學」、「國際科研」、「工商管理」等科目。當然，我們無法肯定每一位背後的考量，但以一個羣組理解，他們的選擇大多偏重於極高資本（包括經濟及社會資本）累積能力的科目，也是一個值得思考的現象。在第三章，我們從調查數據中看到青年人認為「當我有高薪厚職，社會的人會視我為有用有價值」，現實上「制度中的成功者」的普遍選擇，多少也印證了這種深入骨髓的成功意識。

作為「遊戲規則」內的「成功者」，為自己累積了舒適生活的保障，自然不會對這些設定有太強烈的意見，甚至傾向認同這就是必須接受的現實，是天經地義的安排。事實上，就算很多人不是制度內「成功者」，制度設置只能保障少數的「成功者」，也定義了其他大部分人為「失敗者」，他們都不可能提出質疑，甚至認同這是無法改變 —— 世界的各種資源本就是有限的。

•

匱乏只是一個假設

對於「資源匱乏論」，美國教育家帕克．帕爾默在《弔詭的應許 —— 在矛盾中擁抱生命》（*The Promise of Paradox: A Celebration of Contradictions in the Christian Life*）曾經有深刻的討論。[2] 他指出，如果我們認同生命中的一切都要透過金錢與別人交換才能夠取得，就很難看到對市場倚賴以外的滿足。他認為資源匱乏只是一個假設，而且是一個被創造的假設，目的在於使「某些人」可以比其他人獲取更多利益，又或者倒過來說，讓大部分人忽然間無法獲得原本他們可以得到的東西。資本主義的源頭在於限制供應的來源，製造對於稀缺的恐懼和擁有的渴望，「藉着推動一種不足的幻象而取得權力和財富」。

但帕爾默指出，如果觀看大自然的創造便會發現，如果得到正確的對待，大自然能夠無限地自我更新和補充。未被人類污染和過度開發的大地，其補足能力足夠承托人的需要有餘，只是人類取得資源不止是用以維生，更有甚之是對身分的界定。「我不是根據你和我有什麼共通點，而是根據我有你沒有，或我沒有你有的東西來界定自己。我根據區分我們的不足來界定自己。」[3] 帕爾默在書中寫道。

因此，「這個世界的各種資源本就不足夠」，在原本的「世界初設定」中並不存在，這是人為的設置。既是人為，也就是説可以被人所改變。

•

分享的奧秘

關於匱乏不足，有一個我們都很熟悉的《聖經》故事，就是「五餅二魚」。耶穌看見有大批民眾跟着祂上山，需要食物裹腹。不計女人與孩童，現場大約有五千個男人。然而，門徒只有二十兩銀子的餅，以及一位孩童提供的五個大麥餅和兩條魚，不足以讓所有人吃飽。耶穌為僅有的食物祝謝，就分給坐着的人。他們按自己所需要的取用，再分享出去，結果大家不僅吃飽，甚至有餘，可以裝滿十二個籃子（參〈約翰福音〉6 章 5 至 13 節）。

「五餅二魚」這個神蹟，我們都聽過無數次；可是一直以來，我們聚焦的，只是耶穌所展示的「神蹟」，以慈悲心腸餵養飢餓的羣眾。我們絲毫不覺得神奇，只因為祂是耶穌，是上帝的兒子，有能力施行任何神蹟。但是問這個神蹟，對於你我有什麼意義，就很難回答了。

如果再以「分享」的角度，重新閱讀這段經文，卻又有不一樣的體會。作為受到世界運作法則規限的門徒，面對眼前的狀況，基本上是無從解決，二十兩銀子的餅，無論如何都不夠分配給幾千人；即使門徒安得烈從一個孩童手中取得了五個餅和兩條魚，仍然遠遠不足。這可是物理上無可違抗的限制。

但耶穌祝謝了，再將餅由門徒分給羣眾，羣眾則需要做一件事：「隨着他們所要的」，然後再將食物分享給其他人。他們只取自己所要的，再把食物分出去，奇蹟就在羣體中發生了。分享，突破了物理上的不足，令眾人得以飽足，而且有餘。我們不是耶穌，無法「變出」更多食物，但是透過分享，我們彼此互補，就能滿足物理以外的需要。可能是一份被看見的安慰，可能是一種被承托的平安，可能是羣體相交之中的快樂，可能是在風雨飄搖之間同在的安全感。還有很多我們未曾想像的延伸，而且它的擴散可以非常廣闊，超出我們的想像。這一切，都在格根所提到「關係的歷程」的過程中發生。

•

積攢限制了想像

「關係的歷程」不是可量化的。分享的關懷、愛和信任如果被量化，意義就會立時消失。也就是說，讓人變得豐足，除了有物理的部分，也有相當關鍵的部分是無法用理性、計算來解釋的。或者我們無從得知「關係」的能量是否能夠被「研究」和「開發」，但無阻我們重新重視用心經營「關係」，能為一個人成長帶來的好處和必要性。就像近年很多人都提到餵哺母乳的好處和重要性，即使配方奶粉加添了多少營養素，如何模仿母乳的成分，仍然永遠及不上母乳，因為生命不單需要配方，養分不止於化學元素，而是在關係中輸送關懷、保護、無以名狀的接觸和愛，即使用世界上最強大的電腦，都是無法計算。

分享，就是揚棄了「做這件事可以為我們增加什麼」這種理性的計算邏輯，不再以自己作為積攢的主體。分享，也是因為我們都不夠，無法想像「共同」能帶給生命的意義（不止於益處）。我們一直以來被個人主義的世界所規限了，為己活為己忙限制了我們的意識，而作為人的「初始設定」，「共同」的能力卻被削弱。透過分享，我們將不足一步一步地補足。

分享的意識轉換也在於，不是因為「有餘」所以「分享」，而是因為「分享」所以「有餘」。資源過剩不是分享的前設，反而資源過剩從來只在累積的過程中發生。分享跟資源多少毫無關係，而是一個心性的門檻，可以發生在最貧困的地方。相反，當我們身處在全球最富庶的地方，有時更難跟他人分享，因為我們習慣為自己累積過於需要的。

我們無法像耶穌一樣「變出」五千人的食物，卻能透過分享「變出」遠比物質大得多的能量。例如早幾年，不同社區曾實驗各種「分享」形態，例如「社區書櫃」、「社區食物櫃」、「社區雨傘架」甚至「社區雪櫃」，都有同一樣的意義。當我們在屋苑看見一個共享的雨傘架，就算沒有取用，也能感受一份互助的善意。當然，大型的社區分享計劃需要有人管理，這就考驗社區中「共同付出」的能力。分享設施一旦「衰落」可能令我們覺得氣餒，甚至認為一切都太過理想化，但任何文化的更新都需要時間和耐心去經營。

這種分享也不止於物質。又例如，由英國藝術家 Luke Jerram 在 2008 年發起的 Play Me, I'm Yours 藝術企劃，將多部鋼琴安放在不同公共空間，任由大眾演奏甚至參與裝飾，透過最平民、最純粹的音樂分享，讓路過的人樂在其中。這個計劃多年來不斷延伸至世界各地，包括 2015 年來到香港，接觸人數超過千萬。即使活動結束，街頭共享鋼琴深入了社區。透過簡單的分享，讓所有人享受其中，無異於「五餅二魚」的神蹟，最重要的是一顆與人分享的心。或者說，我們不一定需要見到如「五餅二魚」的分享才算成功，而是看見這些共享設施，因而激發想像力，思考還有什麼可以一同分享，這些都是「五餅二魚」的果效。

•

叩問共同的美善價值

或問，這樣的觀點很有道理，不過難以撼動現有的社會建構、制度設置、文化潮流。當大環境都是追求累積資源，我們如何單槍匹馬，突破環環相扣的限制？的確我們沒辦法單靠大聲疾呼，就可以令所有人的意識發生本質上的改變；甚至在歷史上，有些「強制性」的大型共享社會實驗是以悲劇收場，源於社會不具備上述討論的分享心性。是以，很多時候，我們只能以小型的社區實驗，讓人們嚐到突破個人累積的美善。

不過，我們並非不曾見過這種集體經驗。每當遇上社會結構和運作的「破口」，反而有了踐行的契機。在天災之後，基建破壞、社會停擺，羣眾不止日常生活被擋下，連基本生活都出現困難。這個時候，我們常常說的「人性光輝」乍現於裂縫之中，除了最基本的捐款，很多人無償送出物資、前往災區做義工甚至組成搜救隊伍，又或在災場協助維持秩序、安排飲食等等，都展現這種彼此分享的生命。不要說得這麼遠，這些互助的經驗，在新冠肺炎之初，都曾經在不同的社區展現過。

疫情一開始出現，大眾可能驚慌失措，為了安全感而爭奪資源，例如口罩、消毒酒精以及藥物，甚至出現炒賣的情況，結果是資源分配極度不均。漸漸有人願意將手上的多餘物資捐出，只留下足夠的分量；有人組織社區的物資收集，轉贈給有需要的人士。物資分享不單令人足夠應付生活需要，更重要的是消弭了不足的焦慮，使人獲得物質以外的安全感。有人捐獻金錢，有人付出時間和氣力，但沒有人問「如何回報」，只因這些行動超出理性與利益的計算，他們都是同一副心腸，希望幫助身邊的人，一齊平安。事實上，在廣泛的危機之下，只有一個人的安全是沒有意義的。

我們不是全然沒有實踐的機會，也不一定要等到天災巨變才能實踐分享。但是，我們需要一些共同的遠象，一起追求更大更廣的美善價值，讓我們將個人的累積暫且放下。在考試場難以實現，因為我們的精神都花在如何為自己累積分數，把其他人擠在自己以下；在職場我們無法想像，因為它追求的是精準計算的利潤，希望自己有機會升職加薪。但考試以外，我們還能想像在校園有共同追求的價值嗎？在金錢利益以外，我們能有志趣和價值相投的羣體嗎？有共同信仰的信徒羣體，又要如何談論一個共同念茲在茲的遠象？

如果要整個地方稍稍放下一點為自己積攢的焦慮，開始體會分享的豐足，我們就要問：這裏還有可以同追求與仰賴的價值嗎？

1 帕克．帕爾默（Parker J. Palmer）（2011）。《弔詭的應許 —— 在矛盾中擁抱生命》（陳永財譯）。香港：基道。頁 88。

2 同上。

3 同上。頁 84。

第三節

由分享到共同學習

關於未來的答案，需要由每一個人共同協作去尋索和回答。

「學習」的世界，是瓦解內在的自我，與外部世界組織關聯的世界；是透過省視自己，搭建一座橋樑與他人溝通的世界；也可以說是，在這片看不見的土地中自我遨翔，將土地上所發生的一切與自己連結的世界。在這個「學習」世界的入口，我們必須和孩子們一同牽手進入。在這之後的路，我們更要時時向孩子學習、時時與孩子一同學習，除此以外別無他法。

—— 佐藤學[1]

約十多年前，民間曾經發起了「平等分享行動」，顛覆了很多人對於「分享」的觀念。時任財政司司長曾俊華於 2011 年至 2012 年度財政預算案中，宣布向平均月入低於一萬元的市民的強積金戶口注資 6,000 元，後來改為向 18 歲以上香港市民派發 6,000 元現金。民間對於如何使用這筆錢有很多討論，室內設計師 Benson Tsang 與幾位朋友決定將這筆錢拿出來，在小店購買物資，跟社區的無家者、拾荒者分享。後來，愈來愈多人響應這個行動，也獲得深水埗北河燒臘飯店的東主兼廚師陳灼明（明哥）幫助，每月進行一次大型派飯活動，與四方八面而來的參與者，一同派發飯盒予有需要的人士。平等分享的東西，從食物至各種物資，無論從金額上、持續的影響力等等，都遠遠超越了最初的 6,000 元。

•

「施予者」的權力傾斜

社會上從來不缺類近的好人好事，但當時組織者的提醒，叫人深思分享的意義。「分享」不是為自己積福，不是讓自己的良心好過一點，「覺得好有意義」，而是看見社會上有需要的、在困難中的人。平等分享不等於施捨，而是每個人出於感動，跟其他人分享一己的資源，過程中儘量抹去權力和階級上的分野。例如派飯時，居民可以選擇想要的飯盒款式，不存在「不用錢吃飯就別嫌三嫌四」的前設。

這跟以往我們「做善事」的意識有根本的不同。很多人對「做善事」想法是「有餘的就拿來幫助其他人」，就像每年換季，我們將自己穿過的、已經穿厭的、買了卻沒有穿的過時衣服一股腦兒塞進去舊衣回收箱，待回收商把舊衣回收清潔後，運到第三世界送給有需要的人，算是做了「好人好事」，卻充斥了資源不均與階級高低之分。

「平等分享」的意思就是由「一人獨攬」變為「共同享受」。但是，我們不能，也不是強迫所有人拿出自己的家財共享，因為這種「全民共享」從來是一種強大的、外來的權力意志，而不是「平等分享」的本意。

分享的本質，應該建基於「需要幫助」及「提供幫助」的平等權力關係，不是「資源豐足」及「資源匱乏」的施捨傾斜關係——我們是從彼此補足的「互為彼此的人觀」出發，抗衡世界那種孤離與個人累積的人觀。如果資源能夠共同分享，我們其實可以互相補足，達至身心的共同豐足（不是富有），並且有餘。這種有餘一旦能像「音樂椅」那樣持續傳遞，是可以延續下去，一如「五餅二魚」的神蹟。

透過重新發現人的關係性本質，重新了解分享的真義，漸漸改變我們對很多事情的看法，再不限於物質的分享。我們可以從生活中不同範疇的微小實踐，嘗試驗證「互為彼此的人觀」這個理念，持續發掘與豐富。

其中一個想嘗試再推進討論的，也發生在青年人的成長場景，那是關於「共學」的嘗試。

從競爭到共生

究竟學校是一個什麼樣的地方？當然是教育的地方，可是對於學生來説，教育的核心往往不是學習，而是篩選出菁英。透過考核能力的高低判定學生的成敗，獲得師長的肯定，繼而在公開試上取得優異成績，踏上康莊大道。即使學生平日的關係如何融洽，面對這個彼此競爭淘汰的競技場，並沒有不上場的選項，情況一如講述青年人被選出作為「貢品」，為各自社羣爭奪資源，互相撕殺的小説《飢餓遊戲》（*The Hunger Games*）。

蘇格蘭記者米勒・勞拉（Miller Laura）就小説評論：「如果你將這些遊戲視為一場關於青春期社會經驗的狂想式寓言，那就變得完全可以理解了。成年人把青年人扔進高中這個充滿毒蛇的深淵裏，還滿口説着一些關於這個人生階段有多美好的煽情廢話。規則是任意的、難以捉摸的，並且隨時可能突然改變。一種殘酷的社會階級制度盛行，富有的、長得好看的、運動好的人成為主宰，利用他們的優勢凌駕於其他人之上。為了生存，你必須徹底偽裝自己。成年人似乎完全不了解其中的高風險；你的人生似乎隨時可能結束，而他們卻只是説這是『階段』！每個人總是在盯着你，仔細審視你的衣着或朋友，執著於你是否在做愛、吸毒或者成績是否夠好，但沒有人在乎你真正是誰，或者你對任何事情的真實感受。」[2]

學校呈現的環境當然不像小説那麼血腥和赤裸，但教育制度那種根本性的殘酷和呈現的危機感，以及對同儕關係的破壞，卻是青年人的真實感受。這不止是香港的情況，而是全球性，特別是非常重視透過教育篩選尖子的東亞地區共有的處境。日本教育學家佐藤學由千禧年開始，便針對日本以至東亞地區的教育危機進行反思與提案。當中的問題包括學生失去學習興趣、不知為何要學習，甚至出現非常沮喪、焦慮，很想從學習中逃走的情況；另一邊廂，老師失去教育的動力，整個系統只知透過競爭（哪怕是良性還是惡性的）與資源投放及累積，培養菁英尖子，卻令絕大部分人成為「被制度淘汰的失敗者」。教育的目的原不應是為了彼此競爭，而是培養一個人的品格、思考，以及在世界中探索學習的能力，後者的每一項目標，都不是競爭可以促成的事情。

要扭轉這個狀態，教育的形態就有需要改變，從以「競爭」為本到以「共生」為本。佐藤學提出經營「學習共同體」（Learning community），作為學生、教師及社區持分者（特別是家長）一同學習成長的場所。[3] 佐藤學的「協同學習」方式，類近美國教育家杜威（John Dewey）的民主主義哲學，老師和學生，包括任何成績等級的學生都是重要的持分者，校長、家長及社區人士亦然，有參與的權利與一同學習的責任。例如「協同學習」重視觀課，不是用以評定老師教學優劣的測試，而是老師藉此一同學習如何改善教學的方法；而教育的過程也不是單純由老師灌輸知識給學生，而是老師作為「促導者」，除了安排學習的內容，更在於激發學生的學習動機，促使他們透過溝通，彼此分享、聆聽、理解，在公平與互相補足的基礎上實踐學習，一起變好。

佐藤學認為，「協同學習」有三層意義，除了認知我們所生活的世界，也在建構同儕和他人之間的關係，亦能反省及探索自身的身分和存在方式，從而形成一種整全的學習。他對於學習的觀念是關係性的，印證了人「互為彼此」的本質。「學習共同體」對於現行的教育系統是顛覆性的，但並非空中樓閣，而是十多年來一直在日本、台灣、韓國、中國、香港，以至其他亞洲地區發揮影響力。

佐藤學曾寫過一個片段：日本神奈川縣川崎市一間中學，正推行「學習共同體」的改革。他發現課堂學習的氣氛慢慢改變，英文成績不好的幸子，輕聲向身邊的高志同學請教：「你稍微等我一下，我還沒完全弄明白。」幸子的語氣沒有因為不明白而羞愧，英文不錯卻不善辭令的高志，在對話中卻驚歎幸子的能言善答。佐藤學解釋：幸子努力學習的態度，讓沉默寡言的高志說話；高志耐心回答幸子的問題，則讓幸子累積學習經驗。[4] 二人彼此帶有弱點，卻能夠互惠學習。「學習共同體」強調老師、家長、學生都共同參與，沒有人是學習的局外人。

「共學」的學習不是個人的，而是在關係之中發生，不是一個人在圖書館不停啃書就能完成。格根甚至曾提及，即使是閱讀過程中，前人所建構的理論，就已不再是「一個人」的事。這個概念不單止存在於學校，也可以是存在於不同場合，不同階層與族羣之間。

就如《Breakazine 突破書誌》在每期的製作中，都會接待青年實習生，其中強調「共同參與」、「共同學習」。本來，實習生不過是來到編輯室學習編採技巧，在編輯指導下完成被分配的工作，可是作為一本面向青年人的讀物，如果欠缺他們觀看社會、生活的角度，只會離開青年人愈來愈遠。於是，編輯團隊會就每期的創作主題、讀者注目度和時代對應性等等，與實習生商討、傾談，了解他們的想法，甚至請他們就主題提案。雖然實習生在編採技巧上未必有編輯團隊的經驗，但是他們對文化潮流的興趣及關注，都能補充編輯所缺乏的視野。在實習期結束之後，實習生會分享對於製作流程及共同創作的意見，這是一個互惠互補的學習過程。本來作為「導師」的編輯需要學習，放下了本來的權力位置，聆聽實習生的意見，而不是高高在上，要求他們僅跟從吩咐。實習生透過被充權，縮小了彼此的權力差距（雖然未至於完全平等），彼此的關係也由「師徒」（Mentorship）邁向「夥伴」（Fellowship）。

實習生感受到的，是從關係轉變所帶來的重視。近年其中兩期書誌《你睇我唔到》（有關兒童權利）以及《邊一個發明了性別》（有關性別爭議）就是由實習生提案，並由整個團隊協助推進而成。編輯認為青年人對相關議題的關注，本就有着時代的意義，而透過一同發展議題，編輯也跟實習生一同學習新的事情。

實習生的設置，在早年的編務流程中本屬於「附設」的部分，因為指導實習生比自己獨自完成需要花更多的時間及耐性，對於人手緊張的編務流程來說，無疑是構成一定壓力，但有了「共同學習」的覺悟以及隨之而建立的關係，團隊一再確認，每期招募青年實習生是事工中不可或缺的一部分，編輯團隊以及青年人確是以「互為彼此」的形式存在。

前文說，「共學」的學習不是個人的，而是在關係之中發生，但實在於關係之中我們才彼此看見對方的「個人」。因此「共學」的核心也在於，我們除了學技藝，更在於共同學「做人」。

•

以公平打下彼此持分的基礎

「共學」作為一種理念和文化，放在這裏被提及和延伸有其必要性。「共學」的前提在於強調知識的共享，沒有一個人或組羣掌握全部的知識，而從互相補足的學習過程中，肯定了各自的存在意義和價值。青年人在知識、經驗和人生歷練等層面不及大人，需要大人的協助來習得所需。然而，大人也不是什麼也比青年人優秀。青年人的吸收能力、記憶力、靈活變化的能量都比大人為佳，而且對於新事物有好奇心，願意嘗試，對刻下的新潮流、新技術，掌握也比大人容易。本來彼此之間就存在互補互惠的作用，只是因着看法和做法不一致，世代之間容易出現分歧和彼此排拒。

青年人處於社會弱勢，容易感覺被邊緣化，但大人也愈發容易跌入「老」的焦慮之中。在一個急速變化的社會，「老」所伴隨的體力、理解力、生產力等各方面的衰退，彷彿預示了不久的將來需要被供養照顧、對很多事情失去控制與話語權的「無用」狀態，從而令人感到將被下一代淘汰的恐懼。世代之間的成見、敵視到相互排拒，只會進一步加劇這種焦慮。愈是抓緊控制，就令一種公平與分享難以發生。其實更美好的狀況是，青年人被扶助成長，到他們長大的時候，重新滋養扶助他們的大人。我們不需要、亦不能夠透過淘汰、搶奪控制來達至整全，完整的形態原應是「共善」（Common good）。

「共學」的重要，是在於堅持「互為彼此」的前設。無論眼前的這個人在某些社會標準下是如何不濟，我們仍然打開觸覺，相信從對方身上看見自己所缺乏的能力。即使如白紙一張的新生嬰兒，即使是不易溝通的長者與病患，他們也是社羣的一部分，失去他們，這個社會也不完整。我們未來就不足，就更需要放下 自我的身段，求問於他者，這種互相補足便形成了公平對待的基礎。

當有了分享、共學、平等的基礎，我們便可以再推進至共同「持分」。

1 佐藤學（2012）。《學習的革命 —— 從教室出發的改革》（黃郁倫、鍾啟泉譯）。台北：天下雜誌。頁 64-65。

2 Miller, L. (2010, June 7). Fresh Hell: What's behind the boom in dystopian fiction for young readers? *The New Yorker*. https://www.newyorker.com/magazine/2010/06/14/fresh-hell-laura-miller

3 同註 1。

4 同註 1。

第四節

敢於冒險的共同持分

只有能形成有影響的參與，才能為人帶來深刻的歸屬感。

如果期待街友克服「惰性」或是「無法為自己負責」的問題，最好的方法不是用強制勞動，而是讓每個人都更有勇氣地認識真實的自己，並且有機會參與各種勞動內容的規劃，使他們將對自己的期待和獨特能力運用到勞動中。唯有當他們不再是聽命行事的機器，而是明白並認同所要投入工作的意義，他與工作及同事間的關係才不會是疏離或壓迫，也才可能從「被動怠惰」轉向「主動參與」。相信這個道理不單是對街友有效，對於每一個人都一體適用才是。

—— 徐敏雄、古明韻、陳亮君、陳秋欣、謝宜潔[1]

在第三章，我們曾經談論「希望感」。「希望」的理念由目標、意志及方法三個元素互動產生。當我們具有實現自己的「能力感」，代表我們具有更強的「希望感」，因而影響我們當下生活的「幸福感」——一種感覺良好（主觀幸福感，例如滿意生活、有持續的正向情感）和運作良好（心理幸福感，例如自我發揮、有成長、能自主及控制環境等）的體驗。然而，香港青年人的「幸福感」，由 2020 年開始，便出現下降的趨勢。

這跟我們過往所聽過一些比較不同世代「幸福感」的印象，似乎有所分別。

•

不同世代的幸福

「你哋呢代後生就幸福好多囉。」這大概是每一代香港青年人都會從大人口中聽過的説法。究竟一直以來所謂的「幸福」如何理解，跟這一代所談論的「幸福」，又有何分別？究竟香港青年人是比過往更幸福，還是更不幸？

了解大家口中的「幸福」，可以從引用的例子理解當中的含義。當上一代説「以前我哋過時過節先有得食燒肉」、「以前我哋摺紙仔都玩一日」，是從資源上而言的「幸福」；對於這一代來説，飲食享受和娛樂方式的確比以前豐富。當上一代説「以前我哋好少人有得讀大學」、「以前邊有得出國讀書」，那是從機會而言的「幸福」；而今天完成大專或大學學位，已經是基本條件。當上一代説「以前我哋返工好辛苦，邊度敢請假」，那是從工作形態而言的「幸福」；今天我們比以前看重了勞逸平衡。如果從「資源」、「機會」、「工作形態」等範疇討論，個人的累積的確比以前優越，似乎頗具説服力去證明「這一代比上一代幸福」。而基於「這一代更幸福」的印象，再看今天青年的「不幸福感」，以至精神健康變差的數據，就變得格格不入，難以理解。大概正是這種比較下的不解，讓人對於青年人的當下處境有了武斷的批判。

如果從上述對於幸福感的解讀，我們不難明白為何青年人的幸福感會下跌。雖然這一代相對於上一代香港人來説是不缺物質，可是幸福感作為一種主觀感覺，很難從客觀的物質豐厚與否決定。當長期活在持續的競爭下，我們常着眼的是別人擁有而自己沒有的東西，我們怎會滿意現時的生活？當我們遇上問題時，只得靠自己撐着，不敢向他人傾訴，我們怎會自覺幸福？即或我們的教育程度提升，但前述各種負擔與門檻，令展開自我、發揮自己的才華都不如想像般容易。

相比起以前，有一件事未必是現在更好，那就是「自主性」和「控制環境」的能力。以往雖然資源匱乏，但是很多事情需要我們獨立處理、做決定。無論是「湊細佬妹放學、幫手煮飯」，還是「讀唔成書就出去搵份工做」，都直接要求青年人參與和決定。忙於賺錢養家的父母無暇兼顧子女的起居需要，將照顧家庭成員和個人生活的責任交給青年人「話事」，過程雖然艱難，但是對於一個人的成長有相當重要的影響。現今的青年人雖然有足夠資源，但父母的管束和鋪墊相對變得細微，從「不用做家務，專心讀好書」到「無論如何都要讀上去」，青年人可以參與的事反而更少、更聚焦於「學習」而非更廣泛的「成長任務」。無論在家庭，在更廣闊的學校、社會場景，青年人得到的資源和視野雖然更多，但是能夠「話事」的機會減少，正如我們在第三章曾經討論。簡而言之，在愈來愈多的事情上，青年人沒上一代那樣「有分」。

當我於一件事上「有分」，那是什麼意思？簡單來説，那件事不止跟我有關，我也是事情的一部分 —— 我不單存在，而且可以參與，從而影響事情的發展；因此，我願意，也需要承擔後果。例如當我參與班會或系會的委員會（即是「上莊」），班上、系內的事務就與我有關，我能在會議上提出意見、透過參與投票或討論影響事情。既然我有分決定，我就需要承擔事情的發展，後續幫忙，例如向其他同學解釋，例如以行動支持，例如在事情發展不似預期的時候，積極跟進，不能攤開雙手説，「這件事與我無關」。

為什麼「有分」對於成長的過程來説是重要的？

•

「持分」就是介入參與和影響

當我們是「互為彼此的存在」，「自我」的形成，除了有自己的成長經驗之外，也有來自別人的部分。別人做的事對我有影響的同時，我的回饋同樣會影響別人。我們都踏進了身邊的人的生活中，或多或少，或好或壞，都在互相影響。因為「有分」，我需要對自己所作出的「實際」影響負責任。「責任」是一份重量，一個負擔，驅使我們行動時會深思熟慮，減少犯錯，在過程中更加明白「我是誰」這條必答題的答案。

如果我對身邊的環境毫無被委以責任的角色、沒有可以承擔的事情、感受不到被依靠的信任，就像在球賽中沒有被分派至任何一隊球隊、任何一個位置。即使我身處球場，穿了球衣和球鞋，卻跟旁觀者沒有分別。

如果一個青年人在家中「好食好住」，只被要求專注讀書，少有參與家務與決定家事，他在家中的「持分」可能不多。如果一個少年人在學校只為考試讀書，沒有代表班級參與活動，或代表學校參與比賽，也沒有在社、學生會等等選舉投票，那麼他在學校只像過客。如果一個青年人在大學有購買電腦的折扣，也能申請獎學金，或去外地交流，卻對大學飯堂的膳食，以至修讀課程的設計無法反映一句有影響力的意見，也不是能在校務上「持分」的表現。

若然「持分」對於青年人來説這樣重要，大人又為什麼會減少他們的「持分」？家庭之中，也許是因為成長任務被簡化為「好好讀書」，而讀書的任務已經包括了太多東西，複雜、艱辛、忙碌 …… 於是其他的參與就交給了父母和工人；學校和社羣之中，很多時慣以「資源」替代了「持分」：當大人假設「給予資源」（累積）就是「持分」的目標，就會直接提供「資源」以彌補「持分」的減少，因為這是更為安全的做法。如果讓一個人能對一件事「有分」，就意味他們對這件事能發揮影響。換句話説，要預備接受事情可能被他們改變，就像教練讓球員上場比賽，他就是隊友，有影響球賽的能力。我們認同青年人是我們的隊友嗎？我們能不問結果，肯定青年人的參與嗎？

讓青年人「有分」的最大原動力在於，我們「真的」需要青年人，也「相信」青年人的能力，一如昔日的父母，真的需要子女幫忙帶孩子、穿膠花、幫補家計。沒了他們父母就「搞唔掂」。如果我們認為青年人不必「有分」、不用「參與」，只需坐着享受，只要讀書，或者意味一件事：我們心底根本覺得不需要青年人，也不相信下一代有潛力發揮貢獻？我們覺得自己「搞得掂」。

或者有些意見會覺得，青年人懂的不夠多，也不懂得拿捏分寸，只會「搞搞震」。如果「有分」是青年人建立自我的一塊重要拼圖，這社會未來真的要由他們來承擔，卻不提供「持分」的環境讓他們參與、負責，或者未曾從青年人小時候開始培養，那麼就不能單單怪責一代人「不成熟」。再進一步說，如果羣體中大部分人都只能是旁觀者，我們實在難以建立互為彼此的意識和情操。

或問，到底如何能給予「持分」？如何能讓對方感覺自己是「有分」的？

•

開放的議程、下放的權力

我們做事總是有屬於羣體的慣性、累積下來的經驗，還有個人的喜好，常常稱之為議程（Agenda），就像開會時我們會按重要性設定不同的討論事項，還會排列先後次序，也包含了主持人當下的意圖和計劃。當跟不同背景、世代、位置的人一起做事，因着大家重視的事情、聚焦點、興趣都不一樣，彼此腦袋中的議程很多時都不大相同。如果要共同持分，我們不單是要「一齊做」（實踐），更要將彼此的議程，包括思考的意識、習慣的做法、處理的方式、溝通的模式等等，從一個中心化、穩定的設定中開放至容許不同程度被影響、修訂的可能。

家長常常面對類似的場景：孩子小時候的起居飲食、生活細節，大多都由父母決定，因為前者沒有自我照顧的能力。隨着小孩子變成少年人，他們希望更多發表意見，有分決定，特別是一些與他們有關的事。例如報讀哪一間中學？是否需要上補習班？發展哪一種興趣？甚至是否要去外國升學？不少家庭可能資源相當豐富，但是青年人可以決定的議程少之又少的，正如呂大樂在《四代香港人》所言，「他們可以在眾多樂器之中任擇其一，但不可以選擇只聽音樂，而不玩音樂。」[2] 因為「投資」在子女身上的資源，需要良好的「管理」才能有所回報。但是，如果所有的事情都不由子女決定，他們的學習和生活不過是滿足父母欲望或規劃的過程，遑論可以漸漸學習形塑自我了。

在家庭場景中，簡單如青少年能不能協助簡單的家務，讓他知道他在家庭中是有責任的？或者進一步，能不能參與討論家庭的決定，如家中的裝修應該如何進行？搬家要搬往哪裏？甚至近年很多人都考慮是否要移民，或移民至哪裏？這些事情父母要「話晒事」，還是容讓家中的青年人發表意見，一起決定？

不同的場景，我們都可以問關於議程的問題。在學校的生活，學生除了用功讀書、參加課外活動，還有什麼方式參與學校事務？班會、學會都是一些容讓同學學習團隊合作，影響最終成果的途徑；社、學生會等等可以訓練高中生透過持分而培養責任感，也獲得學習以外從提案至籌辦活動的經驗。回想過往讀書時代，學校剛剛成立學生會不久，負責的老師召集領袖生、社長和班會主席等等，一同組成了「代表會」審議學生會的財政預算。當時學生會幹事會成員，覺得代表會的審批十分繁複，有些意見也不盡有理，但因要他們通過，也要接受學生代表的建議。現在回看，當時我們就建立了一個「彼此有分」的意識，學習彼此負責，誠然是一次極佳的公民教育。

如果想像得更廣闊，青年人在社區裏，在社會上，可以有哪些「持分」參與？參與足以向政府問責的投票，讓投票者成為管治者的夥伴，一同改善社會不同持分者的福祉，是其中一種；即使只是在音樂頒獎典禮上開放「我最喜愛歌手」的投票，也能讓樂迷投入參與，視之為年度盛事，獲獎者也會努力回應樂迷的期望。如果再向前推進，教會的青年團契，甚至有青年敬拜隊、崇拜等等，讓青年人「持分」的空間又有多少？一家青年中心能否不止於提供興趣班，而是讓有熱忱也有裝備的青年人共同參與運作？

香港有不少青年人從事社區工作，例如推動社區、學校環保教育及回收工作的「零剩研究所」（LabOver），負責人 Timmy 聚集街坊、義工，一同在社區收集、處理廚餘，再造成肥料，拉近社區持分者和環保、減廢等議題的關係，身體力行地為自己的地方出力。Owen Ng 與三位朋友在 13 歲時成立組織「Game On」，為資源匱乏的學生提供參與運動的機會。從策劃、組織、實踐都是以一班中學生為骨幹，是一種由青年人「持分」服務同儕的嘗試。

如果要看得再闊一點，外地亦有不少實例。就如台灣方興未艾的「地方創生」，就有不少開放參與、共同持分的過程。遠具體的例如《大誌雜誌》（*The Big Issue*）就透過街友販售的方式，令社會弱勢者能夠自營生計，重建個人信心及尊嚴。進一步開放的例子，就如長期駐紮於台北萬華區（一個貧窮人口聚集的舊城區）的文化保育組織「夢想城鄉」，組織了在當地生活的經濟弱勢者（包括街友和長者），以及到來的青年志工、當地的小店，形成一個社羣。青年人聆聽經濟弱勢者的故事，了解他們生活的處境；當地的特色小店向青年人提供實習和社會實踐的場域，讓青年人提供新的活動點子，吸引更多遊客來到這一區認識小店的職人精神及社區文化。最後是店家提供機會，讓當地經濟弱勢者負責導賞以及公共藝術表演，吸引有興趣認識歷史文化的人前來參觀，經濟弱勢者有機會參與社區，貢獻出力，而不是被施捨的一羣。他們將這些嘗試記錄下來，出版了《歡迎光臨 161 號 —— 從萬華開始，那些夢想城鄉的故事》。內容簡介説：「請讓我們接住你的脆弱。」相信這是很多感覺自己是弱勢者的人，很渴望聽到的説話。

當一個破落老區都可以被共同參與的持分者激活，社會上相信有更多角落可以透過共同持分，而找到可能性與希望。

這不是説，任何事都要最大程度地捨棄本來的議程，交給青年人作決定。開放與否，開放多少，視乎不同持分者的能力和預備程度，但「他們未準備好」不能是一個拒絕開放持分的理由。如果持分者能力不足，需要正視的是如何提升他們的能力，邁向一個最終能夠參與的地步。涉及的考慮、技術、專業知識等等，都可能限制下放持分的程度，然而即或困難，簡單如想辦法讓持分者提供意見，並認真考慮、情理兼備地回應也非常重要。有時青年人埋怨「你都無心聽我講嘢」，就是覺得自己事情上變得不重要，聲音意見沒有被聆聽和考慮。我們不是一定要被青年人強行改變，也不是說他們提出的必然是最好，但如果不贊成他們的意見時，能夠向他們解釋未能接納的理由，嘗試令對方明白自己的原委，也是一種重視持分的姿態。

開放議程，也就是將權力下放、分散、分享的過程。相比起少數人一錘定音的決定，這個過程可能需要面對混亂、試錯等等迂迴曲折的情況，但知識及智慧的累積，還有相互支持的結構與力量，都是由整個社羣共同建立的。這過程雖然比較慢，予人一種浪費時間的感覺，但是請相信那不是浪費能量，而是將能量投資在羣體之中，在個人成長之中。從實效而言，一份共同的參與令基礎打得更堅固，共識更內化，穩定性更高；對青少年而言，在羣體之中形成的自我，讓他們更學懂考慮他者的需要，也容易透過服侍（與被服侍）而獲得身心的供給。建基於彼此持分的自我，才是一個完整的自我。

•

在冒險中彼此歸屬

這個社會經過了巨大變化之後，關係網被撕開，社羣在經歷重組的階段。在這個過程中，我們失去了很多信任，而身處不確定之中，我們都想「安全至上」，不想冒上更多風險，因而取消了他人的參與，將他們「持分」的機會抹煞了。當青年人被視為「負責讀書的」，我們就想令他們失敗的風險減低；當他們被視為「可能令事情產生震盪」的力量，我們就想免去他們的參與，令風險下降。但是，如果這是一個共同創造的未來，每個階層的人都應該共同參與。雖然事情可能會因為共同持分而變得複雜、不確定，但「互為彼此」的精神讓我們學習信靠彼此，願意共同冒險和承擔結果，而不再獨自承擔責任。

當我們分享共同的信念與價值、共同的目標，就趨向一種「在同一片土地上互為彼此」的歸屬感。他們在當中找到自己的價值，也能信任同伴，安心地發展。這些讓我們歸屬，並成為承托網的「土地」有很多，可以是學校裏跟信任的老師、同學保持良好關係；可以是在教會中跟牧者和弟兄姊妹共同出力、相互照應，經營一個小組；也可以是在社區中共謀良策、分工合作的街坊小隊。我們共同創造出來的成果，比各自爬山有很大的分別。這就是「互為彼此的人觀」中，互相補足的整全。

近年，不少人都認為「香港無（未來）㗎喇！」然而，每一個為這個地方努力的人，都會對於這種消極的說法，有一種不以為然的反應 —— 如果香港「沒有了」，有分參與的我們又是什麼呢？

「呢個地方，我哋都有分㗎！」背後的意思，值得我們再三細嚼。

1 徐敏雄、古明韻、陳亮君、陳秋欣、謝宜潔（2021）。《歡迎光臨 161 號 —— 從萬華開始，那些夢想城鄉的故事》。台北：開學文化。

2 呂大樂（2027）。《四代香港人》。香港：進一步。

第五節

在羣體中完滿自我

重新看待自我與彼此，生活上
的每一步都是實驗。

終極的治療是將我們的私人困難轉化成公眾問題。我們嘗試這樣做時，我們會發現我們的一些私人困難實在太瑣碎，不配有公共地位，因為它們會消逝。但其他困難會證實是我們的時代共有的，不是私人痛苦，而是集體的病徵。我們在姊妹和弟兄的生命中看見和回應自己的困境時，我們會開始找到健康。真正的治療涉及建立共同關注的關係。只有這樣我們才能夠醫治自己。

——帕克．帕爾默[1]

在這一章，我們探討了幾個重要的概念。首先是觀念的轉換，由常見的一種透過尋求累積而自我完整的「相互阻隔的人觀」，換成需要互補達至整全的「互為彼此的人觀」。之後，以「互為彼此的人觀」作為討論基礎，指出成長中的競爭不但無法使人邁向健康和整全的自我意識，不斷的自我累積只會令人感到更深的焦慮、匱乏與疏離；若能更多學習平等分享，即使資源有限，我們仍能從關係中獲得更豐富的成長養分。

分享是學習共同擁有，不單共享生活上的資源，也是彼此照顧的邀請。我們談論的共同學習，就是在朋友之間、羣體中間、世代之間、在變幻無常的世界中互相補足，同時也因為彼此，放下對認知和話語權的堅執，以公平的姿態相待。在公平的基礎上，我們都是羣體中的持分者，一方面發揮自我，在參與的踐行中跟其他成員互為影響；另一方面，協助有所不足的成員表達意見，並重視彼此的存在和需要。

當我們以「命運共同體」的形態一同在世界前進和探索，共同持分，分擔過程中間遭遇的困難和挑戰，我們的身心才得以輕省，獨特的自我才因此而打開，並在尊重差異、信任、互補、關懷等特質的滋養中，邁向健壯的身心整全。縱使看起來似乎太過理想，在踐行上必然充滿挑戰，但只要意志能持續，這將是一個值得為之打拚的願景。

•

活在孤單而無人附和的世界中

然而，令人感到迷惘的問題在於，這些特質應該如何透過踐行驗證？尤其是，「互為彼此的人觀」本就不是社會的主流意識，更不輕易為世界所接納。一直以來，我們活在個人主義的社會，高舉自由、自我與自主，同時強調每個人都應該為自己生命負責。資源的累積成為獲取權力的路徑，一種涇渭分明的社會分層，決定了誰可以施加更大的控制和影響力。以競爭決定高低、優次、先後與盈缺，這些意識從家庭到學校，又從社羣到國家，基本上已植根於生活的每一個面向。個別的實踐，相對於整個社會的運轉，無異於在大海扔一塊小石子，無法引起漣漪，也難獲得他人的共鳴。

「分享」可能被誤解為「慷慨」，「尊重差異」可能成為「包容忍耐」的同義詞，「互補」會否變成「等價交換」，「關懷」會否直接聯想成「施捨」？缺乏一種連貫的脈絡、一種人觀的價值體系，對權力差異的意識等等，我們可能會完全扭曲一切踐行背後的含義。至於前述「接納」、「給予空間」、「參與」和「持分」等等概念，更加是難以理解和想像的。那麼，這些素質如何獲取落實看見的機會？

關於一些美善的行為與價值，社會習慣了一套宣揚的方式。在媒體上為「求學不是求分數」創作一個吸引的口號與宣傳計劃？在社區辦一場「好人好事」的徵文比賽和義工嘉許禮？將「公共參與」和「為他人服務」放在學校的公民教育教科書內成為必修的內容，甚或升班的要求？組織一個「運動」（Campaign），要求所有人發揮「禮貌」和「尊重差異」的美德？我們隨手都能夠舉出各種不同的宣揚行動，然而如何推廣「互為彼此的人觀」？真的能夠認真而有效地感染他人嗎？

問題在於，要撼動深植意識的想法，口號式、平面式的推廣，甚至是在大眾中間雷厲風行的運動，都不會有明顯的果效。意識關乎我們的生活，若然沒有從日常生活中嚐到一份滿足和甘甜，若然不能從日常中確切體認這種理念的真實可信，我們不會有所轉化（Transform）。如是，一切的願景又應該如何在我們的生活中打開？

由此，我們希望討論一下「羣體」的意義。

•

少數人開始的試驗

坦白說，我們對於「羣體」這概念都是模糊的。「羣體」是人基於某些共同特徵的集合，可以是地域性的，也可以是共享共同價值觀或文化的。如果只是「一堆人走在一起」，其實算不上是羣體；羣體內的成員需要懂得如何互動，而互動的過程就是一種生活的肌理。

我們常常聽到「社區工作」（Community work）的說法，就是指有「工作者」（Workers）進入場景，推廣一些信念，幫助一些人，沒錯這也可以是「羣體」的一種表現形式。但介入一個不熟悉的場景，接觸一些不認識的人，單單透過服務便利對方，跟對方傾談，仍未稱得上是堅實的羣體，因為我們彼此之間仍有一種清晰的「服務」和「接受服務」的界線。這種關係的呈現多少也是帶點傾斜，即是有一些人比另一些人更需要對方的服務。

就像帕克·帕爾默和他的家人曾經面對自身的孤獨和生活的破碎，因而拜訪一些民間的生活小羣體。當中的成員告訴他：「你不是以思想進入一種新的生活方式；而是以生活方式活出一種新的思想。」[2] 信念並非透過羣體而傳播，而是透過生活，在每一個成員身上活出來，才能發揮其影響力。真正重要的是每一個成員的「存有」，正如我們在第一章討論家長的時候所討論的。

要真正實踐提及過的信念，我們或許需要一些能夠活出與世界不同價值精神的小型羣體。成員與成員之間有着共同的價值觀、文化、志趣，彼此頻繁相處或者共事，互相信任。這樣，我們才有條件提出共同生活的想像，協商一些實務的指引，在實踐中與成員互惠互補，提出意見和檢討，持續改善，持續深化，享受共同承擔的滿足。

•

初代使徒的洞察

或者最接近我們聯想的，是初代教會的羣體。在《聖經》中曾有這樣的描述：「信的人都聚在一處，凡物公用，又賣了田產、家業，照每一個人所需用的分給各人。他們天天同心合意恆切地在殿裏，且在家中擘餅，存着歡喜、誠實的心用飯，讚美神，得眾民的喜愛。主將得救的人天天加給他們」。（〈使徒行傳〉2 章 44 至 47 節）

身處一個完全陌生於天國價值的世界，門徒可能是對信仰未有深刻體會的初信者，彼此也不一定認識，這樣組成的羣體，實在難言有很大的影響力。因此，初代信徒聚集起來一起居住（Co-live），實踐一種跟世界截然不同的生活方式，如凡物公用、賣掉田產家業，按需分配。「照每個人所需用的分給各人」就像「五餅二魚」一般，以分享代替私有，加上彼此在心靈上的連合，有助門徒的生命成長。在這個階段，《聖經》沒有強調這個羣體刻意對外「宣揚」自己的生活方式和信仰價值，沒有強求別人跟隨，卻「得眾民的喜愛」，也就是說，這個羣體的存在已對社會產生巨大的影響力，以致有更多人希望了解甚至投身這個羣體的生活文化和價值意識。基督教在一個對信仰陌生，甚至是敵對他們的社會環境中，活出了建立生命的「理想模樣」。

事實上，這也是美國神學家侯活士（Stanley Hauerwas）對於教會羣體的理念。他在《異類僑居者——有別於世界的信仰群體》（*Resident Aliens*）一書中便提出，教會為了能夠招徠注意而迎合世界，反而被「世俗化」，令「教會不成教會」。基督徒在世界其實是一羣「異類僑居者」，抱持一套世界所不認同的天國價值觀在世界上寄居，不應為了吸引其他人而迎合對方的價值，反而應該盡力活出屬於自己的價值觀。

這也是值得我們參照的踐行 —— 堅持一種生活方式，讓其他人被當中的價值吸引，因而對此產生興趣，甚至一同嘗試。這種形態必然不會成為主流，甚至可能是流散的、艱難的，卻因為堅持了自己的存在，能夠成為世界的另類參照。

羣體生活的參照

要活出不同於世的價值，當然不是説社會上的所有事務都交由教會處理，而本書的討論焦點也不是關於信仰。只是，從信徒羣體的經驗出發，我們能否在不同的場景，聚集少數願意嘗試的人在圈子中做實驗？例如，把孩子送到一些共學小組會否比催谷考試的補習社為佳？街坊鄰里是否可以在可能的情況之下，更多彼此照顧？在工作中是否能夠跟夥伴形成彼此持分的共創方式？在家庭中，我們是否可以讓青年人在補習和活動以外，增加對於家庭的持分，包括照顧家人、安排活動、全權負責餐單？

在每一個現存的羣體環境，我們都可以懷着「互為彼此的人觀」，將信念與人分享。每一個微小的行動，都足以燃亮和鼓勵另一個生命成為配合的夥伴。或者我們不相信能將人領向「共同」、在缺乏之中互補、使整全的生命價值變成主流，但是「一個理想的大人應是怎樣的」這種信念，仍會成為世界一個重要的參考。

生活中不是沒有這樣的嘗試。例如在北區南涌的活耕建養地協會，便是以「活」（可持續生活）、「耕」（生態農耕）、「建」（營造社區）、「養地」（身土不二）等等價值建立的羣體，以接近外國的生態村（Ecovillage）概念共同生活。他們在鄉土學習生態農耕甚至自然建築，同一時間與人共同建立社羣。多年來不斷有希望嘗試另外一種生活方式的朋友到南涌參與活動、實習，甚至加入羣體。這誠然不是一個影響力巨大的羣體，卻能讓參與的人驗證有別於主流的價值系統。如何處理遊走在兩個價值系統的張力是一個問題，同時也是這份掙扎的實存感，才讓理想不停留於空中樓閣。

也不止有共同生活才是羣體，另一個扎根於地區的嘗試是「土瓜灣故事館」（土家）。「土家」由社區營造組織「社區文化關注」於 2014 年成立，是一個社區街坊聚腳地，並招聚街坊一起參與社區的大小事務，從街坊糖水會、社區導賞、舉辦工作坊、培訓小店學徒，到參與重建區的民間規劃等等。當時重建中的土瓜灣，本來是一個沒有鐵路途經的舊區，聚集了經濟弱勢、長者、少數族裔等不同背景，卻都被邊緣化的街坊。當屯馬綫全綫通車後，土瓜灣的街坊面對租金上升、重建搬遷、街坊關係網瓦解等等情況，土家就成為連結他們互相認識幫助的重要社區駐點。

由柯佳列（Kenny Or）成立的親子閱讀團體「綠腳丫」一直演變，現在扎根於屯門藍地大街的「百好繪本士多」。雖沒有共住的環境，但是這間鄉郊士多被改造，成為了一個多變空間，既是繪本書室，又是遊戲空間，更是聚集街坊的社區駐點。重視親子關係、喜愛繪本、希望跟鄰里相處的人，都在這裏出現，更一起參與當值、營運、辦讀書會、工作坊。一個共同持分的細小空間，已經能成為生活中一個重要的價值承托與情感支撐。

誠然，羣體中並非所有事情都是美好的。每個成員都不是白紙一張，當他們帶着自己的成長經歷、價值意識、生活習慣和美好期望來到羣體，個人需要與羣體需要的張力就會產生。

很多時候，問題可能是因成員而起，到底何時應該妥協放下自我，何時應該堅持自我？自我會否被集體意識「搓圓壓扁」，反而失去了自主意識？羣體之中的個體會否被其他成員議論、排擠、忽視，甚至傷害？這些都是很實際的考慮，也是我們在羣體相處時需要面對與處理，但我們不能因為有傷害，就從此不與其他人結連。

面前的挑戰不應該成為放棄的原因。二次大戰前夕，德國神學家潘霍華（Dietrich Bonhoeffer），與同伴在柏林辦了一家小小的地下神學院。他為戰亂時的神學院生活和學習寫下了《團契生活》（*Life Together*）這本小書，描述一小羣同心的信徒，為着成為以基督為中心的信仰羣體，彼此勸誡、懺悔、分擔而操練生活。書中他除了提到「共同敬拜」與「彼此服事」之美，更強調要學習獨處，因為「凡不能獨處的，就當避免團契生活。凡不能在團契中生活的，就當避免獨處。」只有在獨處之中，人才能在上帝面前直面自己，通過基督記念其他有需要的人；而在羣體生活之中，人透過「共同」的照顧才能超越自己，從關係中經歷「不被自己囚禁的自由」。羣體和獨處，原本就不是互相排斥，反而是互相補足，缺一不可。因此，即使實踐不容易，卻仍然是今天我們面對各種生活難關的方向。

羣體之於青年人，也有其重要意義。他們雖然積極尋求從父母的護蔭走向獨立自主，過程中卻比任何一個年齡層的人更重視他者的參照、意見與支持。無論是兄弟姊妹、同學、隊友，若能在用心經營的羣體之中學習相處，也學習處理衝突，對於他們的持續成長會有着重要的幫助。大人在這些羣體場景中，可以成為旁邊的促導者（Facilitator）與守望者。

「關係的營造」需要耐心、時間，更重要的是沒有預設目標，放下功利思維。經營關係是因為我們本就生活在關係中，並在過程中能有更多實踐「共同」的可能，而不是為了累積人脈資源。

有關於生活中如何實踐「互為彼此的人觀」，還有很多不同的案例，在本書中未必能一一列出和解釋。但是，盼望這種對於「互為彼此的人觀」的處境探索，可以一直延續，並由我們一同探索和活出，展現出互為彼此的「共同」之美。

1 帕克・帕爾默（Parker J. Palmer）（2011）。《弔詭的應許 —— 在矛盾中擁抱生命》（陳永財譯）。香港：基道。頁 61。

2 同註 1。頁 46。

我們能成為
「理想中的大人」嗎？

結語

我們的書名是：「為何我們無法成為理想中的大人？」這個問題，值得在最後說說。

在導論中有說，這個書名幾乎每一個字，都值得我們再三深思。若這個問句只是青年人迷惘的自我叩問，為什麼要用「我們」？無論是青年人還是大人，對於理解、陪伴、培育青年人，都有着不同的盲點、軟弱和無力感。無論是青年人還是大人，「我們」同樣沒有成為自己心目中的理想大人。「無法成為」的原因是什麼？或者是，我們活在個人主義的社會、資本主義自由市場的經濟環境中，雖然一再推動我們發憤圖強、力求進步以贏得競爭，卻同時促成了一種「相互阻隔的人觀」。人與人之間互不干涉，也沒有義務要彼此補足，結果我們的身心長期負重，愈跑愈乏力，離開成為「理想中的大人」愈來愈遠。

•

「理想中的大人」不等於「成功人士」

或者，「理想中的大人」才是我們最大的誤會。我們理想中的大人形象，常常是一個又一個累積各種資本的「成功人士」。我們之中總有一些人最終抗得住高壓而成為「典範」，但現實是絕大部分的人最終都沒能達成這種「理想」。更不要說，所謂「理想中的大人」，其實是大人心目中希望青年人能達到的樣式，卻未必是青年人的想望。

其實「理想中的大人」，本來就不應是一個孤離於世界的「紙板人形」；從「互為彼此的人觀」理解的理想大人，是介入和被介入在不同的生命關係之中，並在關係網絡的承托中，展示獨特的自我，又能夠在羣體中被接納。要成為這樣的大人，努力的標竿不是遠在峰頂，反而是這段上坡路的過程，也就是對於「關係」的經營。至於到達「峰頂」後有什麼風景，「我們」是什麼模樣，大可放手讓青年人自行走走看。有人會質疑「互為彼此的人觀」中關於「關係」的重視，會將個人的獨特性消弭；但正是我們不再執著於「終點」，個人的獨特性才有空間出現。

我在《Breakazine 突破書誌》工作了十多年，最深刻是這幾年跟很多實習生一同生活的日子。我不是說早年的實習生不好，而是我們沒有這麼深刻地跟他們共創的需要。在最近一期，其中一位實習生完成工作後，寫了一篇分享給我們，讀着內心真的有點激動。

> **〈好人〉（節錄）**
>
> 梁詠欣（《Breakazine 突破書誌》076、077 實習生）
>
> 「對不起，我沒有成為你想像中的女兒。」
>
> 這是我在大學畢業，第一份工作試用期未過便辭職的空窗期，與母親吵架後傳給她的第一句自白。
>
> 曾經想像，在大學畢業的那一天，我就會變成那個可以自在地掌控人生的「大人」，成為一個對社會有貢獻的「棟樑」，然後成為一個好女兒、好朋友。那些大人是這樣說

的。可是，我卻只覺被掉進茫茫大海，努力划水時頭已有一半被淹在水中，因為我發現我一直很努力地成為那種我不想成為的人。

走不進社會棟樑的康莊大道，那我還可以是什麼呢？或是應該問，我其實是什麼呢？在一片混沌、不斷投履歷又不斷失敗的過程中，我誤打誤撞去了《Breakazine》。其實我不知道為什麼在我所屬的行業都把我拒諸門外時，他們會願意接收我。難道因為他們是一間青少年機構，要支援我這個迷失青年嗎？

答案也許參半。他們沒有半點要支援我的姿態，使我完全忘了他們是在做「青年工作」。編輯們只是繼續每天的日常：他們會跟我一樣彎下身子，看樓下飯堂的兩餸飯櫥窗，然後苦惱着今天吃什麼；又會因編輯們搞笑鬥嘴的趣劇而捧腹大笑。欣喜、沮喪、溫柔、質疑，再添一點對未來的想像，構成了有血有肉的編輯室。我有時甚至忘了他們在「工作」，因為若以他們敏鋭、富同理心的眼光感受和投入世界，文字是必然會衍生的。因着各自的本質對世界產生不同的理解，再匯集到編輯室裏作思想碰撞。雖有時火花四濺，但這正是世界有着不同的人的美麗之處。

看到有着不同稜角的他們，我的心頭大石放下了一大半：「幸好，原來社會上有這種大人的，即是説我可以選擇成為這種人吧。」原來我很怕被世界壓平，然後迷失在人海中。如果人的可貴在於不同，或許可以猜想一下在他們眼中的「我」是怎樣的。比起着眼於一個剛畢業的少年，經

> 驗和能力不足，他們看到的是「我」作為人的價值，以一個人性化的眼光去看待我，而不是以一個編輯的眼光。因此，他們着眼在這個階段的我是什麼、能做什麼，而不是我的不足。他們不覺得需要「支援」我，而是陪伴我度過這個探索的過程。
>
> 編輯們敏鋭的觀察，每次都能適時地給予剛好的陪伴，並且有一種能接受我原本模樣的溫柔。當看到不善辭令的我欲言又止時的稍稍追問，當我有疑問時坐下來耐心傾聽，在寂靜的空氣中等待我的回答，覺察我狀態不好時嘗試適切關心，及反芻整天認為自己失言後（但其實沒有）立即道歉。事實上，他們不是因關懷青年而做，而是本來就用真誠善良的心對待別人、對待彼此的。如此一來，好同事、好朋友等身分就不足以形容他們了，用「好人」較準確。那我也希望我不只是一個好女兒、好朋友，而是成為我所定義的「好人」。

編輯們應該不是她所形容的那樣完美，但大家的確在鍛煉自己一份柔軟的心腸，彼此建立一個互相滋養的關係。因為我們反覆地體會，能夠信任人，也能被信任，是一份好得無比的祝福。

•

營造關係，一起欣賞沿途風景

我跟青年人的相處上，更多時候是無話可說。面對家中正讀初中的兒子，即使立心多麼良善，仍然逃避不了很多不解、張力與衝突。嘮叨至一個地步，發現自己也成為了當年最不想面對的父母，同時對於他身心的不穩定，又令我時常不敢要求得太過嚴苛。每天既忐忑又掙扎的背後，很多時還是因為自己作為大人、家長的焦慮、恐懼和「頭腦上認知，現實上掙扎」的期望落差。面對其他人，我還可以保持一點令人安心的距離，維持一個理想（而不必全面）的形象；家人卻無法避免，情緒和心態直接流露在自己（Being）身上。經常的力有不逮，一度令我感到十分灰心。

寫這本書的過程中，我反覆確認「接納」、「空間」、「共學」、「持分」等等十分重要的成長養分。它們不是頂峰上的風景，而是一路上要不斷拾起有關「關係營造」的踐行成分。或者孩子最終的成就不是世界或者自己所認為的，但一直容許他在「關係」這個旅程中成長，會不會已經是一種邁向理想的旅程？

使徒保羅在〈腓立比書〉中說：「這不是說我已經得着了，已經完全了；我乃是竭力追求，或者可以得着基督耶穌所以得着我的。弟兄們，我不是以為自己已經得着了；我只有一件事，就是忘記背後，努力面前的，向着標竿直跑，要得神在基督耶穌裏從上面召我來得的獎賞。」（〈腓立比書〉3 章 12 至 14 節）保羅沒有想過自己能否有一天能到達「成聖」的終點，「成長」也是如此，本就不是以能否到達一個特定目的地作定論。上帝沒有叫人必須達到「聖人」的狀態，只有耶穌基督才能說出「成了」兩個字；只要我們努力走在路上，哪怕中間跌倒太多次，我們還是一直在成長。

不是到達終點才叫做理想的大人；一直經營路上的這份「關係」，已經是理想的形態。我們都是「互為彼此的人」，活在世界的運作方式之中，失卻了很多關係與連結，有着很多後悔與遺憾。邁向整全的路徑，就是重新編織和經營人與人之間的關係；只要我們一直朝這個方向進發，「理想的大人」已經在我們中間。我們不需要好像世界主流一樣，以爬上世界第一高峰為一己的「理想」，以擠掉其他人換取更多資源為「更好」；只要跟「隊友」同上同落，欣賞路上的風景，跟更多人一起實現「理想的大人」，這是一個更美的願景。

我們的書名，是「我們」而不是「我」，無論你是青年人、大人、家長、老師、社工，抑或是關心青年人的人，都可以在崗位上發揮自己的力量。我們相信「互為彼此」既是人觀，也是創造的本質，我們和上帝之間也有互為彼此的關係；就是說，我們在祂的世界之中，將是一個能夠發揮自我、影響結果的持分者。因此，請不要覺得「我做的工太過微小，怎會有用」，正正因為我們在世界中並非無分，我們所做的事，也是能夠讓上帝改變祂的「議程」，甚至跟我們在世界中一同冒險，一同承擔。

這是我們能一起貢獻的世界，因為我們有一位與我們「同工」（Co-work）、「同住」（Co-live）、「同創造」（Co-create）的創造者。如此我信。

青年面貌基本包

附錄

第一節

人口特徵

香港青年人口結構

10至29歲本地青年人口

1,325,400人

18.4%

香港人口：7,213,200人

性別

男 51%

女 49%

出生地

種族

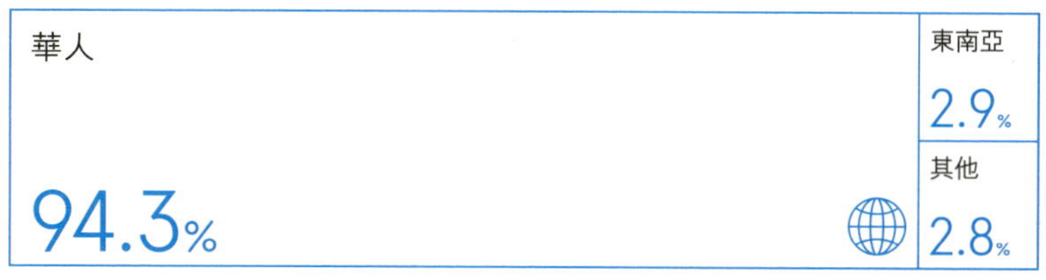

慣常交談語言

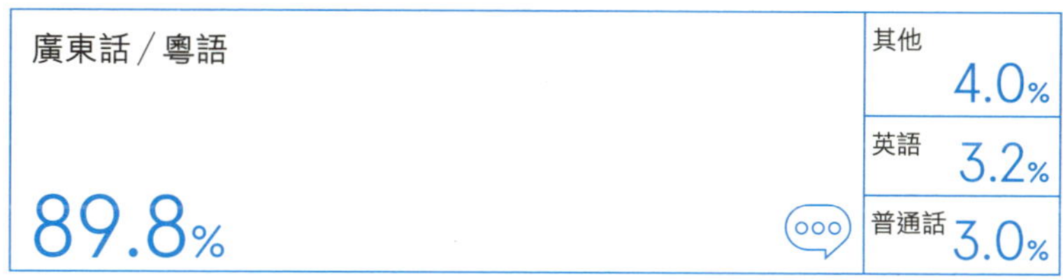

根據 2023 年政府統計數字，全港人口共 7,213,200 人，[1] 其中 10 至 29 歲青年人口為 1,325,400 人，佔總人口的 18.4%。[2 3] 10 至 29 歲青年羣組中，男女比例相若；[4 5] 值得注意的是，由 2011 至 2021 年，香港出生青年比例由 76% 稍微增加至 77.1%，同時中國內地出生青年比例則由 20% 輕微下降至 18.4%。[6 7] 香港青年人口仍以華人為主，東南亞裔（包括菲律賓、印尼、印度、尼泊爾、巴基斯坦、泰國等）雖然只佔少數，但這 10 年間由 1.4% 增至 2.9%，上升一倍。[8]

青年人口的結構維持穩定，廣東話仍是最多人慣用的語言，[9] 但過半青年人表示日常會以非母語交談（75.3% 英語、47% 普通話、8.9% 廣東話、8.9% 其他）。[10] 這個結果顯示他們可能在生活上需頻繁地跟非本地出生的人士溝通，這影響我們理解「香港人」社羣的組成是否趨向多元，並可能在族羣融合、教育、就業等不同方面帶來挑戰。

家庭結構

初婚年齡中位數

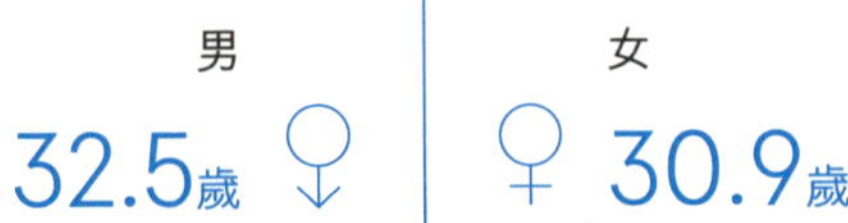

18至29歲青年的婚姻狀況

女性首次生育年齡中位數

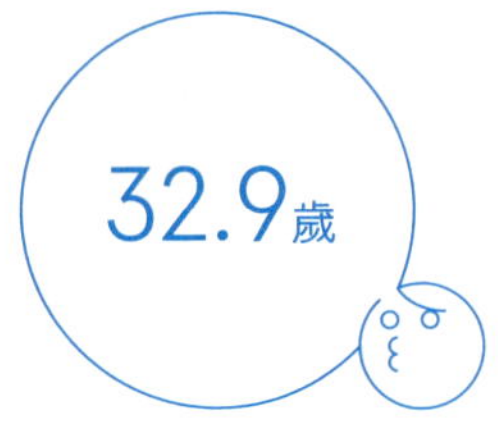

家庭住戶數目及平均人數

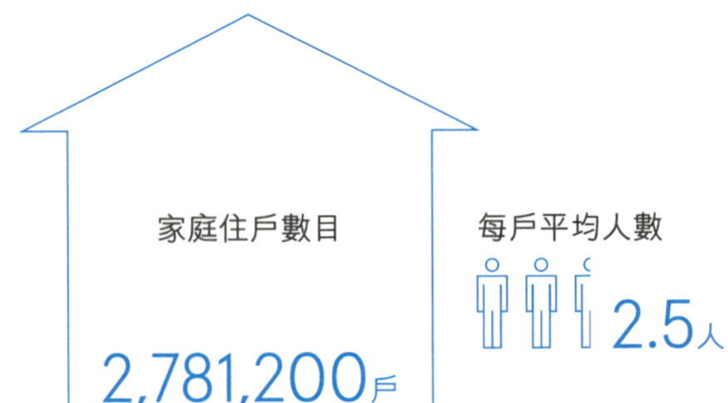

家庭特徵

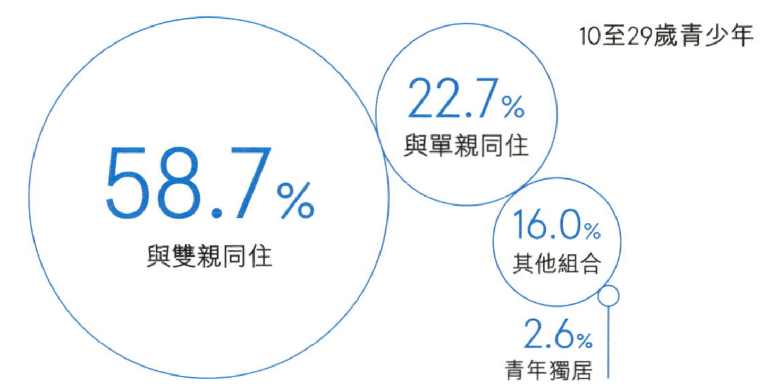

住戶數目於2024年第三季為2,781,200戶，每戶平均人數為2.5人。[11]由2000至2023年間，香港的小型家庭（家庭人數為1至2人）增多：1人家庭由13.7%上升至23.1%，2人家庭由21%上升至32%，現時兩類家庭達總住戶數目的55.1%。[12]10至29歲青年人中，58.7%與父母同住，22.7%與父或母同住，只有2.6%獨居；[13][14]值得注意的是，20至29歲青年中，與父母同住有54.1%，獨居只佔4%。[15]也就是説，超過一半青年人仍與家人同住，鮮少獨居，開展自己的獨立生活。

「結婚」及「生育」一直被認為是重要的人生階段，在18至29歲的青年組羣之中，從未結婚的比率高達90%。[16]由2000至2023年，香港人初婚年齡中位數上升，男生由30歲升至32.5歲，女生則由27.3歲升至30.9歲，反映在青年組羣中遲婚現象普遍，甚至在整個青年階段（30歲前）不選擇結婚。[17]另外，生育的年齡亦有所推遲，在2000至2023年之間，女性首次生育年齡中位數上升3.6歲，由29.3歲升至32.9歲，説明大部分女性不再在青年階段中生育。[18]

少子化社會

粗出生率

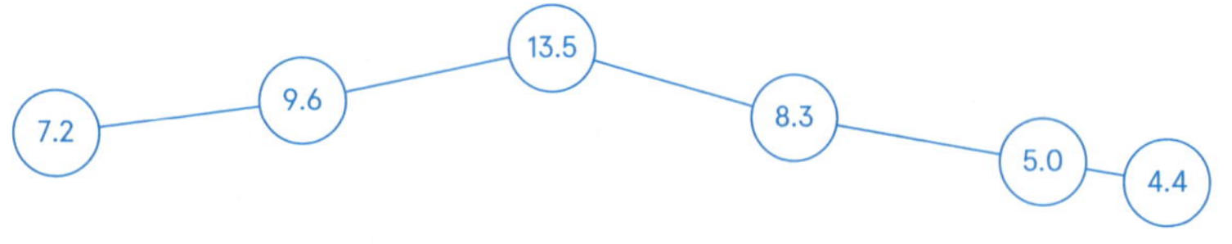

全港10至29歲青少年人口比例

人口年齡中位數（歲）

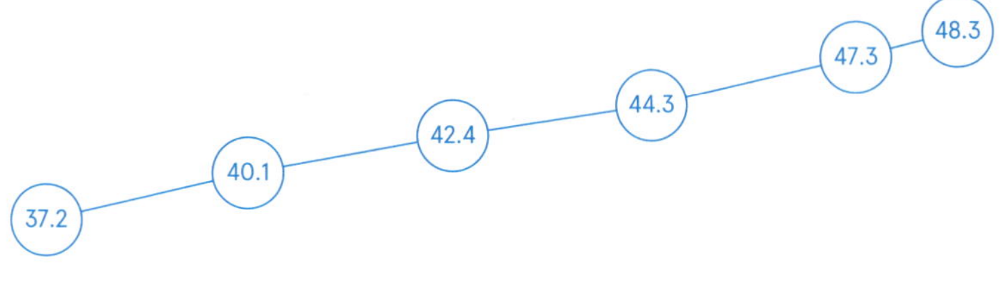

撫養率

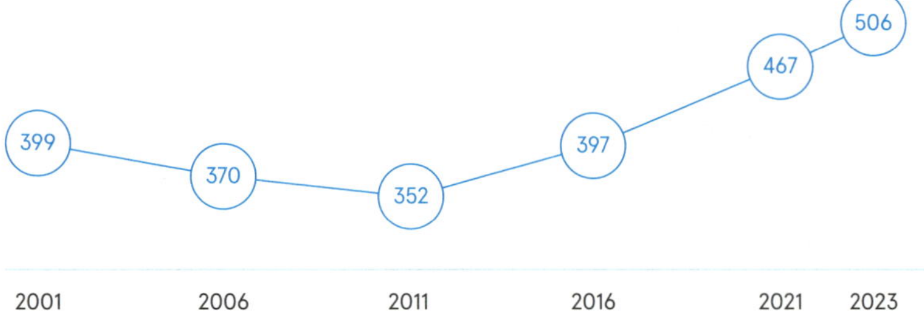

近 20 年，香港人口年齡中位數上升了 11.1 歲，從 2001 年的 37.2 歲增至 2023 年 48.3 歲。[19]

另外，粗出生率從2001年的7.2，升至2011年高峰的13.5，之後下降跌至 2023 年的 4.4；[20] 估計數字與雙非嬰兒有關。2004 至 2011 年間，「雙非嬰」由佔活產嬰兒總數的 8.2% 急升至 37.4%；[21] 直至 2012 年，政府停收「雙非」孕婦，在香港出生嬰兒數目回跌。[22] 全港青少年人口比例則以每五年約 1.3% 至 3% 的幅度下跌，明顯進入「少子化社會」。[23]

老人增加、青年減少的狀況，也反映在總撫養率，即是需要經濟供養的少年與老年人口之和與勞動人口數量的比率。[24] 2011 年，香港的撫養率為每 1,000 個勞動人口撫養 352 人，10 年後數字升為 467 人，2023 年更升至 506 人，[25] 即接近每位勞動人口要額外供養 0.5 人。老年化社會對於青年人的啓示，在於青年人將要面對非常沉重的社會負擔。

1 此為 2023 年數據。政府統計處（2024 年 11 月）。人口與住戶統計數字（表 110-01001A）（不包括外籍家庭傭工）。香港：政府統計處。

2 同註 1。

3 補充：2021 年 10 至 29 歲青年人口數目：1,302,776。政府統計處（2022）。2021 人口普查互動數據發布服務（A103a：按性別、年齡及年劃分的人口）（不包括外籍家庭傭工）。香港：政府統計處。

4 此為 2023 年數據。同註 1。

5 補充：2021 年 10 至 29 歲青年男女比例相同。同註 3。

6 政府統計處（2022）。2021 人口普查互動數據發布服務（按年、年齡及出生地點劃分的人口）（不包括外籍家庭傭工）。香港：政府統計處。

7 雙非比率在 2004 至 2011 年間由 8.2% 升至 37.4%。政府統計處（2023 年 2 月）。香港統計月刊 1991 年至 2021 年香港生育趨勢。香港：政府統計處。

8 政府統計處（2022）。2021 人口普查互動數據發布服務（A117b：按性別、年齡、年及種族劃分的人口）（不包括外籍家庭傭工）。香港：政府統計處。

9 按年、年齡及慣用交談語言劃分的人口（不包括外籍家庭傭工）。同註 6。

10 受訪者為 10 至 29 歲青少年。研究反映，55.6% 青少年平時間中至經常用非母語同人交談。突破機構（2024）。青少年生活狀況研究。香港：突破青少年研究資料庫。

11 家庭住戶數目由 2000 年的 2,037,000 戶，升至 2024 年第三季的 2,781,200 戶，上升 36.5%；每戶平均人數（不包括外籍家庭傭工）由 2000 年的 3.2 人，減至 2024 年第三季的 2.5 人，下跌 21.9%。政府統計處（2024 年 11 月）。家庭住戶統計數字（表 130-06102）。香港：政府統計處。

12 1 人家庭住戶數目由 2000 年佔總住戶數目的 13.7%（279,200 戶），升至 2024 年第三季的 23.1%（642,800 戶）；2 人家庭住戶數目由 2000 年佔總住戶數目的 21.0%（426,800 戶）升至 2024 年第三季的 32.0%（887,800 戶）。政府統計處（2024 年 11 月）。人口與住戶統計數字（表 130-06601A）（不包括外籍家庭傭工）。香港：政府統計處。

13 雙親同住：由夫婦及未婚子女所組成；單親：由父或母及未婚子女組成。2021 人口普查互動數據發布服務（按年、年齡、住戶結構及住戶人數劃分的家庭住戶人口）。香港：政府統計處。

14 共 94,508 名未滿 18 歲子女與 72,279 名單親人士同住，單親人士中有 77.8% 為單親媽媽。政府統計處（2023 年 2 月）。2021 人口普查主題性報告：單親人士。香港：政府統計處。

15 同註 13。

16 政府統計處（2022）。2021 人口普查互動數據發布服務（A118b：按年齡、年、性別及婚姻狀況劃分的人口）（不包括外籍家庭傭工）。香港：政府統計處。

17 政府統計處（2024 年 11 月）。生命事件統計數字（表 115-01011）。香港：政府統計處。

18 同註 17。

19 政府統計處（2024 年 11 月）。人口與住戶統計數字（表 110-01004）（不包括外籍家庭傭工）。香港：政府統計處。

20 粗出生率：以某一曆年的所知「活產嬰兒」數目，除以該年的平均人口規模。同註 17。

21 同註 7。

22 政府新聞公報（2012 年 12 月）。政府重申嚴格執行「零雙非」政策。香港：政府一站通。取自 https://www.info.gov.hk/gia/general/201212/28/P201212280419.htm

23 同註 1。

24 總撫養率：15 歲以下和 65 歲及以上人口數目相對每千名 15 至 64 歲人口的比率。同註 19。

25 同註 19。

第二節

身心健康

身心靈健康

身心健康

61.8%

少年運動量不足，
屬於「不活躍」或「低度活躍」

15至24歲一天坐或躺着時間（不計睡眠）

25.3%
8至少於10小時

25.7%
10小時或以上

青少年每日
睡眠時數（平均）

6.6小時

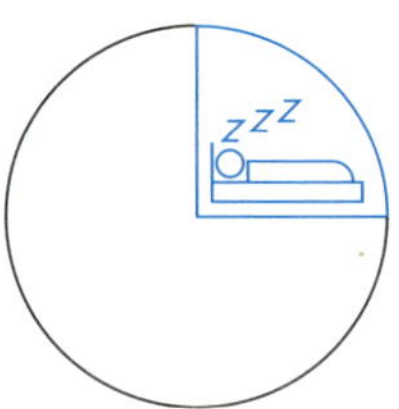

經常獨自玩樂 42.4%

48.1% 經常和同伴一起玩樂

54.7%
獨自玩樂後感到放鬆

76.0%
和同伴玩樂後
感到放鬆

自我形象

滿意自己外貌

	男	女
中一至中二	25.5%	22.7%
中三至中六	28.1%	23.1%
18至27歲	36.7%	37.0%

性別認同

	中一至中二		中三至中六		18至27歲	
	男生	女生	男生	女生	男生	女生
一致	76.0%	75.7%	86.5%	85.3%	97.0%	96.3%
不同	1.8%	4.5%	2.1%	3.6%	1.1%	1.3%
不知道	20.3%	18.6%	10.3%	10.5%	1.9%	2.4%
無回應	2.0%	1.2%	1.1%	0.6%	0.0%	0.0%

性取向

	中一至中二		中三至中六		18至27歲	
	男生	女生	男生	女生	男生	女生
異性戀	60.4%	50.4%	77.6%	66.0%	94.8%	90.6%
非異性戀	12.7%	24.3%	12.0%	21.2%	5.2%	9.4%
不知道	25.6%	23.9%	9.4%	11.7%	0.0%	0.0%
無回應	1.3%	1.4%	1.0%	1.1%	0.0%	0.0%

精神健康

精神健康指數
(100分滿分)

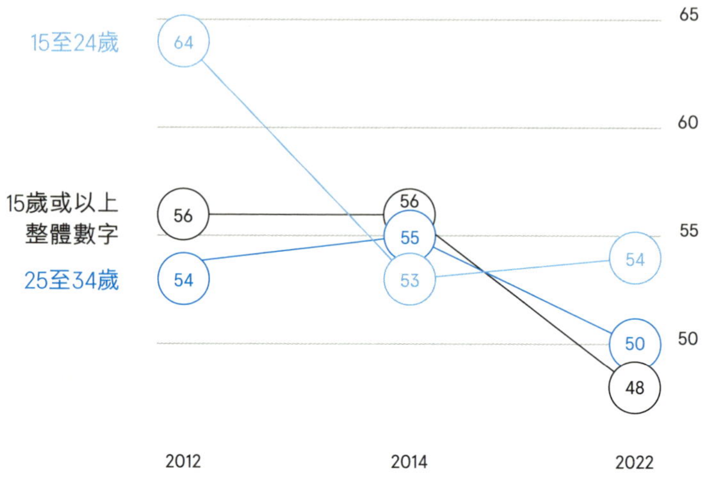

壓力主要來源

學生

學業	52%
缺乏時間	40%

在職青年

工作	39%
缺乏時間	35%

精神健康需要

公營醫院18歲以下
精神科患者

40,350人

16.6%

青年（15至24歲）
過去一年曾出現至少一種精神病病徵

有自殺念頭

	男	女
中一至中二	14.0%	29.0%
中三至中六	16.9%	26.5%
18至27歲	4.8%	8.2%

自殺率

15至24歲自殺率
（每十萬人）

11.9人

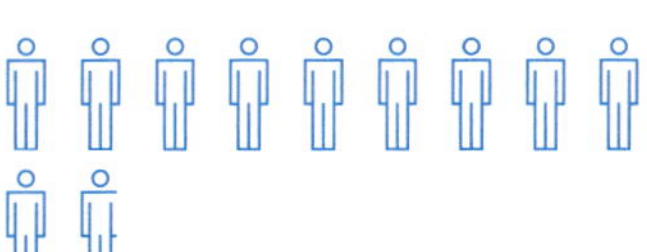

靈性健康

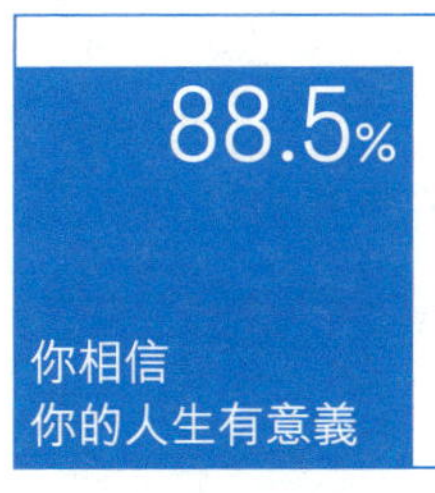

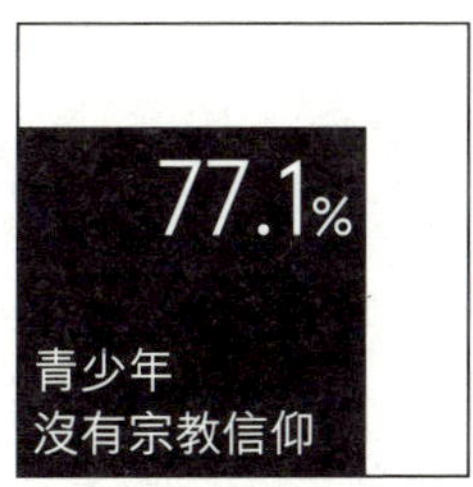

青年健康是一個複合的概念，包括身體、精神、靈性健康，而且互為影響。

「身體」方面，包括青年人運動、休息及玩樂的形態，參考世界衞生組織的（WHO）（2021）標準[1]，只有 27.3% 香港青年人的身體活動時間達標，61.8% 屬於「不／低度活躍」。[2] 至於坐或躺着的時間（不包括睡眠），在 15 至 24 歲青年人中，有 51% 每日「坐／躺」8 小時或以上，比 75 至 84 歲的長者更多。[3] 青年人的坐卧時間多，可能與長期學習或工作有關。至於睡眠時間，相比一般建議的日睡 8 小時，香港青年人每日平均只睡 6.6 小時，休息普遍不足。[4] 玩樂方面，不足一半青年人經常玩樂，在獨自玩樂後，54.7% 的青年人感到放鬆，與同伴玩樂則有 76% 感到放鬆。[5] 可見，與同伴玩樂較能令青年人感到放鬆。整體而言，他們無論在日常運動量、睡眠時間與玩樂放鬆的時間都不足夠，身心健康備受關注。

就青年的心靈健康，除了解他們的休閒玩樂，我們嘗試了解青年人對自己身體的理解與接納，包括外表形象、性別認同、性取向等面向。不足半數的青少年滿意自己外貌，當中以中學女生對自我外貌滿意度最低，只有 22.7% 中一至中二，以及 23.1% 中三至中六女學生滿意自己的外貌。[6] 至於性別認同及取向方面，[7] 認同性別身分（與生理性別一致）的比率隨着年齡而上升，逾 7 成中一至中二生認同其性別身分；逾 9 成 18 至 27 歲青年認同其性別身分。[8] 同樣地，性取向為異性戀的比率亦隨着年齡上升，分別有 60.4% 中一至中二男生及 50.4% 中一至中二女生認為自己是異性戀者；這一比率在 18 至 27 歲的男生及女生分別上升至 94.8% 以及 90.6%。值得留意約有 2 成中一至中二的中學生（男女生的比例相若）表示不知道自己的性別身分，亦有超過 2 成不知道自己的性取向；年紀較大的羣組，相對較少選擇「不知道」，而 18 至 27 歲羣組絕大部分都表示清楚自己的性取向。[9] 這一點幫助我們理解到，青年人在成長階段，往往對自己的身分、包括性別身分感到迷惘，需要我們耐心陪伴，讓他們逐漸發現自己。

青年人精神健康一直是大眾所關心的議題。近 10 年，青年人精神健康顯著下降，根據 2012 年至 2022 年的精神健康指數，100 分為滿分，15 至 24 歲青年人由 64 分跌至 54 分，跌幅由 2012 年開始變得明顯。[10] 而這也與臨床的資料相符，按公立醫院紀錄，18 歲以下精神病患者有 40,350 人，[11] 大學研究更顯示，16.6% 青年人過去一年曾有至少一種精神病病徵。[12] 當面對的壓迫超過負荷，自己無法承受，部分青年人最終「選擇」輕生，中學女生較多出現自殺念頭。[13] 按每十萬人口計算，2019 年香港 15 歲以下及 15 至 24 歲組別的自殺率分別是 0.9 及 8.7，至 2023 年升至 2.9 及 11.9，意即在 2023 年，每 10 萬位 15 歲以下及 15 至 24 歲青少年，便分別有 2.9 及 11.9 人自殺。[14] 再細看 15 至 24 歲青年羣組，2023 年的人口是 606,000 人，該年有 72 位青年人自殺。[15] 至於壓力來源，學生主要來自學業及缺乏時間，在職青年則是工作及缺乏時間。[16]

至於靈性方面，88.5% 青年人「相信自己的人生有意義」。[17] 逾 7 成青年人表示沒有宗教信仰，[18] 宗教似乎並不是大部分青年人所追求的，然而他們有紓緩情緒的需要，亦渴求獨處（參考「青年面貌基本包：生活態度」）。

人際關係

家庭生活滿意度

	男	女
中一至中二	66.3%	62.0%
中三至中六	59.6%	57.7%
18至27歲	55.0%	61.4%

家庭支援

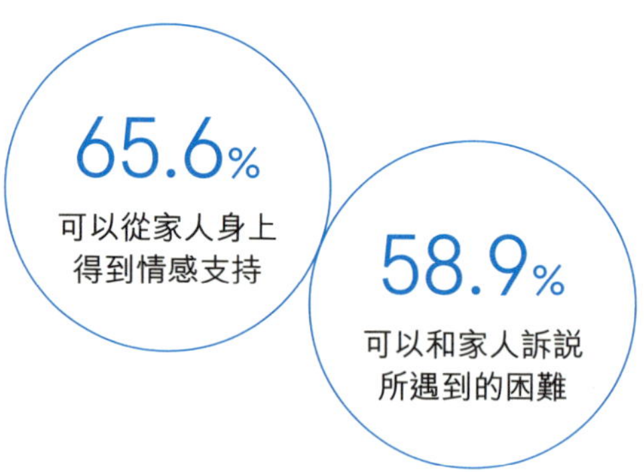

朋友

平均朋友數目 16人

平均朋友移民數目 2.3人

戀愛

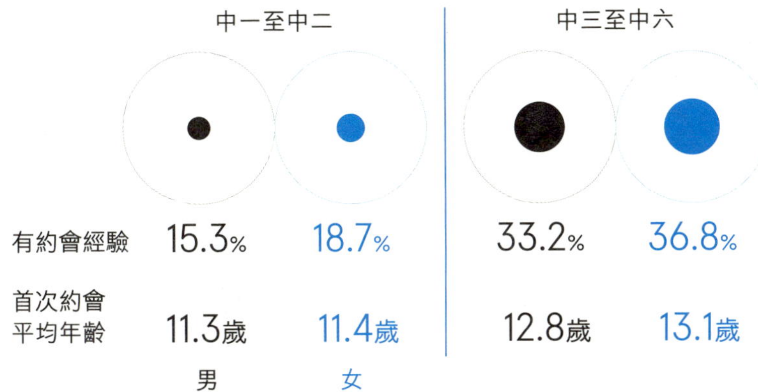

家庭關係是青年人的重要支援。然而，不足 7 成青少年滿意家庭生活；其中，18 至 27 歲男性相對同齡羣組的女性，以及中學生更不滿意家庭生活，是各羣組中最低。[19] 另有研究反映，65.6% 的青年人同意「我可以從家人身上得到情感支持」，58.9% 同意「我可以和家人訴説所遇到的困難」，兩者平均值比「學童身心靈健康評估計劃」研究的跨國數字為低。[20]

朋友是青年人成長階段的重要存在。研究發現，青年人平均有 16 位朋友，當中有 2.3 位朋友移民。[21] 可見，近年青少年普遍有朋友離開的經驗。至於戀愛方面，青少年首次約會年齡平均在 11 至 13 歲。[22] 逾 1 成半中一至中二學生及逾 3 成中三至中六學生有約會經驗。[23]

青少年成長，希望在家庭及朋輩中得到支援，也渴望與其他人建立親密關係，大多數在中學階段開始約會。然而，數據反映不少青少年在家庭生活中不感滿足，近年亦經歷朋友移民離開。除了關懷青少年面對的成長困難，當重要的人際支援網絡出現破裂，同樣值得關注。

挑戰與危機

87.2% 曾遭遇人際傷害

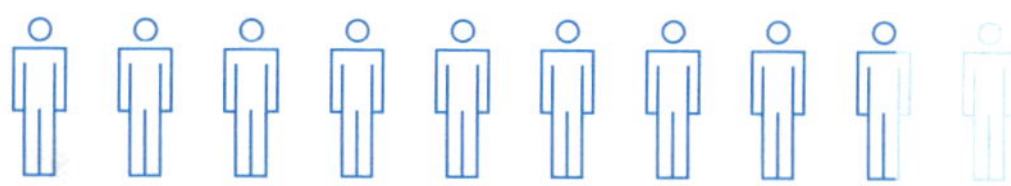

常見傷害方式，包括：

傷害方式	百分比
被取笑	87.4%
被針對	72.8%
被排擠	62.7%
被推撞	57.0%
被辱罵	49.3%
身體被傷害	17.1%

78.6% 遭遇人際傷害，但沒有求助。

面對情緒困擾

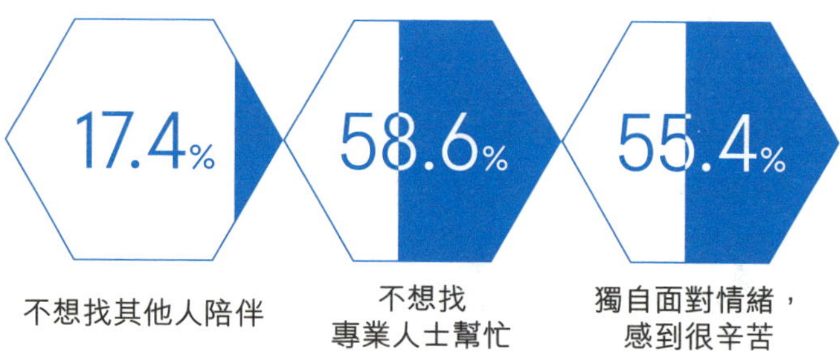

不想找其他人陪伴

不想找專業人士幫忙

獨自面對情緒，感到很辛苦

偏差行為

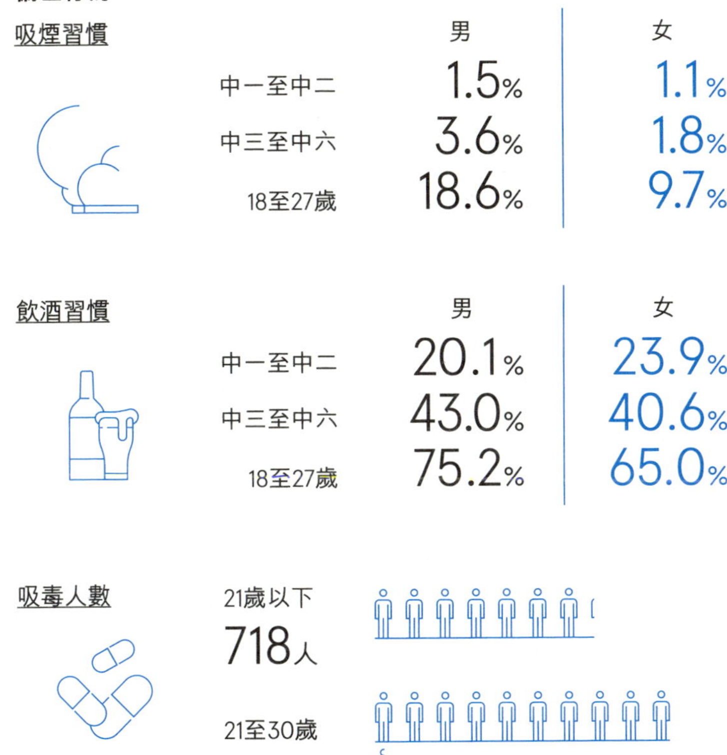

青年人在生活中面對很多挑戰，影響他們的身心健康。其中校園欺凌情況嚴重，87.2% 青年人表示曾在校園遭遇人際傷害，包括被取笑（87.4%）、被針對（72.8%）、被排擠（62.7%）。即或遭遇困難，78.6% 受訪者不會求助。[24] 不只面對校園欺凌，甚至當青少年情緒受困擾時，55.4% 受訪者承認獨自面對情緒，感到很辛苦，也傾向自行面對，不向他人求助，其中 17.4% 受訪者不想找其他人陪伴，58.6% 不會尋求專業人士幫助。[25]

至於偏差行為，雖然法例禁止 18 歲以下未成年人士購買酒類或香煙，但約 1% 中學生有吸煙習慣，其中 3.6% 中三至中六男生有吸煙，18 至 27 歲羣組中，男性吸煙的有約 2 成，女性則有近 1 成。[26] 另外，中一至中二學生中，2 成有間中或經常飲酒習慣，中三至中六生升至 4 成，18 至 27 歲則逾 6 成。[27]

至於 2022 年被呈報吸毒者之中，21 歲以下青少年佔 13.7%（718 人），21 至 30 歲佔 20.2%（1,059 人）。[28] 比較 2012 年，21 歲以下吸毒比率減少 55.8%。[29]

成長必然遇上挑戰與危機，包括情緒困擾、行為上亦可能出現不同程度的偏差。如何面對這些不穩與失控，需要家長、老師細心思考如何幫助青年人跨過危機，並在過程中成長。

1 按世衞建議，5 至 17 歲青少年每天平均至少進行 60 分鐘中等至劇烈活動（有氧運動為主），每週至少 3 天進行劇烈有氧運動。世界衞生組織 (2021)。世衞組織關於身體活動和久坐行為的指南。日內瓦：世界衞生組織。

2 受訪者為 6 至 17 歲香港遊樂場協會會員。每天進行身體活動的時間中位數為：劇烈身體活動 17.1 分鐘、中等強度身體活動 8.6 分鐘，及步行 25.7 分鐘。香港小童群益會 (2023)。兒童快樂調查 2023：運動與快樂調查。香港：香港小童群益會。

3 受訪者為 15 歲或以上香港市民（不包括外籍家庭傭工、持雙程證內地居民或香港訪客）。「健康行為調查」在 2018 年 4 月至 2019 年 2 月期間進行問卷訪問，了解市民的「靜態行為」：一日通常坐或躺着的時間（分鐘），包括工作、在家、與朋友一起，或通勤，但不包括睡眠時間。數據反映，25.3% 15 至 24 歲的青年人每日坐或躺着 8 至少於 10 小時；25.7% 更高達 10 小時或以上；至於 75 至 84 歲的長者，14.7% 每日坐或躺着 8 至少於 10 小時，18.4% 坐或躺着達 10 小時或以上。香港特別行政區衞生署 (2021)。香港健康統計數字：靜態行為。香港：衞生署衞生防護中心。取自 https://www.chp.gov.hk/tc/statistics/data/10/100106/6949.html

4 受訪者為 10 至 29 歲青少年。突破機構 (2019)。「逆休息」文化與青少年倦怠。香港：突破青少年研究資料庫。

5 同註 4。

6 受訪者為中學生及 18 至 27 歲青年。中學生數據取自 2021 年，18 至 27 歲青年數據來自 2022 年。問題是「滿意自己外貌」，選項包括：非常滿意、滿意、一半一半、不滿意、非常不滿意、不關心及無回應。此數據是合計非常滿意及滿意的百分比。香港家庭計劃指導會 (2023)。二零二一年青少年與性研究報告。香港：家計會。

7 性別認同（Gender identity）是指個人對出生時的指定性別的想法。

8 有關問題是「認同自己的性別」，選項包括：一致、不同、不知道、及無回應。同註 6。

9 有關問題是「認同自己的性取向」，選項包括：異性戀、同性戀、雙性戀、泛性戀、無性戀、其他、不知道及無回應。同註 6。

10 受訪者為 15 歲或以上市民。精神健康月籌委會 (2014，2022)。全港精神健康指數調查報告。香港：精神健康月籌委會。

11 公營醫院 18 歲以下精神科患者的人數由 2015 年的 28,810 人增加至 2020 年的 40,350 人，五年之間上升逾 1 萬人。香港特別行政區政府 (2024 年 10 月)。立法會十八題：學生的精神健康 (2021 年 3 月 24 日)。香港：香港特別行政區政府。

12 受訪者為 15 至 24 歲青少年。研究發現 16.6% 受訪青少年過去一年曾出現任何一種精神病病徵，包括 13.7% 抑鬱發作（MDE）、2.3% 躁鬱症（BD）、2.1% 廣泛性焦慮症（GAD）、1.0% 驚恐症（PD）、及 0.6% 思覺失調（Psychotic disorder）。Wong, S. M. Y., Chen, E. Y. H., Suen, Y. N., Wong, C. S. M., Chang, W. C., Chan, S. K. W., McGorry, P. D., Morgan, C., van Os, J., McDaid, D., Jones, P. B., Lam, T. H., Lam, L. C. W., Lee, E. H. M., Tang, E. Y. H., Ip, C. H., Ho, W. W. K., McGhee, S. M., Sham, P. C., & Hui, C. L. M. (2023). Prevalence, time trends, and correlates of major depressive episode and other psychiatric conditions among young people amid major social unrest and COVID-19 in Hong Kong: a representative epidemiological study from 2019 to 2022. *The lancet regional health-Western Pacific, 40*, 100881.

13 有關問題是「過去 12 個月內有沒有自殺想法」，選項包括：有、沒有、及無回應。此數據是回應「有」的百分比。同註 6。

14 香港賽馬會防止自殺研究中心（2024 年 11 月 8 日）。香港各年齡組別自殺率。香港：香港賽馬會防止自殺研究中心。

15 政府統計處（2024 年 11 月）。人口與住戶統計數字（表 110-01001A）（不包括外籍家庭傭工）。香港：政府統計處。

16 受訪者為 14 至 24 歲青少年。啟勵扶青會（2022）。香港青年精神健康調查。香港：啟勵扶青會。

17 受訪者為 10 至 29 歲青少年。突破機構（2024）。青少年自我身份建立與參與感。香港：突破青少年研究資料庫。

18 受訪者為 10 至 29 歲青少年。突破機構（2024）。青少年生活狀況研究。香港：突破青少年研究資料庫。

19 有關問題是「滿意家庭生活」，選項包括：非常開心、開心、一半一半、不開心、非常不開心、及無回應。此數據是合計非常開心及開心的百分比。同註 6。

20 受訪者為小六、中一、中三學生。「學童身心靈健康評估計劃」（HBSC），是由世界衞生組織（WHO）統籌的跨國研究計劃，目的是了解學童的生活方式和健康行為，以及其與人口因素及社會環境的關係。兩條問題分別是「我可以從家人身上得到情感支持」（香港：65.6% 同意；HBSC：80.3% 同意），及「我可以和家人訴説所遇到的困難」（香港：58.9% 同意；HBSC：74.9% 同意）。香港中文大學、香港學生能力國際評估中心（2021）。香港學童身心靈健康評估計劃研究報告。香港：中文大學及學生能力國際評估中心。

21 同註 18。

22 此數據取自 2021 年。同註 6。

23 此數據取自 2021 年。有關問題是「有沒有約會經驗」，選項包括：有、沒有、及無回應。同註 6。

24 受訪者為 10 至 29 歲青少年。突破機構（2022）。青少年校園人際傷害行為研究。香港：突破青少年研究資料庫。

25 受訪者為 10 至 29 歲青少年。菁研（2023）。情緒污名化與青少年求助行為研究。香港：突破青少年研究資料庫。

26 有食煙習慣者，包括有時吸煙、每日吸煙（1 支或以上）的受訪者。同註 6。

27 「間中飲酒者」包括選擇「每週飲少於 1 天」及「每週飲 1 至 2 天」的受訪者、「經常飲酒者」則包括每週飲 3 天或以上的受訪者。同註 6。

28 2022 年整體被呈報的吸毒者總人數是 5,235 人。保安局禁毒處（2022）。藥物濫用資料中央檔案室：第七十二號報告書。香港：保安局禁毒處。

29 2022 年 21 歲以下被呈報吸毒者（718 人）較 2012 年（1,624 人）減少 55.8%；2022 年 21 至 30 歲被呈報吸毒者（1,059 人）較 2012 年（2,796 人）減少 62.1%。保安局禁毒處（2021）。藥物濫用資料中央檔案室：第七十一號報告書。香港：保安局禁毒處。

第三節

前路探索

就學

學生人數	2023/24學年
公營津貼學校	
小學	325,564人
中學	328,474人
公營津貼學校有特殊教育需要學生（SEN）	
小學	31,030人
中學	33,190人
特殊學校	
小學	4,196人
中學	4,622人
大學（學位及副學位）	
八大本地全日制學生	75,301人
自資專上課程全日制學生	52,416人

要了解青年人如何探索前路，可先瀏覽一些在學人數的基本資料。2023 至 24 年度公營津貼學校約有 32.6 萬名小學生，以及 32.8 萬名中學生；[1] 另外，有 4,196 名小學生和 4,622 名中學生入讀特殊學校。[2] 值得留意的是，在津校有達 3.1 萬小學生及 3.3 萬中學生有特殊教育需要（SEN），而且比率逐年上升。現時約佔整體小學生的 9.5% 和整體中學生的 10.1%，即每 100 名小學生，有至少 9 名 SEN 生；每 100 名中學生，即有 10 名 SEN 生。[3] 另外，目前就讀八大院校的本地全日制大學生（包括學位及副學位）約有 7.5 萬人，[4] 以及自資專上課程全日制學生約有 5.2 萬。[5]

工作

工作經驗

22至27歲青年的全職工作經驗

23.1%
6個月以下

35.9%
6個月至不足3年

15至24歲僱員

78.8%
從事全職工作

主要從事行業

29.3% 零售、住宿及飲食

29.0% 公共行政、社會及個人服務

18.5% 金融、保險、地產及其他專業等

理想的工作模式

	中學生	大學生
永久制	25.1%	21.0%
合約制	39.8%	33.3%
斜槓／自由工作	22.8%	29.2%
兼職	11.0%	15.1%
創業／自僱	0.9%	0.9%

感興趣行業

	中學生	大學生
1	電競、數碼、資訊及電訊科技	銀行業
2	體育運動	教育
3	醫護人員、專職醫療人員	金融服務及科技
4	小學教師、中學教師	藝術與創作
5	文化及藝術	管理與諮詢

工作考慮條件

	中學生	大學生
1	發揮興趣或所長	豐富薪酬
2	有意義	友善的工作環境
3	工作有挑戰性	工作與生活平衡
4	工作收入穩定高薪	專業培訓及發展機會
5	工作較輕鬆	彈性工作性質

Z世代

轉職主要原因

1. 平衡工作與生活
2. 尋求工作前景
3. 改善薪酬

理想僱主、上司

1. 勤奮、負責任、成就卓越
2. 按步指導完成工作
3. 像朋友般關心及平等對待

按「334 學制」估算，若學生沒有跳級、留級，在中學文憑試（DSE）後順利考入大學，他們約 22 歲大學畢業。數據顯示 22 至 27 歲的青年人口中，35.9% 有半年至不足 3 年工作經驗，半年工作經驗以下的有 23.1%，41% 有多於 3 年的全職工作經驗。[6]

至於對工作的期望，有研究發現青年人的理想工作模式大多為合約制，其次為斜槓／自由工作（Slash / Freelance）、及永久制（Permanent），[7] 可見，較有保障、穩定的長工，已不必然是青年人的選項。

至於青年人感興趣的行業，有調查發現中學生首五位選擇依次為「電競、數碼、資訊及電訊科技」、「體育運動」、「醫護人員、專職醫療人員」、「中小學教師」及「文化及藝術」，工作的考慮條件主要是「發揮興趣或所長」、「有意義」、「工作有挑戰性」、「工作收入穩定高薪」及「工作較輕鬆」。[8] 至於大學生，最感興趣行業首五位依次是「銀行業」、「教育」、「金融服務及科技」、「藝術與創作」及「管理與諮詢」，工作的考慮條件主要是「豐富薪酬」、「友善的工作環境」、「工作與生活平衡」、「專業培訓及發展機會」及「彈性工作性質」。[9] 調查反映無論是中學生或大學生，有關行業選擇及工作要求，都看見有主流以外的選擇，尤其中學生，他們對未來工作有更多不同的想像。

另有研究嘗試了解在職的 Z 世代工作態度，數據顯示，他們轉職主要因為「平衡工作與生活」、「尋求工作前景」及「改善薪酬」。[10] 在他們心目中，理想的僱主或上司首要是「勤奮、負責任、成就卓越」、「按步指導他們完成工作」、「像朋友般關心及平等對待」。[11] 這顯然與上一代的職場文化截然不同。

從以上研究可見，較年輕的青年人對新興行業（如：電競、體育）較有興趣，而他們較着重工作對人生的意義，而較不看重收入。這些數據反映這世代喜歡的行業、工作模式及期望皆有所不同。然而，按政府統計數字，15 至 24 歲僱員中仍有 7 成 8 從事全職工作，[12] 從事的亦是主流行業，包括「零售、住宿及飲食」(29.3%)、「公共行政、社會及個人服務」(29%)、「金融、保險、地產及其他專業」(18.5%)。[13] 青年人面對現實的職場環境，不少人都放下了他們心目中更能發揮自己的願望。

前景挑戰

專上學歷、入息中位數

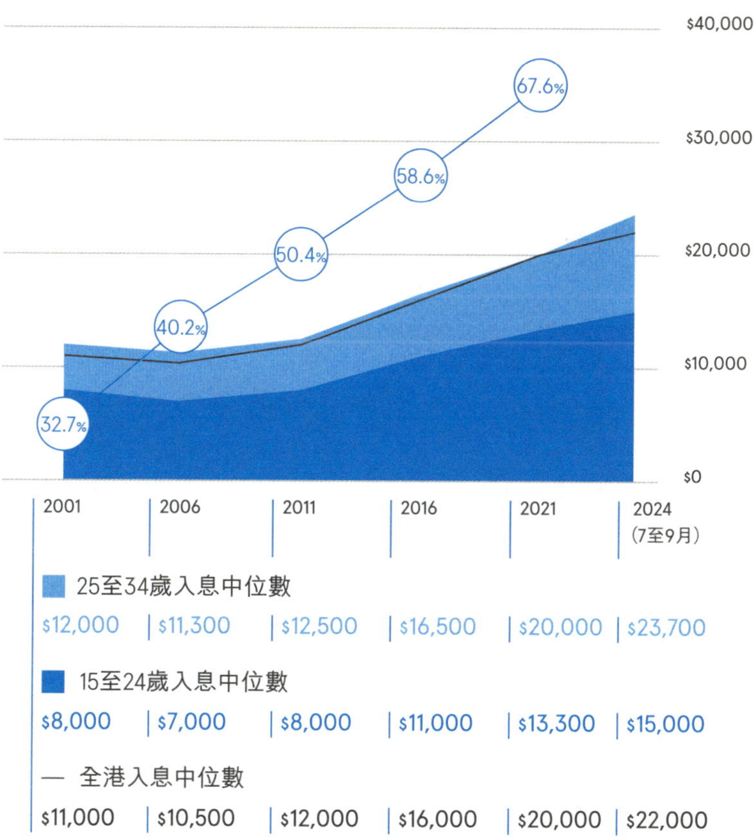

失業率

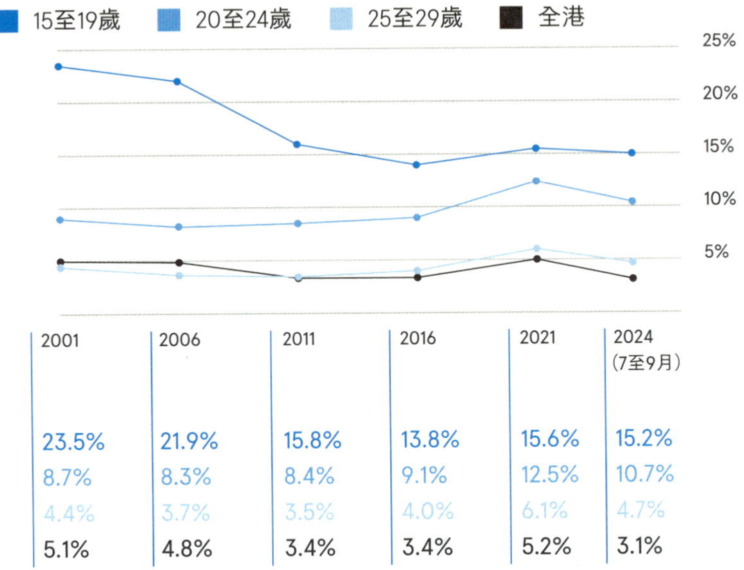

青年貧窮

2020年
18至29歲青年貧窮率

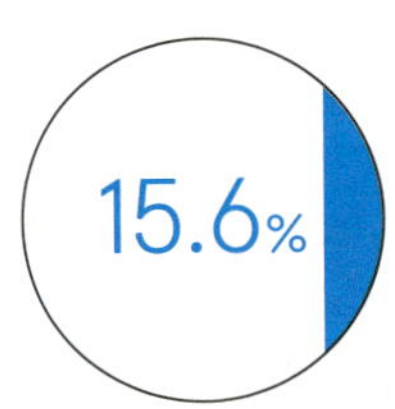

貧窮青年中，
在25至29歲羣組裏

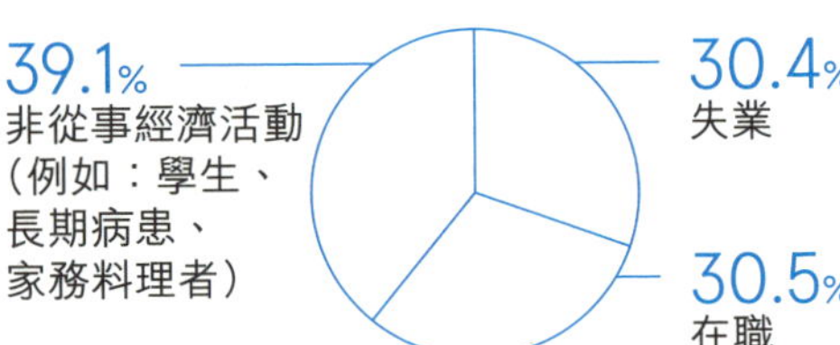

2023年的破產人士中，
30歲或以下人士佔整體17.7%

學貸

2024/25學年

申請學貸人數
30,850人

獲提供貸款人數
28,016人

平均獲發放貸款額
$29,109.82

經濟壓力

在職經濟負擔（多選）

日常生活	家用、照顧家人	住／醫療	進修	學債
74.4%	60.8%	55.9%	29.8%	23.0%

希望感

24.4%
對社會抱希望感

51.1%
對個人抱希望感

59.6%
認為未來向上流動機會低或無可能

大學生夢想

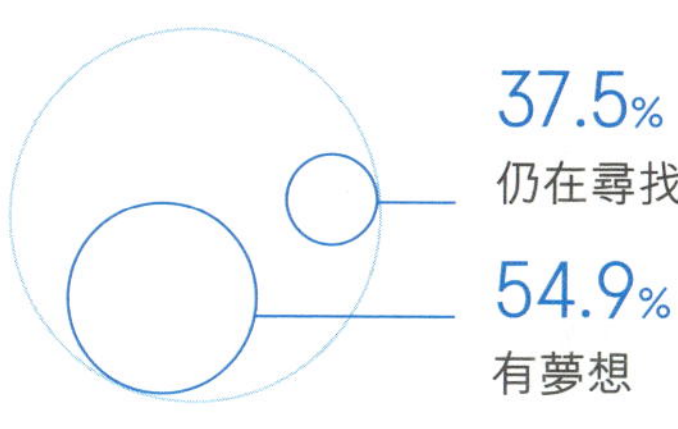

37.5%
仍在尋找

54.9%
有夢想

69.6%
認為香港生活成本高，有夢想亦要放棄

成年之後，除了工作，青年人也直接面對社會變遷及不同挑戰。受惠於普及教育，青年人的學歷愈見上升。2021年，20至29歲的青年人中，有67.6%具有專上教育學歷，比20年前升逾一倍。[14] 學歷雖然更高，失業情況卻未有改善，當2024年全港失業率為3.1%，15至19歲失業率為15.2%，20至24歲為10.7%，25至29歲則為4.7%，[15] 可見，特別是15至24歲羣組，失業率大幅高於整體。另一方面，即使青年人在職，他們的收入亦未見理想。當全港個人每月入息中位數為2.2萬元，15至24歲只有1.5萬元，25至34歲則有約2.4萬元。[16]

收入不高，青年人面對不同的經濟壓力，主要開支為日常生活（74.4%）、家用／照顧家人（60.8%），以及居住／醫療（55.9%）。[17] 除此以外，因學歷提高，他們的學貸亦提高。2024至25學年，約有3.1萬大專生申請學貸，91%成功申請，平均貸款額約為2.9萬元。[18]

青年貧窮問題仍然值得留意，相關貧窮率為15.6%。在25至29歲的貧窮青年中，在職的有30.5%，同時有30.4%正失業。[19] 更有數據顯示，17.7%破產人士為30歲或以下。[20] 有關注青年最低工資的研究發現，青年人個人生活支出每月約1.7萬元，扣除教育開支則為約1.5萬元，[21] 8成青年人表示需要父母的經濟支援。[22] 公營機構的研究亦指出，27%在職青年過去一年曾入不敷支。[23] 可見，青年人即使學歷上升，仍然面對各式各樣經濟壓力。

54.9%大學生仍然抱持夢想，37.5%則仍在尋找，[24] 可惜約7成認為香港生活成本太高，有夢想亦要放棄。[25] 我們可以理解為，青年人並非不進取，亦不是沒有理想，卻好像在泥漿裏向上跳躍。

當身處社會，青年人發現即使努力獲取高學歷，也不一定能夠創造美好前景。面對前路，只有 5 成 1 青年人對個人抱希望感，2 成 4 對社會抱希望感；[26] 甚至，有 6 成認為未來向上流動機會低甚或不可能。[27] 當過去行之有效的發展方式不再奏效，我們需要思考如何與青年人一同探索前路。

1 學校教育統計組（2024 年 11 月）。2023 / 24 學年學生人數統計（幼稚園、小學及中學）。香港：教育局。

2 教育局統計資料（2024 年 11 月）。特殊教育統計資料。香港：教育局。取自 https://www.edb.gov.hk/tc/about-edb/publications-stat/figures/index.html。

3 2018/19 年度，SEN 生於小學及中學比例為 6.7% 及 7.4%，比率逐年上升至 2023/24 年度的 9.5% 及 10.1%。教育局統計資料（2024 年 11 月）。融合教育統計資料。香港：教育局。

4 八大院校包括：香港城市大學、香港浸會大學、嶺南大學、香港中文大學、香港教育大學、香港理工大學、香港科技大學及香港大學。大學教育資助委員會（2024 年 11 月）。搜尋專門統計數據。香港：大學教育資助委員會。取自 https://cdcf.ugc.edu.hk/cdcf/statEntry.action

5 自資專上教育委員會（2024 年 11 月）。全日制經本地評審自資專上課程統計數據。香港：自資專上教育委員會。取自 https://www.cspe.edu.hk/tc/Statistics.html

6 政府統計處（2019）。主題性住戶統計調查第 65 號報告書。香港：政府統計處。

7 受訪者為 10 至 29 歲青少年。突破機構（2024）。青少年生活狀況研究。香港：突破青少年研究資料庫。

8 受訪者為中學生。國際獅子總會中國港澳 303 區（2024）。「青少年人生之旅 2024」問卷調查結果。香港：國際獅子會。取自 https://www.facebook.com/watch/?v=1596358197862615

9 受訪者為香港 9 間大學生。五大感興趣行業包括：銀行業（31%）、教育（24%）、金融服務及科技（23%）、藝術與創作（22%）、及管理與諮詢（21%）。Universum. (2024). *The most attractive employers in Hong Kong: Student 2024 report*. Sweden: Universum.

10 研究以問卷及訪問進行，受訪者是 18 歲以上香港人，研究分析的 Z 世代是出生於 1997 至 2012 年。調查反映 Z 世代主要會為了平衡工作與生活（30.9%）、尋求工作前景（28.4%），以及改善薪酬（25.4%）而轉換工作。Randstad. (2024). *2024 Employer brand research report: Hong Kong SAR*. Hong Kong: Randstad.

11 受訪者為 18 至 26 歲香港青年。受訪青年認為理想僱主或上司的條件包括：勤奮、負責任、卓越成就（67%）、按步指導完成工作（63%）、像朋友般關心及平等對待（63%）、自然地與他們建立關係（61%）。Edelman (2024). *Gen Z in Hong Kong 2024: Exploring views on brand, purpose and career*. US: Edelman Holdings.

12 此為 2023 年數據，15 至 24 歲所有僱員中，78.8% 為全職僱員。政府統計處（2024 年 11 月）。勞工與工資統計數字（表 220-23001）。香港：政府統計處。

13 2024 年第 2 季數據。政府統計處（2024 年 11 月）。勞工與工資統計數字（表 210-06306A）（不包括外籍家庭傭工）。香港：政府統計處。

14 2001 年數據取自政府統計處（2001）。表 E2001B：2001 年人口普查主要統計表（教育）（表 B05）。香港：政府統計處。2006 年數據取自政府統計處（2007）。表 E2006B：2006 年中期人口統計主要統計表（教育）（表 B108c）。香港：政府統計處。2011-2024 年數據取自政府統計處（2024 年 11 月）。2021 人口普查互動數據發布服務（按年、教育程度「最高就讀程度」及年齡劃分的人口）（不包括外籍家庭傭工）。香港：政府統計處。

15 政府統計處（2024 年 11 月）。勞工與工資統計數字（表 210-06401）。香港：政府統計處。

16 政府統計處（2024 年 11 月）。勞工與工資統計數字（表 210-06314A）（不包括外籍家庭傭工）。香港：政府統計處。

17 同註 7。

18 數據截至 2024 年 10 月 31 日。申請學貸包括全日制大專學生免入息審查貸款計劃（NLSFT）、專上學生免入息審查貸款計劃（NLSPS）、擴展的免入息審查貸款計劃（ENLS）。在職家庭及學生資助事務處（2024）。擴展的免入息審查貸款計劃統計數字。香港：在職家庭及學生資助事務處。取自 https://www.wfsfaa.gov.hk/tc/index.htm

19 政策介入前：15.6%，政策介入後：4.8%。政府統計處（2021）。2020 年香港貧窮情況報告。香港：政府統計處。

20 破產管理署（2024 年 11 月）。有關破產人概況、呈請人類別及非首次破產案的周年統計數字（2023 年 1 月至 2023 年 12 月）。香港：破產管理署。取自 https://www.oro.gov.hk/cht/statistics/profile_of_bankrupts/annual_statistics_on_bankrupt_profile_2023.html

21 問卷調查訪問 18 至 29 歲有工作經驗的青年，結果顯示青年人個人月均生活支出為 16,789 元，如果扣除教育開支，平均每月支出約 14,894 元。嶺南大學（2024 年 11 月）。最低工資有幾低？貧窮新一代的就業困境報告。香港：嶺南大學。

22 研究反映 80.3% 受訪者需要父母經濟支援（如：學費、生活費、買樓），其中包括 58.6% 是無償，21.7% 需要償還。同註 7。

23 受訪者是 18 至 29 歲在職青年。Investor and Financial Education Council (2023). *Financial literacy monitor 2022*. Hong Kong: IFEC.。

24 受訪者為 10 至 29 歲青少年。受訪者就問題「在職業發展方面有沒有自己的理想／夢想」，54.9% 表示「有」，37.5% 表示「不肯定，仍在尋找」，2.4% 表示「已放棄」，5.3% 表示「沒有」。菁研（2023）。MIRROR／ERROR 熱潮與青少年追夢熱誠。香港：突破青少年研究資料庫。

25 同註 24。

26 受訪者為「對未來希望感」評分（1 至 10 分，10 分為最高）。51.1% 受訪者的個人希望感為 7 分或以上，24.4% 的社會希望感為 7 分或以上。同註 7。

27 受訪者認為未來可以向上流動的機會：高（40.4%）、低（56.1%）、完全無可能（3.5%）。同註 7。

第四節

生活態度

時間運用

24小時運用

平日

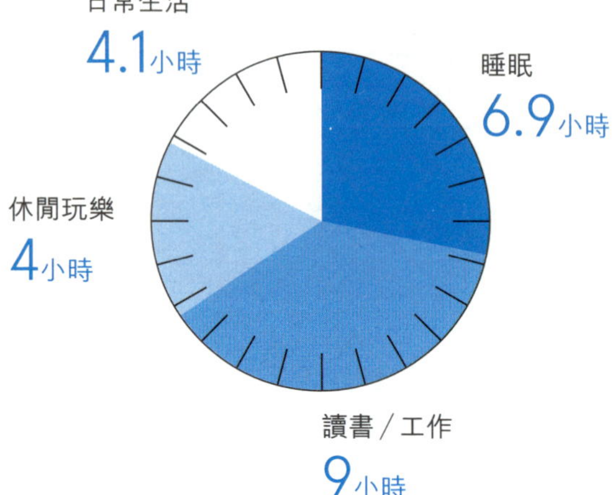

假日

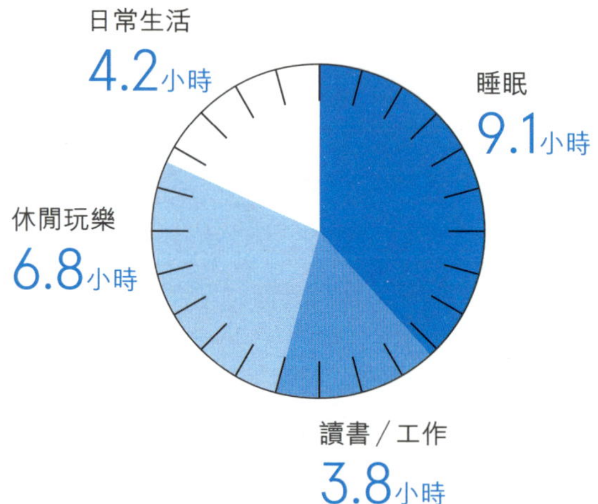

相處時間

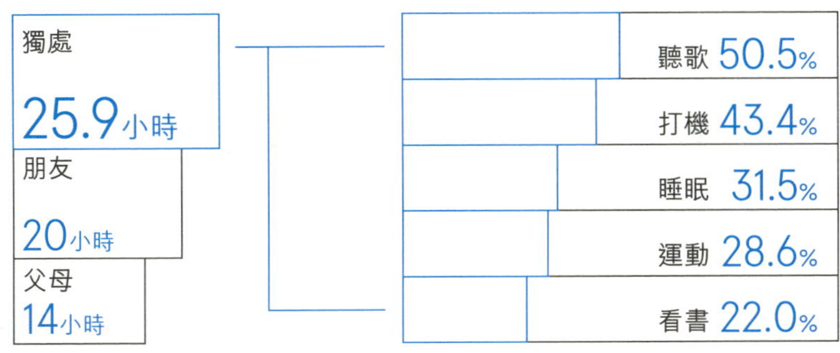

青年人身心健康與睡眠、休閒時間息息相關（可參考「青年面貌基本包：身心健康」）。按 24 小時分配，青年人在平日的睡眠時間約有 7 小時，假日增加至 9 小時；在平日休閒玩樂的時間近 4 小時，假日則增至近 7 小時；日常生活，如做家務、交通時間，平日和假日均約花 4 小時。至於學習或工作，不難預計青年平日在學校或公司花上近 9 小時，值得注意的是，他們假日仍有近 4 小時用於學習或工作。[1]

這一代青年人幾乎是生活在網絡上，包括人際相處（可參考「青年面貌基本包：網絡生活」），但他們仍然花不少時間與其他人面對面相處。從他們在每週（平均）與人面對面相處的時間顯示，他們與父母相處時間是 14 小時，即每日有約 2 小時相處；與朋友相處時間是 20 小時，每日接近 3 小時。另外，青少年的獨處時間（Me time）約有 26 小時，每日超過 3 小時，主要活動是聽歌、打機等。[2] 當父母平時看見青年人在打機睡覺，以為他們在偷懶，然而數據反映大部分青年人需要獨處時間，[3] 而這些活動對他們來説是重要的。

生活習慣

閱讀

81.3% 有閱讀習慣

55.0% 喜愛閱讀

近半年平均閱讀

4本紙本書

1本電子書

新聞

18至24歲青年

54.7% 以搜尋器尋找新聞網站

52.5% 以社交媒體接收新聞

主要接收新聞的社交平台

Instagram 58.2%

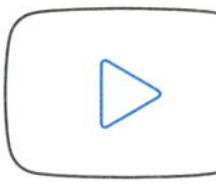

YouTube 50.1%

49.8% 認為整體新聞媒體可信

61.8% 迴避新聞

儲蓄

每月儲蓄

學生 22%

在職青年 43%

消費

學生最常花費項目

項目	百分比
食物	72%
交通	69%
文儀用品	46%
娛樂	42%

Z世代購物

主要引起購物意欲

33% 嶄新體驗

32% 實用或方便

31% 個人提升

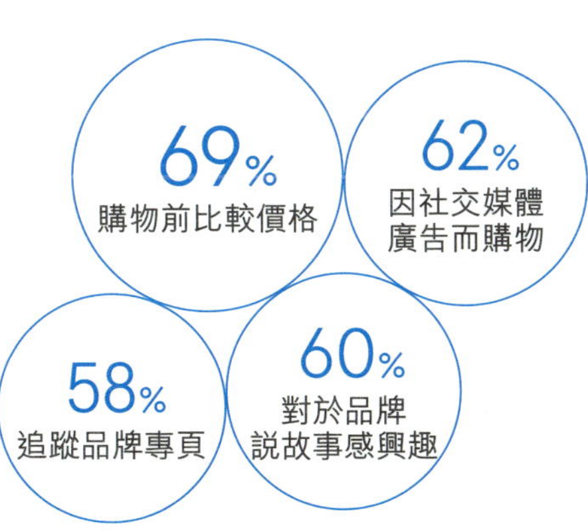

過去青年人的娛樂選擇比較傾向主流、容易捕捉；然而，現在娛樂方式多元分眾，青年人依照個人喜好、風格，自主選擇不同活動、平台。雖説現在有眾多娛樂方式，超過一半青年人表示喜歡閱讀，8 成有閱讀習慣，除了紙本書，亦會讀電子書。[4] 另外，逾半青年人主要透過社交媒體接收新聞資訊，大部分選擇 Instagram 及 YouTube，而且不倚賴媒體網站推送資訊，而是主動在搜尋器輸入關鍵字，尋找目標新聞及相關網站。[5] 這些都與以往傳統透過電視新聞與報章接收新聞的習慣不同。近半青年人認為整體新聞媒體可信，但約6成2傾向迴避新聞。[6]

2成2學生及4成3在職青年會每月儲蓄。[7]他們支出主要用於食物、交通、文儀用品及娛樂，都是日常生活所需項目。[8]對青年人來說，引起購買意欲的元素主要因着有嶄新體驗、實用方便，以及達致個人提升；近7成青年人購買前會比較價格，近6成會追蹤品牌專頁，6成對品牌故事感興趣，超過6成因為社交媒體廣告而購買新品牌的產品。[9]可以理解，青年人的消費趨向網絡化，他們購物時對品牌有價值選擇，也會透過社交平台接觸品牌及產品資訊，惟值得留意的是，不少青少年因社交平台的廣告而購物，[10]也有人遭遇網上購物騙案（可參考「青年面貌基本包：網絡生活」）。

生活價值、態度

有使用粗口的習慣

	男	女
中一至中二	50.3%	47.4%
中三至中六	67.3%	52.4%
18至27歲	65.1%	48.0%

53.8% 認為「講粗口」是朋友間的溝通方式

接受同性戀

接受男同性戀

	男	女
中一至中二	36.4%	69.2%
中三至中六	49.8%	78.1%
18至27歲	48.1%	63.6%

接受女同性戀

	男	女
中一至中二	39.0%	68.3%
中三至中六	54.5%	77.9%
18至27歲	54.9%	65.8%

人生目標

買樓	44.2%
結婚	22.0%
生育	12.6%
三項皆否	48.9%

82.2%

表示有經濟基礎
才會考慮結婚

態度

認為自己具備良好自主學習能力、同理心、公民責任心

93.5% 盡一切努力追求目標

88.9% 對想做的事充滿熱誠

87.1% 希望為所從事的行業注入新元素

78.1% 樂於嘗試新事物

62.0% 參與具趣味的義務活動

大眾一般認為這一代青年人的價值觀開放，從數據反映青年人對一些社會大眾視為偏差的行為，相對抱持開放接納的態度。例如，有研究反映無論是中一至中二、中三至中六、及 18 至 27 歲青年（三個調查年齡組別），都有近一半或以上的受訪者平日有使用粗口的習慣，特別是男生普遍較女生多講粗口。[11] 有 5 成 3 青年人表示「講粗口」是朋友之間的一種溝通方式。[12]

同性戀是另一個社會大眾較多關注的議題。青年人接受同性戀的數字有上升的趨勢。相比之下，男性青年人較接受女同性戀多於男同性戀。至於女性青年人，則較男性更傾向接受男或女同性戀（青年人認知自己的性別身分，可參考「青年面貌基本包：身心健康」）。[13]

另外，青年人對人生目標的想法，跟上一代追求「四仔主義」不大一樣。近半不再以買樓、結婚、生育任何一項為人生目標，超過8成認為有經濟基礎才會考慮結婚。[14]

至於青年人的價值想法，他們認為自己具備自主學習能力（4.01分）、同理心（4.39分）及公民責任心（4.4分），[15] 近9成充滿熱誠做自己想做的事，9成3盡一切努力追求目標，[16] 7成8會嘗試新事物，即使不知道有什麼後果，8成7希望為所從事的行業注入新元素新想法。[17] 6成2會參與他們感到有趣的義務活動。[18] 這一代青年人對事物的好奇與開放，展示了積極創新的一面。

1 受訪者為 10 至 29 歲青少年。問題是「如何運用 24 小時在睡眠、讀書或工作、休閒玩樂及日常生活(做家務、交通等)?」最後得出的時間,為所有受訪者填寫的平均時間。突破機構(2024)。青少年生活狀況研究。香港:突破青少年研究資料庫。

2 同註 1。

3 「你有幾需要 Me time」(1-5 分,5 分為最高),63.6% 受訪青少年評分 4 或 5 分。同註 1。

4 受訪者為 10 至 29 歲青年人。研究反映 81.3% 受訪青年人有閱讀習慣,包括間中睇(65.7%)及經常睇(15.6%)。近半年閱讀紙本書中位數是 4 本、電子書是 1 本。55% 表示喜愛閱讀(10 分滿分,評 6 分或以上)。突破機構(2023)。青少年閱讀習慣及閱讀經驗研究。香港:突破青少年研究資料庫。

5 受訪者為 18 至 24 歲香港青年。School of Journalism and Communication of The Chinese University of Hong Kong (2024). *Reuters institute digital news report (Hong Kong) 2024*. Hong Kong: CUHK.

6 問題為「最近你有幾經常迴避新聞?」,46.5% 受訪者表示偶爾,12.3% 表示有時,3% 表示經常。同註 5。

7 受訪者為學生及 18 至 29 歲在職青年。Investor and Financial Education Council. (2023). *Financial literacy monitor 2022*. Hong Kong: IFEC.

8 受訪者為小四至中三學生。香港會計師公會(2020)。2020 年少年理財調查報告。香港:香港會計師公會。

9 受訪者為 18 至 26 歲香港青年。Edelman (2024). *Gen Z in Hong Kong 2024: Exploring views on brand, purpose and career*. US: Edelman Holdings.

10 同註 9。

11 受訪者為中學生及 18 至 27 歲青年。中學生數據取自 2021 年,18 至 27 歲青年數據來自 2022 年。問題「使用粗口習慣」,包括「經常」、「有時」、「甚少」、「從不」四個選項。這裡列出的是「經常」及「有時」相加的百份比。香港家庭計劃指導會(2023)。二零二一年青少年與性研究報告。香港:家計會。

12 同註 1。

13 有關問題是「接受其他人是男同性戀」,所列出百份比是「接受」。由 2011 年所有受訪年齡組別的接受程度皆有上升,特別是女生,由 2011 年(中一至中二:24.1%,中三至中六:39.7%,18 至 27 歲:42.7%)至 2021/2022 年(中一至中二:69.2%,中三至中六:78.1%,18 至 27 歲:63.6%)有大幅上升。至於「接受其他人是女同性戀」,所列出百份比是「接受」。由 2011 年所有受訪年齡組別的接受程度皆有上升,同樣都是女生,由 2011 年(中一至中二:26.0%,中三至中六:45.7%,18 至 27 歲:49.1%)至 2021/2022 年(中一至中二:68.3%,中三至中六:77.9%,18 至 27 歲:65.8%)有大幅上升。同註 11。

14 同註 1。

15 受訪者為中一至大專學生。受訪青年人自評各項問題（1 至 6 分，6 分為最高），「自主學習能力」平均 4.01 分、「同理心」4.39 分及「公民責任心」4.4 分。香港中華基督教青年會（2021）。STEM 教育與青年素質調查。香港：中華基督教青年會。

16 受訪者為 10 至 29 歲青少年。突破機構（2024）。青少年自我身份建立與參與感。香港：突破青少年研究資料庫。

17 受訪者為 10 至 29 歲青少年。突破機構（2022）。青少年創意實踐與職業發展研究。香港：突破青少年研究資料庫。

18 同註 9。

第五節

網絡生活

網絡使用習慣

網絡使用時間

學生使用互聯網時間
（平均每星期時數）

40.1小時

網絡使用時間

學生使用互聯網活動

100%	99.6%	97.9%	32.3%
搜集資料	社交網絡活動	網上娛樂	網上購物

18至29歲在職青年：

曾使用網上銀行服務	60%
認為網上購物更可能出現衝動消費	60%
信任網上/虛擬銀行和金融科技公司	42%
曾於網上管理金融產品和服務	29%
曾於網上向他人轉帳	27%

Z 世代被理解為網絡原住民，由他們出生開始，已經活在互聯網的影響中。他們日常生活與網絡世界扣連：香港學生每星期平均上網 40.1 小時，主要是搜集資料、社交、娛樂、購物。[1]

在數碼金融活動方面，調查顯示 18 至 29 歲在職青年中，有 6 成經常使用網上銀行服務、近 3 成曾管理金融產品及服務，也會透過網上轉帳。約 4 成信任網上及虛擬金融服務。[2]

社交媒體

社交平台

中學生最常使用的社交平台

95.3% WhatsApp

80.1% Instagram

63.5% WeChat

59.3% 網絡遊戲軟件

93% 中學生有社交媒體或遊戲網站帳戶

81% 中學生每週會在網上進行社交活動

33% 中學生曾在網上與不同地方及文化背景人對話

27% 中學生每月會在網上結識新朋友

72.6% 青少年有經營自己的社交媒體帳號

想法、態度

67.0% 青少年每週或更頻繁地在網上學習新事物

64.0% 青少年表示在網上分享開心事很重要

31.0% 中學生幾乎每天玩網絡遊戲，普遍認為對心理、學習和社交有益

27.7% 青少年喜歡在網上與人接觸，不選擇外出見面

中學生最常使用的社交平台是 WhatsApp 及 Instagram。[3] 參考 2017 年一項調查，15 至 29 歲青少年最常使用的社交平台是 Facebook，Instagram 只有 12.2% 青少年使用，現時後者已成為最主要的社交平台。[4] 青少年會一直使用社交平台與朋友溝通，但使用的社交平台習慣，則會隨着時代改變。

中學生在網絡上活躍。逾 9 成在社交媒體或遊戲網站上有帳戶，[5] 逾 7 成 12 至 24 歲青少年有經營自己的社交媒體（例如專頁）。[6] 另外，8 成每週上網進行社交活動，接近 3 成每個月在網上結識新朋友，3 成會在網上與不同地方及文化背景的人對話。[7] 雖然青少年網上活動頻繁，只有 27.7% 傾向網上與人互動，而拒絕出外見面，[8] 也就是他們都重視面對面的交流，不會只待在螢幕背後。

青少年認為網絡活動重要，也能夠帶來正面影響。逾 6 成每週上網學習新事物，[9] 也重視在網上分享開心事。[10] 另外，有 3 成幾乎每天玩網絡遊戲，認為有益於身心與學習。[11]

青少年在生活的不同層面，都花大部分時間在網上活動。他們的上網時間必然比之前的世代增加，亦難以輕言剝離線上的生活。

挑戰與風險

網絡遊戲成癮

網絡欺凌／性騷擾

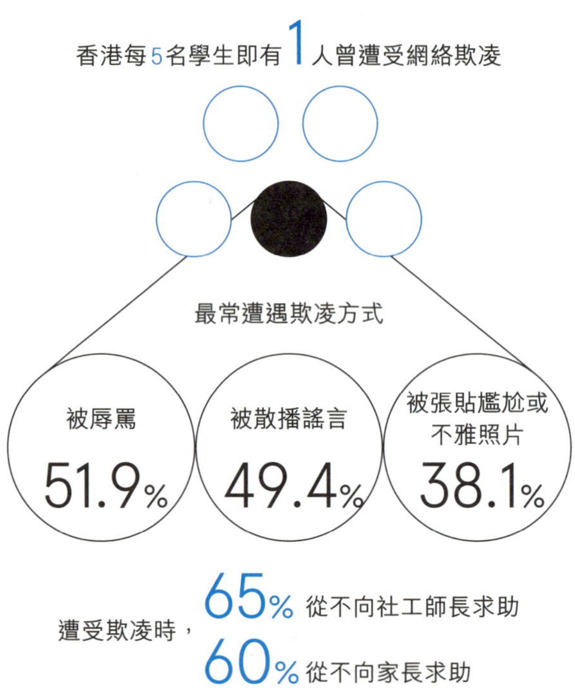

遭受欺凌時，65% 從不向社工師長求助
60% 從不向家長求助

每10位中學生，有1位曾在網絡遭到性騷擾

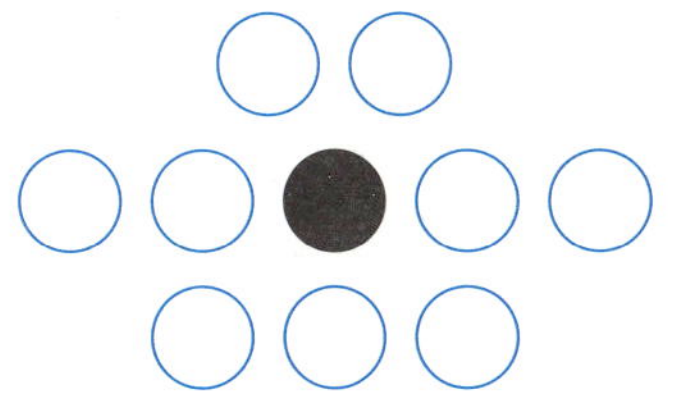

20% 中學生曾經非自願地收到含有裸體及性意味圖片的網上訊息

26.2%
青少年在網上曾經驗傷害，感到「社死」

21.6%
青少年在網上平台會匿名／開設其他帳戶、不敢表達自己

20.4%
青少年在網上平台因為想法不同，被人議論、看成異類

網絡罪案

援交騙案中，有 21.8% 受害者為學生

裸聊勒索案中，有 20.9% 受害者為學生

網上購物騙案中，有 12.0% 受害者為學生

網絡為青少年帶來正面影響，亦有不少挑戰及風險。

很多人討論中學生機不離手，沉迷網絡。就如上述數據所呈現，3成學生幾乎每天玩網絡遊戲，而有調查直指近1成2中學生網絡遊戲成癮。[12]

而且，網絡欺凌與性騷擾的問題嚴重。每5位中學生就有1位曾遭網絡欺凌，主要包括「被人重複地用粗言辱罵自己」、「被人散播謠言」及「被人張貼令人感到尷尬或不雅的照片」[13]；每10位中學生就有1位曾遭遇性騷擾，包括收到令人反感的性訊息或言論，被要求提供裸體自拍照，或作出性誘惑；每10位中有2位曾非自願收到至少一則含有裸體及性意味圖片的網上訊息。[14] 值得留意的是，逾6成遭網絡欺凌的學生從不向社工、師長、父母求助。[15]

另外，超過2成青少年在網上曾經驗傷害（如被嘲笑）而感到「社死」、在網上平台因想法不同而被看成異類，也不敢表達自己，他們會透過匿名或開設其他帳號，以隱藏真實身分。[16]

更甚的是，網絡罪行愈來愈多，受害學生人數一直受到關注，形態主要是援交騙案、裸聊勒索案，以及網上購物。其中援交騙案和裸聊勒索案中，2成受害人是學生。[17]

網絡是青少年生活的一部分。面對各類危機，不能夠簡單以「不再上網不就解決問題」回應，離開網絡等同離開社交，也會帶來焦慮等其他問題。然而，從網絡欺凌至網絡罪行，不能忽略當中對青少年的影響，如何協助受害的青年，或讓他們願意尋求協助，也是值得深思。

1 按使用互聯網的主要目的及經濟活動身分劃分、在統計前 12 個月內曾使用互聯網的 10 歲及以上人士數目。政府統計處（2023）。主題性住戶統計調查第 77 號報告書。香港：政府統計處。

2 受訪者為 18 至 29 歲在職青年，過去一年經常在網上處理財務。Investor and Financial Education Council. (2023). *Financial literacy monitor 2022*. Hong Kong: IFEC.

3 受訪者為中小學生。遊樂場協會（2023）。2023 香港青少年使用網絡狀況及網絡危機調查報告。香港：香港遊樂場協會。

4 受訪者為 15 至 29 歲青少年。最多受訪青少年使用的社交媒體：Facebook（67.7%）、WhatsApp（14.4%）、及 Instagram（12.2%）。香港中文大學亞太研究所（2017）。香港青年的社交媒體應用及政治參與意見調查。香港：香港亞太研究所。

5 受訪者為小四至中三學生。香港救助兒童會（2022）。香港兒童在線調查。香港：香港救助兒童會。

6 受訪者為 12 至 24 歲青少年。uTouch 網上青年外展服務（2024）。「網絡形象與情緒健康」問卷調查。香港：青年協會。

7 81% 受訪中學生過去一個月每周透過互聯網進行社交活動（不包括即時通訊或社交媒體）；33% 受訪中學生曾透過互聯網與不同地方及文化背景人對話；27% 受訪中學生過去一年至少每月會在互聯網結識新朋友。同註 5。

8 受訪者為 10 至 29 歲青少年。突破機構（2024）。青少年生活狀況研究。香港：突破青少年研究資料庫。

9 同註 5。

10 受訪者為 15 至 24 歲學生。MWYO（2019）。「青年想點」問卷調查報告。香港：MWYO。

11 同註 5。

12 受訪者為中學生。香港家庭福利會（2024）。香港學童網絡遊戲成癮研究。香港：家福會。

13 受訪者為小四至中六生。19.2% 受訪者表示過去一年受到網絡欺凌。東華三院青少年及家庭服務部（2022），網絡欺凌對香港學生的影響調查報告摘要。香港：東華三院。

14 同註 5。

15 同註 13。

16 同註 8。

17 根據 2023 年全年數字，網上購物騙案中，受害學生佔比為 1077/8950；援交騙案中，受害學生佔比為 465/2136，裸聊勒索案中，受害學生佔比為 443/2117。守網者（2023）。網絡罪案數字。香港：守網者。取自 https://cyberdefender.hk/statistics/

為何我們無法成為理想中的大人？
—— 香港青年面貌報告書

作者／彭正雄、陳碧凌
文字協力／林蕙芝、陳俊桀、鄧安琪
數據協力／林俊杰、伍建川、黃詠琳、盧旨奇
策劃編輯／史曉晴
美術設計／Pengguin
出版發行／突破出版社
香港沙田亞公角山路 33 號突破青年村
電話：2632 0000　傳真：2632 0388
電郵：breakthrough@breakthrough.org.hk
網址：http://www.breakthrough.org.hk
http://www.btproduct.com

2025 年 1 月初版 1 刷
2025 年 4 月初版 2 刷

Hong Kong Youth Profile: From Relational Being Perspective
by Pang Ching Hung & Chan Bik Ling
First Printing, First Edition, January 2025
Second Printing, First Edition, April 2025

Printed in Hong Kong
ISBN 978-988-8846-16-0

本書為突破50周年紀念出版，承蒙以下贊助商支持製作經費，特此鳴謝：
陳立人基金會
君諾資本有限公司
社聯夥伴基金有限公司
智昇科技國際有限公司

本書經文取自《新標點和合本》，版權為香港聖經公會所有，承蒙允准採用，特此鳴謝。

誠邀閣下就突破出版社的書籍發表意見
歡迎加入突破出版社 Facebook page —
http://www.facebook.com/btbooks.page

本書採用環保油墨印刷